臺灣歷史與文化 研究輯刊

十 編

第 12 冊

臺灣新世紀文學史
（2000～2013）（下）

古 遠 清 著

花木蘭文化出版社

國家圖書館出版品預行編目資料

臺灣新世紀文學史（2000～2013）（下）／古遠清 著 — 初版

— 新北市：花木蘭文化出版社，2016〔民 105〕

目 4+184 面；19×26 公分

（臺灣歷史與文化研究輯刊 十編；第 12 冊）

ISBN 978-986-404-793-2（精裝）

1. 臺灣文學史 2. 文學評論

733.08　　　　　　　　　　　　　　　　105014941

ISBN-978-986-404-793-2

9 789864 047932

臺灣歷史與文化研究輯刊

十　編　第十二冊　　　　　　ISBN：978-986-404-793-2

臺灣新世紀文學史（2000～2013）（下）

作　　者　古遠清
總 編 輯　杜潔祥
副總編輯　楊嘉樂
編　　輯　許郁翎、王筑　美術編輯　陳逸婷
出　　版　花木蘭文化出版社
社　　長　高小娟
聯絡地址　235 新北市中和區中安街七二號十三樓
　　　　　電話：02-2923-1455／傳真：02-2923-1452
網　　址　http://www.huamulan.tw 信箱 hml810518@gmail.com
印　　刷　普羅文化出版廣告事業
初　　版　2016 年 9 月
全書字數　332096 字
定　　價　十編 18 冊（精裝）台幣 36,000 元

臺灣新世紀文學史
（2000～2013）（下）

古遠清　著

目次

第七章　長流不盡的各種創作（一）

一、施叔青：在性別視閾下重構歷史

　　施叔青（1945～），生於臺灣彰化。淡江大學外文系畢業後，赴美專攻戲劇，返臺後曾在淡江大學任教。1977 年赴港任香港藝術中心亞洲藝術節目策劃部主任。1994 年返臺，2000 年定居美國紐約。出版有《藝術與拍賣》等散文集，《完美的丈夫》《她名叫蝴蝶》《遍山洋紫荊》《寂寞雲園》《行過路津》《三世人》等小說集。

　　施叔青與李昂不同的是，不固守臺灣一地，同時在美國、香港兩地穿梭。這三度空間，構成了施叔青四種不同寫作階段。在第一階段，現代主義者的政治無意識或歷史意識，以及弗洛伊德的心理分析和薩特的存在主義，對施叔青均產生過影響。這表現在她寫的臺灣鹿港故事常用奇形怪狀的生物作比喻，以增強其作品的修辭色彩，並以此去描寫那些患了分裂症的精神世界。這個卡夫卡式的夢魘氣氛，使人感到難於接受，但確是一種可怕的存在。

　　第二階段是 1970 年赴美留學到 1978 年移居香港以前。這時她不再停留在挖掘隱秘幽暗的心理和以性、死亡、瘋癲作主題，而改為描寫邊緣人的文化衝突以及與女性相關的家庭、婚姻問題。

　　第三階段是隨著哈佛畢業的夫婿移居香港 17 年。這是她生命最美和創作力最旺盛的階段。在此期間，由於見證了 1970 年代末至 1980 年代香港「東方明珠」的景象，她便使用 8 年時間完成大河小說「香港三部曲」。

　　第四階段是 1990 年代至現在，其主要工作為撰寫「臺灣三部曲」。

在「香港三部曲」誕生之前，施叔青已於 1981 年夏天開始寫了許多有關華洋雜處、以「香港故事」為名的短篇小說。這故事保留了她過去從女性眼光觀察世界的特色，用更大的篇幅來寫香港百年的巨變。

施叔青的香港故事，人物形形色色：「從殖民地官員到舞廳撈女，從過氣革命學生到市場買辦，從猶太裔難民到摩登訟師，施的人物熙來攘往，要在香港這彈丸之地上出人頭地。他們既相吸又相斥，嗔癡喜怒的關係宛如走馬燈般轉換，實在令人眩目。」〔註1〕

在施叔青的人物畫廊中，「香港三部曲」中的黃得雲最有女性魅力，同時也是女性自強不息的典範。施叔青刻畫女性形象的一個特點，是與人物保持若即若離的關係，用心去推敲女人之外的另一性，即不僅讓她成為愛情婚姻的角色，而且借女人與冒險家、淘金者的接觸去反映廣泛的社會面，去建構一個充滿金錢、權力、性愛、犯罪組合而成的都市奇觀，去表現多層次多側面的人生，從而讓自己成為「小說香港」的代言人，以至「香港三部曲」以「香港文學」之姿入選香港《亞洲周刊》推出的「20 世紀中文小說 100 強」。

施叔青為香港寫史的雄心很容易使人聯想到茅盾的《子夜》。在寫大都會、排場與題旨方面，兩者有相似之處，但「施叔青寫香港的企圖要世故得多。她並非生於香港，卻也已久居斯土；她既是外來者，也是局內人。她揭露香港陰濕幽暗的一面，卻也由衷愛戀它的美麗光華。她的創作目的不在『革命』，而出自一種休戚與共的歷史感喟。也因此，她能更從容的，更包容的看待筆下人物。她所謂的『傳奇』，較少自然主義的殺伐之氣，而近於巴爾扎克式的浪漫奇詭。」〔註2〕後來她出版了散文集《回家，真好》，真實地記錄了她回歸本土後的心理狀態和人文思考。

作為臺灣的女兒，不能只為香港立傳，也要為臺灣歷史留下記錄。繼「香港三部曲」後，施叔青又為故鄉臺灣寫歷史小說。她於新世紀完成的「臺灣三部曲」，從清領時期一直寫到「二·二八」事變，屬史詩般的「大河小說」。

在臺灣作家裏，有能力去描寫臺灣史的有鍾肇政等人，而認同文化中國的施叔青與「臺灣意識」濃厚的鍾肇政，其筆下的臺灣及臺灣人風貌不甚相同。施叔青出身於舊稱洛津的鹿港，從小被上層社會所包圍，又多年在香港、臺灣、美國不斷地旅行遷移，加上運思大器和細描的功力，均為她書寫臺灣

〔註 1〕王德威：《小說中國》，臺北，麥田出版社，1993 年。
〔註 2〕王德威：《小說中國》，臺北，麥田出版社，1993 年。

史打下堅實基礎。

　　臺灣不似香港，其歷史是斷裂的，前後換過不少國旗：清領、日據及國民黨到臺灣，這是區分時代的標誌，故「臺灣三部曲」不似「香港三部曲」用家族而是改用政權的更替來串聯故事。

　　作爲「臺灣三部曲」第一部的《行過洛津》，用鹿港古名，象徵清人統治臺灣。它寫咸豐年間來自中國大陸七子戲班與南管戲班演員許情，到臺灣港都指導與教唱《荔鏡記》，這是一齣陳三五娘戲碼的壓縮本。作爲男性的許情在戲臺上扮演小旦，由於演得逼眞，受到男觀眾的寵愛，被石家三公子當禁臠深藏在大得像屋子一樣的紅眠床裏，以至要包養他，但這不是同性戀。許情演過的角色還有伶童、鼓師。其身份的轉移，在某種程度上驗證了臺灣移民史中傳統與現代、歸屬與轉化的複雜情況。

　　《行過洛津》通過從 16 歲起離鄉背井，從泉州到祖國的寶島，過若干年後在寶島洛津落戶的許情這一人物，寫臺灣這個漢移民社會的形成及其載沈載浮的過程，從洛津半世紀的興衰表現出臺灣早期社會的種種風貌，其中涉及到寶島的社會結構、人口比例、歷史文化、人文景觀及戲曲藝術。

　　從穿著打扮到行走姿勢均酷似女人的許情，施叔青在寫其性別問題時不是簡單的用非黑即白的線性思維方式，其中有曖昧與含糊，也有黏附與抗拒。作品沒有在性別問題上糾纏，而是從身體引申到職業、族群與階級之間的差異，讓讀者從中瞭解到海峽兩岸的歷史風雲際會乃至世界近代史的動蕩變化。

　　小說創作不同於教科書，但寫進入日據時期《行過洛津》這樣的小說，必須具備豐富的歷史知識，而施叔青做到了。作品中「舉凡正史野史、筆記詩詞、小說戲曲、佛經青詞，乃至商肆賬本、娼家花冊，只要是和洛津有關者，無不搜羅殆盡。筆觸所經，從政治歷史、人文地理、宗教習俗、文學戲曲、城鎮建築、海防水利到飲食衣物，無不曲盡描繪，而人物亦是士農工商、優伶娼妓、海盜蟊賊，乃至洋夷土番，無所不包。」〔註3〕

　　《行過洛津》用「搭積木的方式」齊頭並進地講述故事，各章節循環往復的情節有如「跑馬燈文件」，這「跑馬燈」跑出的人物有假男爲女的優伶月小桂、玉芙蓉，藝伎珍珠點、阿婠，還有洛津商家烏秋、豪門郊商石煙城、

〔註 3〕錢南秀：〈在鹿港發現歷史〉，臺北，《聯合文學》，2005 年 12 月號，第 143 頁。

官僚朱仕光,其中刻畫得最成功的是庶民形象與女性形象,給讀者留下最深刻印象的是藝名月小桂的許情。作者甩開「大敘事」的手法,用優伶歌妓似的邊緣人物做主角,其複雜的社會背景,使他能跨時代——從嘉慶、道光到咸豐,又使其跨空間——從福建三次渡海去臺,「此外還跨越階級——上至達官,下到娼妓,均有接觸;跨越性別——既為貴人變童,也是雛妓恩客,而兼有兩性的性心理經歷。」〔註4〕作者寫許情在官衙內院遊走以及在男女之間周旋,為的是說明作為邊緣與中心、外族與本土之間的蕞爾小港洛津,在經過地震和自然環境變遷後,為何會成為歷史風乾的符號。

《行過洛津》用工筆描寫臺灣本土的世情與風貌,通篇文字哀而不傷。既富於歷史感,又能獲得人類學、民俗學知識,並給讀者很大的愉悅。

和描寫清人統治下的臺灣移民與族群、性別等問題的《行過洛津》不同,第二部《風前塵埃》不再以伶人的視角寫作,而是以日本佐久間左馬太任內統治下的花東做背景,寫現代三種不同種族的社會環境、生活風俗。作品的主人公除太魯閣族的哈魯克外,另有在服飾店打工再應徵入伍後官至巡查部長的橫山新藏,及其和抗日英雄談戀愛後又託庇於客家攝影師姜義明的女兒橫山月姬。作品對日本民族的服飾「和服」有多次細緻的描繪,尋常百姓的節慶、衣飾、飲食也做了淋漓盡致的展示。作者精研人類學家的考察記載和日本歷史及文化現象,旁及茶道花道庭院建築等文化知識,這同樣體現了作者的博學多才。

如果說《行過洛津》的主旨為「否定」,《風前塵埃》的主旨為「抵抗」,那第三部《三世人》的關鍵詞為「悲愴」。《三世人》以避難開端,把「二·二八」事件當引子,從中引申出臺灣人應如何定位。對這個國族認同問題,施叔青認為「我是誰」需要時間來檢驗,但「我不是誰」是比較分明的。

施叔青不願意重複別人,像與日寇對抗18年的太魯閣事件,過去鮮有人提及,而施叔青注意到了。她試圖通過情感的營造,將不同種族間的層層疊疊的關係反映出來。作品開頭寫樟腦,為的是對照臺灣的命運。作品從1895年乙未割臺寫到1947年發生的事變。小說以失志的士紳施寄生一家三代為中心,其中有不甘受命運支配的養女掌珠、醫生黃贊雲、富家子弟阮成義、律師蕭居正,還有「大國民」、「皇民化」運動、清鄉活動、文化協會、1935年

〔註4〕錢南秀:〈在鹿港發現歷史〉,臺北,《聯合文學》,2005年12月號,第142頁。

臺灣博覽會、「農民組合」、自治運動等事件串聯起作品的情節。從日本投降到發生新的事變，時間只有一年多，施朝宗卻好像做了三個世代人。「二・二八」事變動亂的那幾天，穿旗袍的掌珠在混亂中被誤爲外省人，把她從三輪車上拉下來，然後用剪刀剪掉下擺裙裾。她迷信衣服的魔法，認爲一旦穿上不同的服裝，就是另一朝代的人。人們不禁要問：「到底哪一個才是她眞實的自己？」

《三世人》所講述的三個世代人的故事，係 TW 人、RB 人、中國人三種身份認同的隱喻。作品無法用一個主角單線描述歷史，其中最重要的是通過植根臺灣這片豐沃土地、雖沒有受過高等教育的女性王掌珠，描寫其服裝從大裪衫、和服、旗袍又變爲大裪衫，如此穿了又脫脫了又穿的不只是衣服，更是身份的變換。全書以「傷逝」作結，爲的是表達壓得人喘不過氣來無比深沉的傷感。鑒於苦主們有苦無處訴，便特地安排了「一個戲劇藉著舞臺上的包公伸張正義。」〔註5〕《三世人》不愧是當代臺灣文學史中，首部有關心靈史的長篇小說。

施叔青寫臺灣三部曲，就好似打開記憶的傷口，寫作對她來說正是一種治療——治療因爲斷裂的臺灣歷史而造成認同的苦痛。「三部曲」將這種斷裂的碎片拼貼起來，以創作見證人生，讓歷史故事變得栩栩如生和有血有肉。身爲女性的施叔青，不論是寫「香港三部曲」還是「臺灣三部曲」，均自覺地站在女性立場上批判父權主義，從身體、感官、服裝來詮釋一向十分「男性」的歷史，爲史上無名、無聲的邊緣女性、邊緣群體發聲。以往大河小說均繫男性作家的專利，這次有了施叔青兩個「三部曲」的加入，便爲女性爭來榮譽和地位，難怪評論家施淑以「臺灣女兒、女性的邊緣位置及天生島民的自我定位」〔註6〕來分析施叔青小說中與眾不同的世界觀。

作爲寫遷徙的移民文學，施叔青開拓了一個新的空間，其作品與離散文學相似。「究竟要到何時臺灣才會成爲一個原鄉、才會有鄉愁？施淑認爲在施叔青的《臺灣三部曲》中沒有明顯被看見。對於臺灣這個空間，爲鄉土立傳，大概都會寫到鄉愁，也有『根』的議題，但《臺灣三部曲》卻很少呈現，小

〔註5〕林佩蓉：〈在島嶼之間，爲土地立傳〉，臺北，《文訊》，2011 年 1 月，第 104 頁。

〔註6〕轉引自《2010 臺灣文學年鑒》編輯部：〈小說寫史十年——《臺灣三部曲》完成，畢生重要創作手稿捐贈臺文館〉，載李瑞騰主編《2010 臺灣文學年鑒》，臺南，臺灣文學館，2011 年，第 145 頁。

說中的主角，邊緣離散的人物，對於這塊土地的歸屬感，一直讓讀者感受不到。」〔註7〕

　　除大河小說外，施叔青還於 2005 年出版了長篇小說《驅魔》。這部作品像旅行文學，但不是遊記，而是小說。文類上模稜兩可，正是爲了反證身體邊界的含糊性。作品寫在意大利旅遊時的所見所聞，可處處探討的是女性身體的流動性與主動性。文中加入美食和藝術欣賞的內容，這增加了行文的生動性和可讀性。

二、從婆羅洲走來的李永平

　　李永平（1947～），生於英屬婆羅洲沙撈越邦古晉市，1967 年到臺灣。臺灣大學外文系畢業後留校任助教，並任《中外文學》雜誌執行編輯。後獲美國紐約州立大學比較文學碩士、聖路易華盛頓大學比較文學博士。先後任教於臺灣中山大學、東吳大學、東華大學。著有《婆羅洲之子》《拉子婦》《吉陵春秋》《海東青：臺北的一則寓言》《朱鴒漫遊仙境》《雨雪霏霏：婆羅洲童年記事》，並有譯作《大河灣》《幽黯國度》《紙牌的秘密》《道德劇》《盡得其妙：如何讀西方正典》《布魯克林的納善先生》等。

　　李永平以小說著稱於文壇。到臺灣之前，他 18 歲時寫的《婆羅洲之子》獲婆羅洲文化局徵文獎。在臺大上學時寫的小說《拉子婦》，受到著名評論家顏元叔的讚賞，並鼓勵他走上文學創作道路。入選「二十世紀中文小說一百強」、英譯本於 2003 年由美國哥倫比亞大學出版社出版的《吉陵春秋》，是李永平曾花了 8 年時間打磨出的精品，其特點是時空背景仍然一片模糊。故事發生的時間好像是民國初年；在空間上，寫的好像是中國華北，又好像是江南。作者當時從未到過中國，對大陸小鎮的風土人情多半從報刊上或影視中獲得。爲了打造一個具有中國風味和原鄉古晉相似的吉陵鎮，他把作品本應出現的馬來人、印度人、伊班人全部「清除」，只剩下華人，以讓那些沒到過馬來西亞也沒有到過神州大地的臺灣讀者，癡迷於這一座既不同於大陸更不同於臺灣的人文地理學迷宮。他的目標是研磨、錘鍊出一種最正宗的中國文體。至於是否「正宗」，難免見仁見智。

　　具有強烈中國意識的李永平，不顧臺灣掀起的本土化思潮，一直在堅持

〔註7〕林佩蓉：〈在島嶼之間，爲土地立傳〉，臺北，《文訊》，2011 年 1 月，第 104 頁。

他的中國性。在《海東青》及其續篇中，他一再向堅持中國性的蔣介石脫帽致敬，以致被譏爲「遲到的外省第一代」，〔註8〕其作品則被譽爲迴光返照的反共文學。

《海東青》內容非常生活化，寫的不過是吃飯、散步、逛街一類的瑣事。文體上接近散文，文字有文言文的痕跡。李永平生怕讀者不明了作品的主旨，特地在《海東青》續集的書目中打出「漫遊」的牌子，第三部所使用的是和漫遊意思相似的閩南語「迌迌」。他一直被定位爲現代主義者，可從他爲《海東青》所寫的序言〈出埃及第四十年〉所具有強烈的傳統意味看來，他「活脫脫是個復古論者，甚至是民族主義者、大漢文化主義者。」〔註9〕

李永平在臺灣生活了40多年，並加入了臺籍，可仍被視爲旅臺馬華作家。這裡的「臺」包含了臺灣意識，「華」是血緣的象徵，而「馬」是原鄉情結。這就難怪他無法以一個純正的中國人身份描寫中國社會，而是以華裔身份把臺北城裏的漫遊與婆羅洲的鄉愁糾結在一起，以至成爲「馬來商標與臺灣條形碼」的混合物。作爲傳統型的作家，他在《海東青》中用寓言的方式講述一則亙古的道德箴言，包含了預警與惕勵的時代意義。

既好看也令人看好的作品《大河盡頭》上、下卷分別入選2008、2010《亞洲周刊》十大華文小說，並榮獲第三屆「紅樓夢獎：世界華文長篇小說獎」決審團獎。《大河盡頭》寫「永」在15歲那年，與剛認識的克莉絲汀娜一起赴大河溯源之旅，沿婆羅洲第一大河卡布雅斯河而上，到河的終點山峇都帝阪朝聖。這是原住民達雅克人的冥山禁地。一路上，他們不是「閱盡人間春色」而是見識了人性的純眞可愛和它的黑暗面，並經歷了土人部落的夜宴與笙歌，一邊遊一邊賞雨林的純淨所帶來的原始風味，目的是「攀登上大河盡頭那座山……探索死亡的奧秘，尋找生命的源泉」。〔註10〕全書抒情色彩濃厚：

> 來到城外大河灘上，坐在舟中稍稍歇一口氣時，猛抬頭，我們
> 看見，夏夜赤道線黑上漆漆的天空中，一條浩瀚的星河，呈大弧形，

〔註8〕黃錦樹：《謊言或眞理的技藝——當代中文小說論集》，臺北，麥田出版社，2003年，第59頁。

〔註9〕黃錦樹：《謊言或眞理的技藝——當代中文小說論集》，臺北，麥田出版社，2003年，第59頁。

〔註10〕李永平著、王德威編：《大河盡頭》上，臺北，麥田出版社，2008年，第181頁。

從東北方朝向東南方，橫跨半個天空，好似一條銀光閃閃一瀉千里
的急流，嘩喇嘩喇，驟然出現在我們頭頂上，展露在我們那兩雙驚
愕的眼睛前。

　　　　婆羅洲的天河，竟是如此壯美。

　　這篇小說就故事模式而言，正如黃錦樹所說有點似「英雄冒險故事」，
又好似尋寶、啓蒙成長、成年禮的童話，還與救贖、朝聖、證道的宗教故事
接近。〔註11〕由於敘事者「永」與作者李永平的名字相似，有人認爲《大河
盡頭》帶有自傳性質。其實，裏面有許多虛構的情節，與作者的人生經歷不
完全相同。如作品所寫兩人之間隱隱母子情愫暗生，一路上被白人老神父哄
騙失身、挺著大肚子的婆羅洲少女又如影隨形，捨舟上岸的旅程變得愈發詭
譎，山洪暴發後的婆羅洲，永遠不知道會沖刷出什麼東西來……所有這些均
出自作者的想像和模擬。

　　和作者過去的小說《拉子婦》或《雨雪霏霏》比較，李永平不再將視野
局限在東馬華人生活的社區，而是力圖展現這個更遼闊更完整的婆羅洲。此
外，與《吉陵春秋》使用純正中文的不同，《大河盡頭》所締造的是雜語世界，
那裡有華人的移民，各省來的移民，還有荷蘭人，英國人，有西洋傳教士，
有探險家，殖民地官員，洋人的兵隊，有二次大戰來到的日軍，以及他們終
於死在此地的亡魂，另有馬來人、印尼人、印度人，有回教徒、阿拉伯商人，
各種民族混雜期間，各人說的語言風馬牛不相及。

　　《大河盡頭》在結構上採用的是「寡母——獨子」式。父親沒有出現，
作品所充滿的是對女性的孺慕和對母性的讚頌，其人物除「永」外，還有臺
北街頭的小女孩朱鴒、克莉絲汀娜姑母、摯愛的親娘，以及許多披著紗籠的
少女出入於莽莽蒼嶺之中。另有那群白袍白頭巾鷹鉤鼻的中東商賈，他大腹
便便攜帶著非洲小孌童，還有 30 多個外國人。不過，真正著墨較多的爲數很
少，其中有一個會玩魔術的白人，儘管他給人們帶來快樂，表面上也非常和
善，其實是個衣冠禽獸，曾姦淫過許多原住民的小女孩。又如克莉絲汀娜曾
淪爲日寇慰安婦慘遭蹂躪以致無法生育，而那些曾糟蹋她的日本鬼子如今卻
搖身一變，以怪手電鋸捲土重來大肆破壞婆羅洲母親碧綠的子宮——雨林，
這表現了東西方世界的不平等，資本主義和帝國主義外來者對自然資源野蠻

────────────

〔註11〕黃錦樹：〈石頭與女鬼——論《大河盡頭》中的象徵交換與死亡〉，臺南，《臺
　　　灣文學研究學報》，2012 年，第 14 期，第 243 頁。

的「物掠奪」，以及對土著婦女殘暴的「性掠奪」。

　　李永平的小說在不同評論家筆下有不同的詮釋，其中有曹淑娟的「失落原鄉」說、王德威的「浪子文學」說、張錦忠的「鬼域仙境」說和「離散雙鄉」說，黃錦樹的「漫遊體」說和尋父說。《大河盡頭》由於內容複雜，同樣有不同的解讀。王德威認為這部小說是李永平創作道路上的回顧與總結，而黃錦樹認為，「根本上說，它其實是解釋性的。它一方面集合了李永平寫作史上的重要母題、命題，藉一個旅程的敘事，以做一番全面的清理，並建構出一個較完整的視域。以之為基礎，用以解釋過去諸作，是為其作品的自我解釋」〔註12〕。比起《吉陵春秋》，這部小說更全面系統地完成了李永平對婆羅洲身世的探尋。

　　從婆羅洲走來的李永平，不斷在「中國化」朝聖的道路上前進。他創作的中國原鄉、中國母親、中國文字，成為他藝術世界裏的三位一體，構成了他與眾不同的寫作風格。

三、「快樂地寫詩」與「苦痛地閱讀」

　　下面是《樂善好詩》封面刊登的〈尋找詩縱〉的廣告：

　　　　副刊上的詩不見了？掉進娛樂版林誌玲的乳溝？隱匿在消費版條碼的柵欄後？淹沒在財經股市的漲跌幅？倒在社會版刀光劍影的血泊？跑到政治版受毒辣口水淋蝕？

　　回顧 12 年的臺灣新世紀詩歌，創作疲軟。一群不安於詩的作者用「惡搞」手段並沒有給詩壇帶來轉機。新主張出現甚少，往日的論戰煙火不再揚起，但仍可發現有一些具有臺灣特色的文學現象，如以後現代技巧書寫新世紀感覺，或像向陽講的融古典、現代、寫實精神於新世紀的語言習慣中。「臺語寫作」也是其中重要一環，但鑑於「臺語詩」別的族群的讀者讀來如嚼雞肋，因而這裡略而不論。還需說明的是，本文所交的並不是臺灣詩壇成績單，只是某些方面的「體檢報告」。

　　這是一個好詩壞詩爛詩難以界定的年代。鑑於臺灣的出版高度自由，有錢就可以出詩集，因而大量生產的詩集並無助於好詩形象的建立，而只會讓

〔註12〕黃錦樹：〈石頭與女鬼——論《大河盡頭》中的象徵交換與死亡〉，臺南，《臺灣文學研究學報》，2012 年，第 14 期，第 246 頁。

壞詩爛詩混水摸魚,尤其是一些質量很次的詩集,靠精美的裝飾和滲水的廣告宣傳,讓人弄不明白是眞詩還是僞詩。常聽到一些讀者怨聲載道:「這樣爛的詩,也敢出!」就是三大報或標榜全島性詩歌大獎的得獎作品,也有人怪評委把關不嚴,以至讓三流乃至四流的作品得獎。

造成壞詩爛詩泛濫情況的原因,是因爲出版者不是把質量放在首位,而是只認自費收來的錢而不認詩,或是把詩集能否引發爭議佔領副刊版面或宣傳媒體以便促銷看作是頭等大事,這就造成詩壇不是好詩當道,而是僞詩爛詩在搶攻熱銷的橋頭堡。「更甚者,進而推動所謂的『壞詩獎』,來顛覆各大文學獎的詩獎,然而各大文學獎的詩獎,不也已經常有被讀者痛批的爛詩壞詩得獎嗎,何必多此一舉?」〔註13〕2011 年臺灣文學館曾主辦「100 年『好詩大家寫』新詩創作獎」,然而什麼是「好詩」,難免見仁見智。該獎項獎金甚高,這是民間舉辦的「壞詩獎」難於抗衡的。

新世紀詩歌創作的一大流行徵候是自編新曲,標新立異。《隱密的靈魂:吹鼓吹詩論壇》在類似「發刊詞」的〈告別詩刊,走向論壇〉中,有四項滿懷信心的期待:

(一)我們期待表演:濫調陳腔,再會吧!自編新曲,請上臺。

(二)我們期待對話:吹捧喧囂,再會吧!一針見血,請進來。

(三)我們期待遊戲:大言皇皇,再會吧!瑣論零箚,請進來。

(四)我期待待創造:定論陳說,再會吧!新種怪胎,站出來。

這是與網絡完全結合的新論述,它發展到 2011 年出現了三個「新種怪胎」:1、有句無篇(競逐佳句);2、內容淺薄(淺碟化);3、語境支離破碎(嘮叨化)。〔註14〕這三種「怪胎」不見得就是「濫調陳腔」,對臺灣詩歌就完全沒有營養,因在中國古典詩歌中就存在著大量的作品有句無篇,如「黑雲壓城城欲摧」之類。至於內容淺薄,是因爲時代背景所致:「整個社會彌漫著趕集的、投機的、表象的氛圍,呈現的東西是膚淺的內涵,或是經不起考驗的內涵。」〔註15〕「淺碟化」者主張寫詩不必有深度,不必使用後現代

〔註13〕蘇紹連:〈臺灣現代詩概述〉,載李瑞騰總編《2011 臺灣文學年鑑》,臺南,臺灣文學館,2012 年,第 16 頁。

〔註14〕蘇紹連:〈臺灣現代詩概述〉,載李瑞騰總編《2011 臺灣文學年鑑》,臺南,臺灣文學館,2012 年,第 15 頁。

〔註15〕蘇紹連:〈臺灣現代詩概述〉,載李瑞騰總編《2011 臺灣文學年鑑》,臺南,臺灣文學館,2012 年,第 15 頁。

手法，不必玩拼貼的遊戲，這也是一種寫法。至於年輕女詩人夏夏所提倡的「活版自由詩」，是一種限制性的寫作，雖然有「砍頭入棺」之嫌，但不失為一種新的實驗。在 2007 年臺北詩歌節活動中，許多人按照「活版自由詩」的規定，在這個「範圍內寫一首 60 字以內的詩（含題目，可自訂），可以重複使用規定內的字，不可加入額外的字。」〔註 16〕曾有人在網絡上調侃說：「這種玩法，讓不會寫詩的人寫詩，讓會寫詩的人不會寫詩。」與這種說法相反，在徵件活動的一個多月中，收到兩岸三地及東南亞各地將近三千首作品，「顯然嚴苛的要求並沒有嚇走真正愛詩的人一試的勇氣，反而限制越嚴越能突破作家的慣常思考模式，而製造出新的效果，這三千首應徵來的詩可以作證。」〔註 17〕

　　詩不是標語，不是口號，而是一種彎彎曲曲的語言，可彎曲過度，標新立異把握不好就會走向搞怪，如有人追求表皮的遊戲性，「狂姿押韻所造成的語音快感、計算機輸入軟件中非漢字符號的拼貼、無釐頭的異物嫁接、繞口令般的辯證、用括號製造後設、解構成語。」〔註 18〕這對作者來說，也許是「快樂的書寫」，而對讀者來說，則有可能變成「苦痛的閱讀」。搞怪還表現在詩集的「炫技」上，如葉覓覓的《越車越遠》，以布套包裹，邊緣會脫線，每讀一次總會留下幾根線頭為證，「內頁詩作則字體暈染，彷彿是不小心潑到水而製造的閱讀災難，再佐以圖片、葷素不忌的用語，大大挑戰了詩的容忍性。」〔註 19〕再如被人戲稱為「夏嚇」的女詩人夏宇，2007 年出版了一本名叫《粉紅色噪音 PINK NOISE》的詩集，用完全透明的塑料片，並以粉紅色和黑色字跡交替印出 33 首中英對照的詩。讀者一面翻書，一面會聽到響聲。書好像是透明卻又每頁「字跡漫疊，真個想看清楚卻又似乎看不清楚，有點俗麗，又有點神秘。要看這本詩可不太容易，要不就要在想看的那頁下面墊一張白紙，不然就要抓出一頁來，仰首就著天空逆讀。手易酸，頭易痛，這是讀它要付出的代價。」〔註 20〕本土詩人方耀乾稱這種像翻譯軟體譯出來的文

〔註 16〕　向明：《無邊光景在詩中》，臺北，秀威科技公司，2010 年，第 247 頁。
〔註 17〕　向明：《無邊光景在詩中》，臺北，秀威科技公司，2010 年，第 247 頁。
〔註 18〕　李癸雲：〈臺灣現代詩概述〉，載李瑞騰總編《2010 臺灣文學年鑑》，臺南，臺灣文學館，2011 年，第 23 頁。
〔註 19〕　李癸雲：〈臺灣現代詩概述〉，載李瑞騰總編《2010 臺灣文學年鑑》，臺南，臺灣文學館，2011 年，第 23 頁。
〔註 20〕　方耀乾：〈臺灣新詩概述〉，載彭瑞金主編《2007 臺灣文學年鑑》，臺南，臺灣新文學館，2008 年，第 38 頁。

章，就似一隻內藏無數密碼的半透明變形蟲，有如天書般難懂。

詩人與讀者之間不應是自虐與虐人的關係，因而要分清搞怪與寓莊於諧的界線。有些人表面上是搞怪，其實並不是以殘虐的手段逼讀者就範，內容也非古靈精怪，如鴻鴻、零雨、陳克華等人的〈妖怪純情詩〉，所追求的是文本樂趣，是希望讀者在詩中找到自己的靈魂。蘇紹連以「詩」寫「私」的〈私立小詩院〉，其形式實驗限制在「小詩」的文體上。無論是「私玩物」、「私生活」、「私身體」還是「私食物」、「私人像」、「私現象」，均將個體立體化轉換成具有普遍意義的主體性，目的在於與外部經驗的互動中，揭示作者極富個性的自身生活的現象學。鴻鴻主編的《衛生紙》詩刊，每期不到100頁，先後有不同的主題呈現，儘管詩作帶有強烈的私密性，但由於詩的魂魄一直在字裏行間，故讀後完全不似用之即棄的衛生紙。鴻鴻用復古風格設計的詩集《土製炸彈》、夏夏手刻詩集《鬧彆扭》，在與詩歌節的傳播網絡聯結方面，也獲得了巨大的成功。

這是一個跨界的年代。主張當代文化、文學、藝術乃至人物典型中都充斥著「跨領域」狀況與特性的杜十三，便是這方面的佼佼者。他強調的「跨領域」，將有如楚河漢界般鮮明的文學、戲劇、繪畫、音樂、舞蹈、雕塑、建築、電影等八大藝術畛域一併融解。他接合與轉化不同藝術類型，改變了人們欣賞文學藝術的觀念。白靈則將化學、物理的成分加入詩中，如他曾以「固、氣、液」三態來分析管管的詩，甚至出版了《桂冠與荊棘》，遺憾的這是一種「苦痛的閱讀」，竟沒有人能弄懂裏面的科學符號。路寒袖將詩文字與視覺藝術相結合。夏宇的《Saisa》詩集，所建構的是一個文字繪圖建築及舞蹈音樂的上層美學。李魁賢與畫家合作，在靜物畫中尋找詩的靈感，做到詩中有畫，畫中有詩。陳大為則主張以詩為文，寫出的作品介於詩與散文之間。

在新世紀，女性詩歌仍是一支活躍的力量。「女鯨詩社」的組建與叢書的出版，為女性詩歌的創作水平更上一層樓起到了投石問路的作用。在個人方面，突出者有具有旺盛的活動力且有潛在創作力的顏艾琳，於2010年出版的《微美》，不是靠下半身寫作奏效，但其詩思是從幽陰處流出。她在〈我的陰謀論〉中說：「女詩人寫的作品叫『陰思想』，若經過發表並出書了，就是成了陰謀的運動……用我透徹的陰性思維，寫下溫柔也剛強的文字。」〔註21〕

〔註21〕 李癸雲：〈臺灣現代詩概述〉，載李瑞騰總編《2010臺灣文學年鑒》，臺南，臺灣文學館，2011年，第23頁。

從事這種「陰謀運動」的不僅有顏艾琳，還有然靈、葉子鳥、楊佳嫻等人。
能寫會畫的林明理，雖不標榜女性主義，但仍以女性陰柔美打動讀者。

　　由於網絡的衝擊尤其是商風的勁吹，把嚴肅文學逼到了牆角。無論是在
大陸還是在臺灣，寫詩的人均多於讀詩的人。在臺灣這個奇怪而又充滿活力
的地方，詩壇已由「盛唐」衰退到「晚唐」甚至是「晚清」，因而早就有人
預言詩必然走向死亡。可與這個預料相反，在「歹年冬」時刻，詩集的出版
卻快樂得像春筍般蓬勃生長。據方耀乾的統計，僅 2007 年出版的詩集就有
100 多種，其中活力四射的唐山出版社一年出版了 20 多部。至於詩人全集
與「年度詩選」的出版，也是一片方興未艾的景象。僅 2009 年，就有《洛
夫詩歌全集》《商禽詩全集》《周夢蝶詩文集》《陳秀喜詩全集》的出版。作
為臺灣詩壇傳統的「年度詩選」，和以往一樣形成對峙之勢。編這種選集，
用方群的話來說是「主導風潮，掌控市場，建立霸權，生成典律」。〔註22〕
在這種思想指導下，80 年代有爾雅出版社與前衛出版社的爭奪戰。到了 2009
年，改為「二魚」與「春暉」兩個出版社在競爭。他們不再像過去那樣意識
形態掛帥，「對比爾雅的兼容廣取，前衛版特別聚焦在現實書寫，形成出兩
版本詩選間的差異性。然而，二魚與春暉兩版本年度詩選中，『現實』成為
兩者共同的書寫基礎共識，在技巧與其它主題（如形而上純粹經驗、符號詩
學）則略有細微差異。兩詩選的美學標準所以相當接近，最主要的原因在於
兩個詩選編輯團隊的主力皆為戰後第一世代詩人，歷經 1970 年代以來的詩
文體美學辯證，他們彼此在詩學意見上已有相當大的交集。」〔註23〕

　　儘管詩集的出版爭奇鬥豔，「不斷嘗試、不斷實驗、不斷開發」的口號喊
得震天價響，2001 年還升起過《臺灣現代詩》《吹鼓吹詩論壇》兩本新詩刊，
《臺灣日報》又製作「臺灣日日詩」專欄，僅 6 月份就刊登了 116 首詩，「太
平洋詩歌節」、「臺北詩歌節」亦於 2011 年接踵而來，但繁榮背後是荒涼，新
世紀臺灣詩壇最令人婉惜的是一個個詩翁在凋謝。僅 2010 年就有《海鷗》詩
刊主編秦嶽、執超現實牛耳的商禽、剛宣告完「杜十三主義」便在南京辭世
的杜十三，還有終成「一具空空的白」的周鼎、高唱「臺灣悲歌」的黃樹根，

〔註22〕蕭蕭：〈新詩：世紀風華初現〉，載杜十三總策劃《2000 臺灣文學年鑒》，臺北，
　　　　「文建會」，2002 年，第 34 頁。
〔註23〕解昆樺：〈臺灣現代詩概述〉，載李瑞騰總編《2009 臺灣文學年鑒》，臺南，臺
　　　　灣文學館，2010 年，第 30 頁。

先後回歸大自然。更令人唏噓不已的是「詩壇三老」中的最後兩老鍾鼎文、
紀弦撒手西歸。這兩人儘管詩觀有分歧，但同是臺灣現代詩的重要推手。如
果說紀弦是把現代派的火種由大陸帶到臺灣，那鍾鼎文的貢獻表現在充分利
用自己的行政資源和影響力創辦臺灣最早的詩刊，並讓臺灣詩人與國際接軌。

進入 21 世紀之前，余光中所寫的諷刺選舉亂象的〈拜託，拜託〉詩仍在
選戰中流傳：

> 無辜的雞頭不要再斬了
>> 拜託，拜託
> 陰間的菩薩不要再跪了
>> 拜託，拜託
> 江湖的毒誓不要再發了
>> 拜託，拜託
> 對頭跟對手不要再罵了
>> 拜託，拜託
> 美麗的謊話不要再吹了
>> 拜託，拜託
> 不美麗的髒話不要再叫了
>> 拜託，拜託
> 鞭炮跟喇叭不要再吵了
>> 拜託，拜託
>> 拜託，拜託
> 管你是幾號都不選你了

語言明快曉暢，直接痛快，表現了詩人對選舉期間批量生產的「美麗的
謊言」的嚴重不滿。本來選舉時，理應由候選人拜託選民支持，但此詩卻進
行顛覆，反過來由選民拜託候選人。正如陳幸蕙所說，此詩連用 16 個拜託，
由選民向候選人真情喊話，聲聲委婉，令人啼笑皆非，形成強烈的反諷。乍
看起來，此詩批判火力不足，但從最後一句否定這場不美麗的選舉看，作者
是柔中有剛，棉裏藏針。

復萌青春的洛夫，給文壇送來了一首長篇巨製——3000 行的長詩《漂木》。

如果說洛夫 1949 年從大陸去臺灣是首次漂流，屬被動式，那 1996 年洛
夫從臺灣移民加拿大，作為第二次放逐屬主動式，是自我選擇的結果。正因

爲不帶強迫成分，故他以第二次流放的心情在新的國度思考，從而對自己詩作出突破。

　　據洛夫自述：《漂木》的創作乃基於兩個因素，一是實現近年一直在思考的「天涯美學」，一是自我二度流放的孤獨經驗。所謂「天涯美學」，是指悲劇意識，係個人悲劇意識與民族悲劇經驗的交會；另方面是指宇宙境界。詩人本應具有超越時空的本能，才有可能成爲一個宇宙的遊客。就整體結構而言，《漂木》內容龐雜而內在線索異常清晰。作品通過「漂木」、「鮭」、「浮瓶」、「廢墟」這些意象，宏觀地表述了洛夫「個人的形而上思維，對生命的觀照、美學觀念及宗教情懷等。這些理念其實在洛夫過去的各部作品中，均有或明或暗的體現，只不過在這首長詩中做了更具體更集中的呈現。」〔註24〕

　　半個世紀前，洛夫曾創作了共分 64 節、每節 10 行的長詩《石室之死亡》，其中「石室」象徵著封閉和黑暗，「死亡」係新陳代謝的隱喻。詩中無論是光明還是黑暗的意象均相互交匯，形成了一種黑白交錯的「魔幻」特質。《漂木》與《石室之死亡》相異之處在於：第一，《石室之死亡》「主要是以超現實主義手法來表現生和死的形上思考，而《漂木》除了形上的意象思維外，更透過一些特殊的語境對當代大中國的文化和現實做出冷靜嚴肅的批判。第二，《漂木》的語言仍力求維持《石室之死亡》詩中一定的張力與純度，但也盡量不使它陷於過度緊張艱澀的困境。」〔註25〕

　　臺灣現代詩獲得了很高的成就，但在長詩創作上，一直缺乏史詩性作品。兩岸也出現過超過萬言的長詩，但大都思想貧乏，內容空洞，語言浮腫。在洛夫看來，寫長詩必具備三個條件：「第一，須具有以宏觀的視角綜覽世界的本能。第二，爲了突顯主題，必須經營一個強而有力的結構。第三是語言問題，短詩通常只需靈性的語言，只要靈感驟發便可一揮而就，而長詩則需要一種表現冷靜而理性的審視與批判所需的智慧性語言，不過在個別的句構上仍得重視它的原創性和張力。」〔註26〕

　　洛夫正是具備這三個條件的。以《漂木》的語言而論，它不受邏輯與理

〔註24〕蔡素芬：〈漂泊的天涯美學——洛夫訪談〉，臺北，《創世紀》，2001 年秋季號，第 39 頁。
〔註25〕蔡素芬：〈漂泊的天涯美學——洛夫訪談〉，臺北，《創世紀》，2001 年秋季號，第 39 頁。
〔註26〕蔡素芬：〈漂泊的天涯美學——洛夫訪談〉，臺北，《創世紀》，2001 年秋季號，第 41 頁。

性羈絆。第四章〈向廢墟致敬〉卷首引〈金剛經般若波羅密經〉「般若實相，非一相，非異相，非有相，非無相，非非無相，非非有相，非非一相，非非異相，非有無俱相，非一異俱相，離一切相，即一切法」，這是一種存在的意象論述，並暗示出長詩「空」起「空」收之首尾照應。而這章第1節與第70節首尾之「空」，另自成一個輪迴中的輪迴：

> 我低頭向自己內部的深處窺探
> 果然是那預期的樣子
> 片瓦無存
>
> 只見遠處一隻土撥鼠踮起後腳
> 向一片廢墟
> 致敬
>
> 我來
> 主要是向時間致敬
> 它使我自覺地存在自覺地消亡
>
> 我很滿意我井裏滴水不剩的現狀
> 即使淪為廢墟
> 也不會顛覆我那溫馴的夢

乍看起來，洛夫在宣揚虛無主義，其實是「自編新曲」，表現了作者對存在的思考。「片瓦無存」是建立在豐厚的生活基礎上。「自覺地存在自覺地消亡」，這是寫作者對生命的坦然態度，面對死亡他感激時間給了自己太多的生命體驗，不枉過這一生而收穫了許多思想與作品。這些「生之荒涼」的哲思不是通過理性思維而是用「一隻土撥鼠踮起後腳向一片廢墟致敬」的形象去生動體現，從而給人留下深刻的印象。

《漂木》視野開闊，氣魄宏大，對命運的悲劇以隱喻形式出現，許多段落常給讀者驚喜感。在創作方法上，《漂木》有現實主義，也有超現實主義；有現代主義，也有後現代手法，如拼貼，可謂是集各種主義之大成。這首長詩，由於寫得比較晦澀，因而難免有「苦痛地閱讀」的情況，但真正讀懂了，會給人帶來更多的快樂和愉悅。

四、標榜「個性寫作」的散文

　　散文創作是一個值得關注的文化現象，但長期以來被小說、新詩的光環所掩蓋。比起小說、新詩在數度輝煌後呈現疲軟狀況，散文實驗的性質到了新世紀才更顯方烈。回顧歷史，從經濟大蕭條時期開始，散文創作不斷有所激蕩變化，這變化當然不可能像《哈利波特》那樣轟動，但仍值得回顧和總結。

　　回顧新世紀以來的散文創作，可發現老中青三代同堂的散文世界，所走的是不同路線，其中前行代一直堅持純文學路線，如余光中的《青銅一夢》、楊牧的《奇萊後書》，還有張曉風、林文月等人的作品，所高舉的是純文學旗幟，所奉行的是抒情乃散文之靈魂的古典準則。中堅代有季季、阿盛、張讓、洪素麗、廖鴻圖、劉克襄、龍應台、簡媜、鍾文音、鍾怡雯、陳玉慧、周芬伶等。他們或寫傳統的抒情美文，在選材上或寫親子之情，或寫鄉村人文，或寫邊境流浪者，或寫南洋旅遊，或寫人生感悟，在表現方法上多用見微知著的手法。年青一代王盛弘、陳建志、李明璁、徐國能、凌性傑、楊佳嫻、李欣倫、黃信恩，除寫綿愛柔情的散文外，還寫流行散文，其特點是將星座與戲謔式惡搞混合在一起，以解構傳統寫法的正統性。

　　當然，這種際代劃分難免掛一漏萬。據張瑞芬的觀察：「唐諾、吳祥輝屬異軍突起，舒國治、詹宏志、蔣勳、蔡珠兒、吳明益等人的文筆令人驚豔，極具代表性。這方面的新秀還有陳淑瑤、柯裕棻、張惠菁。」〔註27〕

　　新世紀散文發展一個重要趨勢，是許多作家採用小說的手法，有如魯迅的〈一件小事〉教人弄不明白到底是小說還是散文，比如朱天心的《漫遊者》，是典型的以散文面目出現的小說。作者喃喃自語訴說往昔的傷痛記憶，內有許多「回憶錄」的成分。另還有以議論文取勝的蔣勳的《孤獨十講》，將虛構與紀實溶為一體的周芬伶的《汝色》。「邱妙津《邱妙津日記》，以書信日記拆解了散文的傳統結構，整本書才是一個整體，也很典型的突破了散文單篇為文的特性。」〔註28〕

　　新世紀散文創作另一發展趨勢是長文和短文並駕齊驅。之所以出現短散

〔註27〕　張瑞芬：〈經濟大蕭條時期的夢遊者〉，臺北，《聯合文學》，2009 年 9 月號，第 27～29 頁。本文前半部分吸收了她的研究成果。

〔註28〕　張瑞芬：〈經濟大蕭條時期的夢遊者〉，臺北，《聯合文學》，2009 年 9 月號，第 27～29 頁。

文,是因為報紙書評版面在不斷縮水,某些老牌雜誌或報紙副刊不是停刊就是從文學走向文化,從小眾走向大眾,為適應由高雅走向通俗的讀者的渴求,各部門舉辦的文學獎常常限定字數:以往是五、六千字,現在至少要壓縮 2000 字。可一些著名作家寫作並不是為了評獎,他們也從不唯文學獎馬首是瞻,這樣便出現了萬字以上的散文,如上面舉的余光中、楊牧的作品,另有內容複雜豐富、結構宏偉的長篇散文,如簡媜的〈天涯海角——福爾摩沙抒情志〉、吳明益的〈家離水邊那麼近〉、陳列的〈躊躇之歌〉。龍應台的《目送》,在寫親情方面可以和朱自清的〈背影〉相媲美。這位「疾惡懷剛腸」的龍應台,身段變得柔軟。也就是說,不同於作者的另一部散文《野火集》所用的金剛怒目式的文字,「它簡潔乾淨,疏淡有致,細膩委婉,可以說是字字帶韻,筆筆含情,怨而不怒,傷而不哀,有一種難以抗拒的親和力。」〔註29〕不過,新世紀的散文還是以體式偏小為主,尤其是報刊上發表的文章大都在 800 到 2000 字之間。

　　新世紀散文除長文與短文並行外,還用極富個人特色的作品取代了上世紀的旅遊散文、性別散文、鄉土散文、飲食散文、佛理散文等所謂「類型寫作」。這些按題材分類的作品讀多了,會給讀者帶來審美疲勞,於是作家們另闢蹊徑,標榜「個性寫作」,甚且發展出新品種,如蔣勳的《身體美學》《天地有大美》《美的覺醒》等美學系列,陳芳明的《深山夜讀》《孤夜獨書》,詹宏志的《綠光往事》,還有筆名為書海大玩家「傅月庵的品書、評書之作,成為當今散文創作新趨勢。」〔註30〕至於唐諾的《讀者時代》《文字的故事》《閱讀的故事》《在咖啡館遇見十四位作家》《盡頭》,無不在挑戰散文這一文體的容量,在探討當下世界更寬廣的圖景。

　　從上世紀八十年代中期開始,陸港臺三地掀起一股懷舊潮流。為配合文化尋根,大陸有「滬上懷舊」,港式懷舊則出現在「九七」回歸前夕。臺灣的「集體記憶」,隨著新世紀的新舊交替,尤其是到國民黨遷臺六十週年才形成熱潮。作為臺式懷舊的指標性人物龍應台,她寫那些被國家感動、被理想激勵的幸存者,被貧窮所迫、被境遇所壓而被帶往戰場,讓時代的鐵輪輾過他們的身軀的不幸者。作者力圖跨民族、跨疆界、跨海峽,用恢宏的氣魄和溫

〔註29〕陳劍暉:〈龍應台的《目送》絕不是「心靈雞湯」〉,廣州,《羊城晚報》,2013年 5 月 19 日。

〔註30〕張瑞芬:〈經濟大蕭條時期的夢遊者〉,臺北,《聯合文學》,2009 年 9 月號,第 27～29 頁。

柔的心靈，向所有被時代踐踏和傷害的人致敬。

從新千年開始出現的一系列以懷舊為主旨的散文，有本書第九章講到的齊邦媛的《巨流河》、王鼎鈞的《關山奪路》等四種回憶錄，還有為龍應台《大江大海一九四九》作補充的卑南族作家巴代的《走過——一個臺籍原住民老兵的故事》，記錄了對臺灣社會集體遺忘的數以千計的臺灣青年生命故事的印象。另有尉天驄的《回首我們的時代》、陳義芝寫文壇往事的《歌聲越過山丘》、夏烈以理工與人文交融做背景的《流光逝川》、季季灌注了不少溫情與奇情元素的《行走的樹——向傷痕告別》。鄭樹森的《結緣兩地——臺港文壇瑣憶》，用其往返臺港兩地的經歷，陸續串聯起兩岸三地的人文景觀。陳芳明既懷舊又抒情的《昨夜深雪幾許》，為生命中難忘的 20 位文人立傳，證明往事並不如煙，也很受讀者的青睞。

在風格上，新世紀的散文既有像艾雯《花韻》那樣小橋流水式的委婉低吟，也有像劉大任《紐約眼》系列那樣疾風暴雨式的激昂高歌。不管是低吟還是高歌，都有柔美的文筆，都有不俗的格調，尤其是具有散文的風韻。在表現方式上，像呼嘯疾馳的投槍作品不多，而像悠揚動人笛聲的作品倒比較常見，另有像廖鴻基描寫海洋、鯨豚那樣色彩斑斕的風景畫，像吳明益那樣描寫環保的動人風俗畫。

臺灣散文創作一直缺乏具有強烈衝擊力和永恒魅力的精品。舒國治的出現，算是開拓了散文創作新的人文境界。

舒國治（1952～），生於臺北。70 年代以小說《村人遇難記》嶄露頭角。原有意投身電影事業，後放棄，1983 至 1990 年浪跡美國。《遙遠的公路》獲 1998 年長榮旅行文學獎首獎。1990 年冬定居臺灣，他其中寫得最多的題材，竟是閒逛。著有《門外漢的京都》《理想的下午》《流浪集》《讀金庸偶得》等書。

無家、無產、無債、無子同時也沒有物欲的舒國治，是臺北城裏的流浪漢，是一位違反時尚的怪人。這位晃蕩達人早年有過一份短暫工作，後終身無固定職業，他認為從事朝九晚五的工作受束縛，坐辦公室很無聊。他喜歡無所事事、自由自在，所以大部分時間都在享受生活。

以「樂活」、「慢吃」著稱的舒國治，按照自己的生活節奏，始終在月黑風高中出門，悠閒地喝茶、吃飯、走路，當然還有休息和睡覺。這是香港書評家梁文道眼中最會玩同時也最會講故事的作家。眾人口中的「舒哥」所寫

的文章，多與旅行及小吃有關，以至被稱為「職業晃悠者」和「小吃教主」。他採用平實視角與日常性敘事的旅行散文，屬頂尖之作，尤其是那些以一種文化姿態與文體實踐相互結合與映襯的作品，有時簡直成了「旅行文學」的代名詞。他寫城市，表現出一種既漂泊不安又難以離棄的精神狀態，其中有紐約、斯德哥爾摩，另有中國的香港、臺北。他惜墨如金，如說紐約的抽象、日本的氛圍及英國的蕭簡，只用兩個字便將這些城市的神韻寫得躍然紙上，這使他成為文壇「一景」，其作品洛陽紙貴，以至成了臺灣文學青年人手一冊的接頭暗號。他寫都市的作品有《水城臺北》，寫旅行的散文有《香港獨遊》《臺灣重遊》，寫富有特色的地區小吃有《粗疏談吃》及《臺北小吃札記》。

　　作為一位城市的晃遊者和優雅的浪遊人，舒國治有敏銳的觀察力、不忌文白夾雜的描述力外加舒緩的節奏。他俘虜讀者的一個訣竅，是對自由心境的嚮往。那些在辦公室坐膩了的讀者，讀了他的散文會遙想到灰暗的城市天空的另一端，那裡有明媚的陽光和涼爽的風。那些對生活感到無助，感到焦慮與糾結的人讀舒國治的作品，雖然不能馬上清涼去火，但至少可以平衡心態。舒國治的「舒」本來就意味著舒心、坦然與快樂。追求成功與價值，誰也離不開舒心，舒國治正是以他獨有的舒心方式實踐著生活的意義。

　　讀舒國治的書沒有障礙，是一種沒有門檻的閱讀，一切都來得那樣自然，那樣恬淡和輕鬆。作為「清簡人生，逃離哲學」的舒國治，始終以最積極的方式去踐行生命。他所諦造的是自娛娛人的藝術世界，其人生從來不在當下，而是已經很精彩又複雜地存在於無數年的世界。

　　提倡孤獨地走路哲學的舒國治，其散文「閒適性」特質的融入，是新世紀以來散文創作中獨有的現象，也是旅遊文化現象值得探討的當下性層面。至少它不是臺灣傳統旅遊文化概念中的主要語項，反而有大陸海派文化的意趣包含在其中，這與他讀大陸書和喜歡到上海等城市溜達有關。

五、「六年級」作家筆下的新鄉土

　　關於文學的世代之說，在 20 世紀末臺灣常出現「新人類」、「新新人類」、「新世代小說」、「新世代詩人」、「新世代作家」的提法。到了新世紀，這些「新世代作家」已成為中生代或中堅代了，於是臺灣文壇另張新幟，從英美文學雜誌得到靈感而吹起「年級熱」，即轉向了作者的出生年份：「民國」50

年代出生即公元 1960 年代出生的被命名爲「五年級」，1970 年以後出生被命名爲「六年級」，1981～1990 年出生的被命名爲「七年級」。這種區分，與大陸的 80 後、90 後以及馬來西亞華文文壇「字輩斷代法」即 1960～1969 年出生的爲 6 字輩、1970～1979 年出生的爲 7 字輩不同。這種劃分純是爲了論述的方便，從整體上來說與主題、風格乃至美學無關。但也有例外，如在臺灣，這種區分有另一種意義：「不只區分了作家你我之間的出生世代，甚且自組文學（復仇者？）聯盟，同時還隱喻了『壁壘分明』的文學觀（我們這一輩）和歷史觀。」〔註 31〕在關注焦點、書寫風格和題材「聯盟」方面，許榮哲、伊格言、高翊峰、張耀仁、甘耀明、王聰威等人於 2004 年結盟後號稱是「網路八 P 狼」，並出版了一本《愛情六 P》。他們仿照網路小說寫出 42 種愛情姿勢，供年輕人談情說愛時觀摩和欣賞。

爲什麼只強調「六年級作家」，而不討論「五年級」或「四年級」作家？這是因爲那些「四、五年級作家」也是這個年齡段嶄露頭角的。還因爲無論是甘耀明的魔幻寫實，還是王聰威的前衛風格、高翊峰的未來書寫，這些「六年級作家」的寫作才華正值黃金時段，其中個別人在文壇上還掀起一股狂風，使老一輩及中生代和新世代同輩作家無不行注目禮。正是在這種讚揚聲中和自我反省中，作爲新世紀創作主力的他們在不斷成長壯大。

「四年級作家」創作時純文學還未成爲票房毒藥。他們只要寫海外流浪、純情摯愛、留學生活，就可賺得版稅。〔註 32〕而「五年級作家」最鮮明的圖騰是「學運」。「六年級作家」不能再重複他們的題材，因而另張新幟寫鄉土。他們和前輩一樣，都熱愛自己的土地。其所書寫的新鄉土和跨類型的作品，逐漸顯示出重視本土但決非「本土八股」而是想像力超過現實性。他們喜好用高度理想化與寓言化的方式處理現實。這種用碎片和解構法爲鄉土整容，屬現實主義菁英化的寫作，是極具可讀性的新世代技巧。不過，「這是一個失落的年代」〔註 33〕，在這個年代中仍湧現了童偉格、伊格言、甘耀明等不甘失落、下沉的新人。

〔註31〕　胡金倫：〈爲什麼是七不是六或八〉，臺北，《聯合文學》，2013 年 3 月號，第 36 頁。

〔註32〕　李伊晴記錄：〈臺灣小說大爆炸——「2012 臺灣四十歲以下最值得期待的小說家到互動座談會」側記〉，臺北，《聯合文學》，2012 年 7 月，第 110 頁。

〔註33〕　李伊晴記錄：〈臺灣小說大爆炸——「2012 臺灣四十歲以下最值得期待的小說家到互動座談會」側記〉，臺北，《聯合文學》，2012 年 7 月，第 110 頁。

　　童偉格（1977～），臺北縣人。臺灣大學外文系畢業，臺北藝術大學戲劇碩士，後讀臺北藝術大學戲劇學系博士班。〈暗影〉獲2000年全國大專學生文學獎短篇小說參獎，〈躲〉獲2000年臺灣省文學獎短篇小說優選，〈我〉獲1999年臺北文學獎短篇小說評審獎。著有短篇小說集《王考》、長篇小說《無傷時代》、舞臺劇本《小事》。

　　善寫短篇小說的童偉格，一旦長篇出手也不同凡響。如以孤島似的山村為背景的《無傷時代》，在沒有因果關係中將一個家族亡靈重新召回人間，讓其在夢中相聚。這是一則故土的鄉野傳奇，將包括祖父祖母、父親母親以及敘事者「我」湊合在離棄途中，表現數代人難以訴說的鄉愁。這「無傷」的鄉愁自然是不必悲傷或曰無法悲傷。作品好似井然有序，其實有點雜亂。整部小說給人的感覺好像要降一場暴雨，其中充溢著大雨咆哮下山中的氣味和溫度，未來則深不可測。作品人物沒有七情六慾，與人交談時不急不慢，有面目不清之嫌。他們雖然活著，心卻早已死了，與行屍走肉沒有什麼兩樣。具體來說，健在的人無法確定自己的生活：是活在死去長輩離棄的現實，或活在哪一位作古者難以蘇醒的夢裏？難道死者也誤以為自己還活著，過著與他們一樣沒有出口的時光？

　　和舞鶴的《拾骨》、駱以軍的《運屍人》一樣，童偉格的《無傷時代》所諦造的是怪物與死物混合的世界，所宣揚的是「廢物論」，這和舞鶴的「無用說」、駱以軍的「人渣學」有異曲同工之妙。這種種離經叛道之說，均出現在父權削弱、強人政治崩盤的時代。

　　作為無序時代的新鄉土魔幻寫實，《無傷時代》成功地突破了自己以前的短篇記錄，用寫實手法不慍不火地表現出東北角的風土人情，同時顛覆了小說必須表現人性和情感這一大功能。這就難怪童氏的小說故事談不上完整，只有吉光片羽，其碎片在生生不息的思念中流轉。說故事的人與小說中的故事重疊，與作者筆下的亡靈相聚，從而成就了一種生與死、想說而無法說的無休止循環。楊照為其寫序時說得好：童偉格既不像王禎和那樣無情地嘲弄這些小人物，也不像黃春明那樣多情地為這些小人物悲歡、義憤。童偉格選擇和他筆下的這些人物，一起活在無知與無能的手忙腳亂裏。他最特殊的文學視野，就是把「鄉土文學」當中應該被同情、被嘲諷、被解救的封閉、荒謬的「鄉人存在」，逆轉改寫成了自由。「《無傷時代》書寫的，正就是荒村荒

人無傷的自由。」〔註34〕

　　成功地「打造了一個臺灣本土版的百年孤寂」〔註35〕的〈王考〉，獲2002年《聯合報》文學獎短篇小說大獎。作品寫鄉土卻擺脫了寫實主義「爲小人物立傳」的模式，然後提高作品的層次，表達人在面對龐大荒謬命運時如何驚慌失措。〈王考〉共收9個短篇，其中同名小說用素描的手法寫出鄉村的人情世故，裏面有著流浪漢的傳奇，還有異鄉人的放逐與頹廢。作者簡潔的筆墨及其清淡的行文與袁哲生不相上下，只是還不夠厚實。作品場景爲山村，那裡有令人神往的「蟬噪林愈靜」的境界，主人公好似生活在潮濕外加曖昧的山嵐裏，其中有一種神秘性在籠罩著。

　　自稱受羅貫中、曹雪芹、魯迅、沈從文影響的童偉格，所追求的是自由精神。〈王考〉寫三個村莊的人爭著要做聖王，祖父只好前來談判。談判時他不聽別人的辯護，更討厭聽眾打斷他。他邊講邊流淚，整整講了一個下午。聽這位德高望重的長者說話，人們有時會發出會心的微笑，有時則被感動得落淚。到天黑時，大家不再爭當聖王，人人臉上泛出紅光，就好似聖王親自到場。過了許多年後，孫子不斷追問祖父是用什麼技巧說服別人，最精彩的說辭是什麼，可到小說劃上句號時，人們還是丈二和尚摸不著頭腦。作者也不可能什麼都知道，他也有洞察不了的時候，只能語焉不詳。也許有讀者問：〈王考〉考的是不是開漳聖王鄭成功？祖父爲什麼有時候聰明，有時候又糊塗，是老了還是病了或是作者不能也不敢和盤托出？作爲傳奇，當然不能讓人看得一清二楚。童偉格虛實相間，似有似無，從而描繪出祖父那種別人難於覺察的智慧和才能。所謂聖王，其實祖父是最合適的人選。

　　描繪過多次鄉鎮的〈王考〉，其鄉土不同於王拓，更不同於陳映眞高舉反帝反殖旗幟的鄉土小說，它用「捉襟見肘的寫實主義」〔註36〕創造一種如夢如幻、眞假難辨、世故中夾雜著天眞的「新鄉土」。這是一個關於離別或留下、死去或復活、尋覓或失落而永遠都無法講完的故事。在這個意義上，不妨說這是一本有關「自己」的作品。作者寫死去亡靈的懷念、追憶、遺憾，全部注入這個唯一活著的人的意識之中，這個活人甚至發現自己也早已離開世界。作品的荒誕性及其魅力正來自人物又活著又死去的矛盾之中。

〔註34〕楊照：〈無傷時代·序〉，臺北，印刻文學生活雜誌出版有限公司，2005年。
〔註35〕郝譽翔：《大虛構時代》，臺北，聯合文學出版社，2008年，第242頁。
〔註36〕駱以軍與童偉格對談：〈暗室裏的對話〉，載《王考·附錄》，臺北，印刻文學生活雜誌出版有限公司，2002年，第203頁。

入選《九十八年短篇小說選》的〈將來〉，無論是寫校園、家庭，還是寫村莊、軍營，均讓屍骸與死物起死回生，讓他們在宛然畫面裏生龍活虎地出現，讓讀者感到古怪的同時，獲得一種詩意。

甘耀明（1972～），苗栗縣人，東海大學中文系畢業，東華大學創作與英語文學所碩士。曾任小劇場工作者、記者、中學教師，現爲靜宜大學兼任講師、兒童創意作文班老師。著有短篇小說集《神秘列車》《水鬼學校和失去媽媽的水獺》《喪禮上的故事》，長篇小說集《殺鬼》，與李崇建合著《沒有圍牆的學校：體制外的學習天空》。

甘耀明剛登上文壇時，主要是寫青少年成長以及諷刺時事、政治等題材，被李奭學譽爲「千面寫手」〔註37〕。他的家鄉獅潭縱谷流傳有「屙屎嚇番」等反映原住民與漢人關係的傳說，甘耀明便以這種題材作爲自己大擺鄉土龍門陣的資本，其作品常融入客家語、文化及歷史，並與民間傳說、習俗交織成一篇篇魔幻寫實風格的鄉野傳奇。他與伊格言、童偉格等人通常被視爲臺灣「新鄉土」或稱後鄉土文學、臺灣新寫實主義文學的指標性作家。70 年代的鄉土寫實作家，像王禎和等人從事過栽秧割穀一類的體力勞動，與土地的關係密不可分。到了新世紀的「新鄉土」，作者沒有做過挑擔施肥的事情。在現代化進程中，城鄉的差別在不斷縮小，甘耀明只是借「鄉土」的軀殼完成自己的創作。

獲《聯合文學》新人獎的〈聖旨嘴〉雖然不是甘耀明的代表作，但也是優秀之作。它寫 75 歲的阿公忽然癱瘓在床，整整 5 年足不出戶。到鳥語花香的季節來臨時，這位十幾個器官均報廢的老人吐出呼吸裏最後一絲甜味撒手西歸。辦喪事的親友們爲他穿上壽衣、換上壽鞋，這時只見「一陣雅香的春氣穿過木窗」，穿過太平間，而正是這陣春風吹醒了阿公，他奇跡般地起死回生了。作者把老人的死亡過程寫得一點也不恐怖，反而充滿了生命的芬芳。作者的文字純樸但不簡陋，相反顯得優雅，而作品所醞釀的氛圍也決不是什麼鬼氣拂拂，而是陽光燦爛，給人春天來臨之感。

阿公還魂後，向大家報告了 5 年在陰間的故事：給恩主公當馬夫，掌上的硬繭可證明這一點。後來爲了迎接恩主公遊春訪友，大家一起到郊外踏青，作品接著出現一段充滿青春氣息的描寫：大夥鑽進密密的樹林中，只見一地還未枯萎有新鮮味的花屍。如果蜜蜂飛來探地面上的花蜜，將會胖到飛不起

〔註37〕李奭學：〈千面寫手〉，臺北，《中央日報》，2003 年 1 月 6 日。

來。「屍」和「胖」均爲醜陋之物，可作者化醜爲美，就成了道地的「文眼」。作品的文字就這樣雅俗相間，化腐朽爲神奇，其描述不僅讓人看到如此繽紛燦爛的鄉土，而且讓人同時聽到、聞到、嘗到。寫神鬼竟能寫到這樣堂皇光明、人神共親的地步，沒有一定功力是做不到的。

甘耀明善於選取鄉俗、奇譚、講古、幻想等非正統藝術元素作爲自己創作的資本。2005 年出的第二本小說集《水鬼學校和失去媽媽的水獺》，是既具生態、鄉土，又有奇幻文學特性的小說。它獲得《中國時報》開卷十大好書獎，是該年度最有創意的小說之一。說是小說，其實是童話，是一種完全不同格林式的新童話，其語言不像傳統作品那樣明白曉暢，相反還帶有一點生澀，如下面這段文字：

> 這公雞遺傳了聰穎，懂睡覺不蒙頭的養生之道，一顆紅豔的頭掛出稻包外，夢呢喃的呼著一泡霧氣，像一個開心暢快、自顧自煮沸冒氣的茶壺。

這裡的語法不那麼符合規範，意思也朦朦朧朧，可給讀者帶來巨大的聯想空間。又如：

> 背起了小書包，我使勁的在地上乾泳，得躲過大人而扭過神桌、籐椅和電視機下頭，再遊到廚房，手狡猾的賊一把米或半罐醬油，起身殺出後門。

這段文字可以簡化爲「我背起書包跑出門」，可這樣一來藝術趣味也就完全喪失了。作者有意將鏡頭分解，從而讓讀者獲得「斷裂的、被刻意放大後的美感。」〔註38〕

入選《九十五年小說選》的〈香豬〉，用超現實的手法寫各種飛禽走獸以及公雞、野豬、香魚的姿態，極盡作者想像及誇張之能事，以譜就各種人物和族裔的黑色喜劇。

成爲奠定「六年級」文壇地位的長篇《殺鬼》，計 30 萬字，寫的是臺灣往事，它標誌著甘耀明的的創作又跨進了一大步。背景設定在臺灣日據時期、國民政府光復時期與「二·二八」大混亂順序發生的 1940～1947 年，地點是曾爲泰雅族獵地及賽夏族耕地的客家莊「關牛窩」。作爲歷史小說，其呈現的鄉野世界是那樣琳琅滿目美不勝收，其中有複瓣菊、襤褸菊、昭和草、酢漿草、茶花、玉山杜鵑、九蓼頭；月光、星星、雲霓、溪流、雨水、

〔註38〕郝譽翔：《大虛構時代》，臺北，聯合文學出版社，2008 年，第 241 頁。

大霸尖山；水蛭、黑熊、蝴蝶、蝸牛、豬、鴨、雞；媽祖婆、恩主公、哈陸斯、桃太郎、金太郎；巫術、傳說、夢境，等等。正是這些人和景物，締造了鬼與人同時並存、虛構與現實融爲一體的魔幻世界。

這是一部宣揚愛國主義的小說，開頭講到日本在臺灣掀起「皇民化運動」，一位認日本軍官做義父的「帕」，不光名字像日本人，而且他還立志要脫胎換骨成爲「皇民」。他的父親卻誓死保衛家園不願做亡國奴最後犧牲自己。至於女兒，爲了不讓爸爸到東南亞充當炮灰，用盡渾身力氣抱住父親的腰。由於抱得太緊，導致兩人骨肉相連，連最權威的大夫也切割不開，成了難於分離的「螃蟹父女」。

寫這種小說對甘耀明是一種很大的挑戰。從短篇到長篇，從結構到語言，對他都是一種全新的實驗。爲了不使讀者失望，他修改了很多次，往往寫了幾萬字又停下來字斟句酌。斟酌時他就到圖書館，翻閱眾多第二次世界大戰期間發黃的鄉土資料。故事除來源於歷史檔案外，還和甘耀明讀研究所時聽到的故事有關：一位女士在威權時代蒙受不白之冤，因郵局案而身陷囹圄，後被判處死刑。大夥聽到這個消息後，都感到意外但卻不表態，只有她的 3 歲女兒阻止獄卒帶走媽媽，她邊哭邊喊：「媽媽不是壞人，你們不要槍斃她！」甘耀明聽後深受感動，雖說是男兒有淚不輕彈，但眼睛還是潮濕了。過了多年後，甘耀明將這素材加工改造成爲一部反戰、反政治的小說。雖說是寫戰爭，可甘耀明的文字細緻，而且能在別人司空見慣的地方找出看不到的細節，如「帕」不辭勞苦到了大都會臺北，在鬼屋中呼呼大睡至天亮，這時甘耀明不把鏡頭對準室內大環境，卻將目光聚焦在「蝸牛昨晚爬過的液痕在牆上發亮，兩隻灰瓦色的玻璃罐在草叢透光，銀杏透著陽光，多麼青嫩，甚至看到水分在葉脈舒展的速度」。又如作者這樣寫「帕」焦急地等待祖父歸來時的心理活動：「在半夢半醒間，夢見自己的一對耳朵像蝴蝶在數條巷子內盤桓，汲取聲音的蜜，每種言語、碰撞與呼吸皆隱藏故事。然後，有股聲音越來越響，大得他無法盤坐，便醒了，耳朵又停回頭上。」

眾所周知，殺人容易殺鬼難。可甘耀明居然做到了，他靠的是精湛的文筆。這裡講的「文筆」，是指在融入歷史事件的同時不受歷史的束縛，對神力超人的主人公 pa 及其帶來的鄉野傳奇，用竄走、變形、流動、蹦動的手法作大面積的改寫，做到虛中有實，想像奇麗，其目的是在一種嘻嘩癡傻的狂歡中深挖細找人性的本來面目，用「夢遊者的視窗」表現出作爲瘋狂的殖民者

日本人及作爲被殖民者中國臺灣省客家人、大陸仔、原住民身上的傻性外加鬼性與神性，打造出一種豐饒流動的雜語劇場。

《殺鬼》的魔幻展示，使其成爲世界華文文壇的一流之作。小說處理的都是很沉重的歷史問題——如被人遺忘的 40 萬臺灣籍日本兵，可作者用黑色幽默的方式來沖淡歷史的傷痕。作品中提及的許多臺灣歷史事件，在甘耀明的筆下均有新的解讀。小說末尾提到「二‧二八」，這涉及族群運動，可作者主張向前看，不要糾纏歷史舊賬，更不要被政客用來作爲選舉的工具。在作品中，講故事是重點，歷史只是一種畫龍點睛，當然也是一種致敬。人們的生活畢竟是歷史的延續，有些歷史離現實並不遙遠，甘氏所做的工作是把歷史的痕跡呈現出來。

2011 年甘耀明推出的新作《喪禮上的故事》，寫靈堂，寫愛聽又愛講古的麵線婆，有一種濃鬱的鄉土氣息襲來。至於醜不拉雞、一公升的尿水，還有米田共研發會、阿撒普魯的三隻水鹿等惡搞式敘述，讀之令人笑中含淚。他的語言已自成一格，正如陳建忠所說「隱然可成爲他故事工廠裏的重要品牌。」〔註39〕

伊格言（1977～），本名鄭千慈，筆名來自知名加拿大籍導演艾騰‧伊格言。臺灣大學心理系、臺北醫學院醫學系肄業，淡江大學中文碩士，2003 年出版第一本小說《甕中人》，後出版有《噬夢人》《拜訪糖果阿姨》。

伊格言爲當代新世代重要小說家之一，其作品〈咖啡杯遊戲〉，先引用一則叫人眞假莫辨的「外電報導」：一位烏克蘭的老嫗，在年輕時和喝得爛醉的老公發生激烈爭鬥，連眼睛都哭腫了，事後合上眼一睡就是 20 年。等她醒來後，其相貌還似年輕時那樣光彩奪人。不過當她蘇醒不到 20 多天後，想不到很快變醜變老。醫生說：「她的額頭每天都出現新的皺紋，頭髮在幾個月內由一頭青絲變成了毫無光澤的灰色。她離開醫院時還是少婦，六個月後我們見到她，她已是個五十多歲的老人了。」不僅當年如花似玉的母親變得像枯萎的花朵，就連「我」也因爲未繼承雙親的醫生事業及在情場中受傷，也過早地衰老。駱以軍說：「『時光之鐘在她（們）身上瘋狂旋轉』，我想這即是伊格言小說中時光疏離而他每每要執拗地將時間喊停之秘密，包括〈嬰孩〉裏那間許多保溫箱嬰孩的育嬰室裏的嬰屍特寫，蒙太奇錯閃和女友的色情畫面；

〔註39〕陳建忠：〈臺灣製造的文學品味——2011 年的臺灣小說〉，臺北，《聯合文學》，2011 年 12 月號，第 47 頁。

包括〈墜落〉中那弄錯的,在堂妹婚宴上敬酒,其實撕開時光保鮮膜是整個家族二十二個成員在空難瞬間集體死亡,卻不知(忘記)死亡已經發生,而永遠重複停頓在高空墜落的一刻;包括〈祭〉那交叉剪接在瘟王爺巡行(王醮)經過的莊尾廟埕前賣 A 片錄像帶的老婦阿妗;和影帶中 AV 少女既天眞羞赧的受訪卻又一覽無遺在攝影棚打光特寫下『演出』的動物性交歡畫面,兩個界面完全逆反的元素:女體(老婦與少女)、儀式(請王船。請五營兵馬。開光點眼。啓碇。開水路。撒紙金……與鏡頭前女優制式的性交前的初體驗之類的採訪)、商業行爲(廟會與色情工業之製作),以及人體怎樣在它置身的畫面中受虐變形……,阿妗老婦在時光的終點回眸凝視時光初點的少女……」。〔註40〕

　　令人詫異的《龜甕》《鬼甕》《甕中人》這三部曲,其內容類似「祭文」,這與作者如此年輕的經歷不相符,其中《甕中人》呈現出彩色斑斕且充滿巧思的心靈結構。作品從臺北市的吳興街寫到淡水,這裡既有現實中作者的故鄉臺南,也有虛構的島國北端一片臨海的丘陵、依臨海岸的小莊頭和甕底溪下游,聚落著 10 戶厝家的村地。作品用華美濃稠的文字抒發孤獨感和無法給力的情愛。作爲前半部分的〈黯滅〉,寫得像詩一般抒情,其節奏也不急促,而後半部分的〈長流〉,雖然也是寫鄉土,但無不切合現代主義疏離、精準但敏感的美學。其中詭秘的氛圍,配上特殊的疊句,「使得小說的時間彷彿是被凍結在濃稠的陰暗水底,一個變色了而微微扭曲起來的鄉土世界。」〔註 41〕捉鬼的喊聲、噩夢的發泄,又加速了鄉土的逆轉,使其成爲一個非現實的鬼怪世界:

　　　　夜空中帶著水氣,虛無縹緲,張進正在臺燈下備課。

　　　　「啊!」

　　　　張進身後也傳出一聲如老鴝般的「啊」!而且他感覺到自己碰到了濕漉漉的腐屍一樣的東西。

　　　　張進才意識到這只鬼就站在他的背後。他猛地跳開,那鬼也猛地跳開。

　　　　張進慌得將木棍也一下子丟開了。

〔註40〕駱以軍:〈借來的時光:序伊格言的小說〉,載伊格言《甕中人》,臺北,印刻文學生活雜誌出版有限公司出版,2004 年。

〔註41〕郝譽翔:《大虛構時代》,臺北,聯合文學出版社,2008 年,第 309 頁。

拼命地衝向妻子，抱著她大喊，「鬼，鬼，鬼！」

妻子倒從驚嚇過度恢復過來了，說，「他像是人，已經走了。瞧你的膽量，你是不是個男人？」

張進鼓足勇氣回頭看，果然那個鬼已經走了，踉踉蹌蹌地向荒原走去。

「吱咿吱咿」窗戶在風中輕輕地搖曳，聲音像一首柔和的夜光曲。

張進他的妻子已經先在床上睡了，毫無動靜。

而張進喝了一口水，索了一下，寫了沒幾個字，於是便停下筆來，在書房間裏踱著步。

窗外的月光像水一樣，飄了進來，張進體會到一種前所未有的寧靜。

妻子在夢中咳了起來，咳了一陣，又恢復寧靜。突然，窗戶的搖曳聲沒有了。

他屏息走到妻子面前，仔細地端詳起妻子的睡姿。

妻子似乎感到他走進了身邊，朦朧地睜開了眼睛。

「鬼，有鬼！」

「你做惡夢了？傻女人，不躺在我的懷中你是睡不安……」

「鬼，鬼……」妻子拼命地叫著，臉色蒼白，怔怔地望著窗戶那邊，陷入了極度的恐懼之中，最後一聲「啊」縮成張進的懷中。

突然窗戶嘭地響了起來。

張進抬頭望起，沒有看到什麼東西。

他搖了搖妻子，說，「哪裏有鬼？」

「他就站在窗前，注視著我們，一頭亂髮，臉部只剩下一雙發綠的眼睛！」

張進一下子肌肉收緊，躡手躡腳地走向窗外。外面月光幽幽，一切東西可以說是一目了然的，但是他沒有看到任何東西。

「沒有啊？你啊沒事竟做惡夢，嚇嚇自己。」

張進就關上窗戶，躺在床，將妻子摟在懷裏，說「這個世界根本沒有鬼的，鬼只在人的心中。」

妻子說，他還在窗口，窗口下面。

「好，那我們去捉鬼去。」半調侃地說，說完他就迅速跳起，拿起一根棍子，打開了房間所有的電燈。

他往窗下一看，沒有人，他笑著對妻子說，「有個鬼！」然後衝著妻子做做鬼臉。

作者表面上是寫鬼，其實是說明「這個世界根本沒有鬼的，鬼只在人的心中。」作品寫鄉土，也是暗渡陳倉寫時間，這點和童偉格等人相似。其作品使用的不是閩南話，也不是北京話，而是一種經過改造的全新語言，這在某種程度上給不習慣陌生化的讀者帶來閱讀障礙，使他們感到難懂。

入選《九十八年小說選》的〈花火〉，其篇名從北野武的電影獲得靈感，表現年輕一代的哀愁和苦悶。作品抒情意味頗濃，另加上鏡頭效果的語言風格，使其成為鄉土魔幻的代表性作品。

伊格言第二本小說《噬夢人》，其書寫關懷轉移到核災議題，以生化人作為主人公，使用了科幻、諜報、推理等手法，成為一部搖擺在純文學與娛樂小說之間的特殊作品。

〈拜訪糖果阿姨〉由八節情愛故事組成，它寫出了生命中種種令人遐想、困惑以及無比眷戀的各式溫柔情感。這五味雜陳的情感，就好像打翻了的糖果罐，彷彿做了一場又一場深沉的夢。如果說，《噬夢人》所締造的是光怪陸離的世界，所使用的是降龍十八掌的武功招式，那〈拜訪糖果阿姨〉就成了「莊稼把式，一招一式是忘掉所有工夫的工夫。」〔註42〕以前的小說信息量非常大，有如一座虛空中的大型博物館，可在〈拜訪糖果阿姨〉，信息不再密集，故事也好像沒有達到終點，但詩的境界提高了。這篇小說所描寫的時代眾生相，類似白先勇筆下的「臺北人」，所不同的是伊格言「突出了情感比較原始的形式，卻沒有依附在過度戲劇化的世界裏。而即使如此，情感依舊濃鬱而深沉，令人動容。」〔註43〕

「臺北文學」和「南部文學」一個重要不同點是前者受西方和後現代影響，作品淡化情節，淡化故事，讀者讀了後以為臺北不似高雄那樣有故事，可在童偉格、甘耀明、伊格言等人的小說中，有情節有故事，這迥異於「五

〔註42〕陳柏青記錄：〈那些與我失之交臂的溫柔──伊格言對談羅智成〉，臺北，《聯合文學》，2013 年 5 月號，第 102 頁。

〔註43〕陳柏青記錄：〈那些與我失之交臂的溫柔──伊格言對談羅智成〉，臺北，《聯合文學》，2013 年 5 月號，第 103 頁。

年級作家」的都市風格。他們這批「六年級作家」，喜歡周星馳的程度不亞於王家衛。這是一個既神聖又世俗的文學世代。他們寫鄉土，用新尋根派的手法，讓鬼怪、風景、索引、拾荒、壞話還有「混」交織在一起，以顯示這個世代的活力。臺北這樣的大都市不是缺少故事，關鍵在於有人發現並書寫。他們書寫時，對人性表現出一種並非天眞而是漠然的態度，對歷史採用疏離乃至解構的方式，尤其是放棄了關懷鄉土人物的童偉格，「同情如實地接受他們作爲與現實脫節的『廢人』存在，如實地接受『廢人』存在中一切荒謬無常，他打破了『鄉土文學』的核心人道立場，從這點看，他無疑是『鄉土文學』的叛徒」。〔註44〕這是作爲「六年級作家」提供的一種歷史自覺。但也有人認爲，他們筆下的「新鄉土」或曰後鄉土，存在著空有刻板骨架，卻沒有鄉土肌理與人物特色。

「六年級作家」最年長的是張惠菁、可樂王，最年輕的是許婉姿。此外，還有張耀升、王聰威、高翊峰、許正平、吳明益、許榮哲、李儀婷、黃柏源等人，他們的作品同樣用高度理想化與寓言化的方式爲鄉土整容，或用後現代的碎片式寫作爲鄉土變容。他們的作品保留有濃厚的地域色彩，其鄉土功能更多地向消遣與娛樂方向轉化。

六、「七年級」作家筆下的「僞鄉土」？

在臺灣出版界知名度最高、讀者最信服的《中國時報》「開卷好書獎」，2014 年底公佈年度得獎名單，中文十大好書文學類由駱以軍《女兒》、王定國《誰在暗中眨眼睛》、黃崇凱《黃色小說》三部小說獲得。黃崇凱成爲第一位入選十大好書的「七年級作家」，他的《黃色小說》寫出生於七、八〇年代臺灣男性所過的率性的紙醉金迷的生活，其中充斥性幻想、性追尋、性經驗這類「兒童不宜」的場面，藉此反映他們的崩壞人生，哀傷的情感中不乏幽默的色調。作者還寫 A 片流行的前因後果，濃墨重彩寫這代青年對次文化的癡迷。不管是不是「廢男」，也不管是哪一世代，臺灣男性的焦慮與寂寞，均被表現得躍然紙上。作者想像力豐富，文字俏皮，沒有任何說教和批判，把價值判斷深藏在情節中，給讀者留下巨大的想像空間。

〔註44〕楊照：〈無傷時代·序〉，臺北，印刻文學生活雜誌出版有限公司，2005 年。

　　王聰威說:「四年級作家可以說是吃香喝辣,而五年級的作家最慘,因為他們親眼看見黃金時代的結束;但是到了六、七年級作家,根本沒有經歷過什麼文學黃金時代,並且不只連尾巴都沒摍上,從出道時就知道好時光不可能再來。」〔註45〕他這裡講的「七年級」,是一個像黃崇凱那樣年輕時髦、充滿實力的作家群,主要成員有陳柏青、神小風、賴志穎、朱宥勳、陳育萱、林祐軒、黃崇凱、包冠涵、盛浩偉、葉佳怡、陳宗暉、葉璿、江凌青、李雲顥、言叔夏等人。原任秀威出版社副總編的楊宗翰曾爲他們出版了《臺灣七年級小說金典》《臺灣七年級散文金典》《臺灣七年級新詩金典》。陳夏民於2010年創辦的「逗點文創」,也出版了眾多「七年級作家」的詩集。

　　這批出生於八十年代「坐二望三」的小說家,之所以會成爲本節討論的對象,是因爲他們具有下列特點:

　　1、多出身於東華大學等高等學校。此外,「耕莘青年寫作會」也是培養他們的基地。讀過許多文學經典和理論著作的他們,對現實生活有異於尋常人的機智、敏銳、生動迅速的反應。他們在文壇崛起,在一定程度上可糾正「學問越大越難寫出好的作品」的偏見。

　　2、有強烈的現實關懷,能掌握當下的時代氛圍,敢於捍衛生活中的民主空氣。他們不僅是言者,而且是行者,這表現在每場社會運動都可以看到他們活躍的身影,聯署簽名也從不缺席。

　　3、不少人通過《聯合報》《中國時報》《聯合文學》等文學獎而引起文壇重視。但新世紀以來,無論是哪個政黨執政經濟均處於低微狀態,再加上網絡和平面媒體競爭激烈,導致報紙副刊不是萎縮就是關門,不關門也得考慮轉向。於是,「七年級作家」只好移師各縣市舉辦的文學獎或商業機構、宗教團體、慈善事業單位設定的有特定內涵的文學獎。爲了符合應徵必具地方特色的要求,「80後寫手參加這些文學獎必須意識先行,構思故事之前要先研究各類徵文宗旨與字數限制。尤其是地方文學獎,他們不熟悉各地的地理背景與風土人物,只好參考網絡上各種眞僞難辨的信息,以想像的眞實塑造他們想像的鄉土。就創作來說,這是想像力與寫實能力的挑戰,卻也是一種鄉土意識的扭曲與妥協。」〔註46〕

〔註45〕盛浩偉:〈在結束的地方開始——「文訊30:世代文青論壇接力賽」第十場〉,臺北,《文訊》,2013年9月,第132頁。

〔註46〕季季:〈新鄉土的本體與僞鄉土的弔詭——側看80後臺灣小說新世代現象〉,

　　4、作為在電腦網路中成長起來的「七年級作家」，他們的啓蒙寫作不像「六年級」那樣從魔幻寫實開始，而是從村上春樹、卡爾維諾、志文出版社所出的新潮文庫系列翻譯小說，以及《哈利波特》《魔戒》《達文西密碼》等從國外大量引進的暢銷書。他們除綜合臺灣文學有史以來的各種小說技法外，還從後結構、酷兒理論等理論書籍吸取養料，以至奉為圭臬，成為他們臨摹的範本。〔註47〕

　　5、「七年級作家」成長在日益縮小的城鄉差別、農業社會由傳統向現代過渡、鄉土的內涵和外觀日新月異的環境裏。無論是住在都市還是在農村，都受商業風氣的影響，「七年級作家」正是根據這一點描寫自己筆下的「新鄉土」，其故事背景不是在酒店、網吧、三溫暖，就是在餐館、夜店、咖啡廳、電影院、超級市場，以及電腦裏漫無邊際的虛幻世界。他們腦子裏裝滿了課堂上學來的各種知識，以及從網絡得來的五花八門、良莠不分的信息，想像的空間被這些東西所局限，難怪他們「小說取材的背景大同小異，人物也大多蒼白、孤獨；敏感、脆弱；內心陰暗、呢喃自語。」〔註48〕

　　6、「七年級作家」崛起於老一輩作家所累積的豐厚的文學遺產和網絡世代充沛的文化資源中，這使他們善於運用網絡資源與電子形式的創作，遺憾的是生活還談不上富裕。他們不像「四年級作家」可用作品的版稅買房子，現在寫作幾乎不可能成為職業。這些有志文學事業的人們無法煮字療饑，多半白天工作晚上寫作。他們所選擇的是「創作是創作，人生是人生」的二元生活方式。

　　7、臺灣「七年級作家」，不能與大陸的80後和馬來西亞的8字輩相提並論，因為他們的創作題材與主題、語言的運用和行文的風格，與大陸和馬華作家均大相逕庭。

　　「七年級作家」各有千秋，下面是幾位有代表性的作家：

　　陳柏青（1983～），臺灣大學臺灣文學研究所碩士研究生。曾獲全球華人青年文學獎、林榮三文學獎、《聯合報》文學獎、全國學生文學獎、臺灣文學獎等。其專欄〈延海岸線〉在歷史長河中表現那些或瞬間或長遠的交會，逐

　　　　臺北，《文訊》，2010年8月。

〔註47〕李伊晴記錄：〈臺灣小說大爆炸——「2012臺灣四十歲以下最值得期待的小說家到互動座談會」側記〉，臺北，《聯合文學》，2012年7月，第110頁。

〔註48〕季季：〈新鄉土的本體與僞鄉土的弔詭——側看80後臺灣小說新世代現象〉，臺北，《文訊》，2010年8月。

漸勾勒出臺灣文學與文化的發展概貌。

作為陳柏青代表作的〈手機小說〉，2007 年曾獲《中國時報》文學獎小說首獎。手機小說通常是指由手機作為載體來完成小說的創作或者閱讀的形式，具有可傳播性。〈手機小說〉不同於那些拇指文化的引領者通過手機鍵盤進行小說的創作形式，而是與手機有關的小說。作品選材非常現代，其情節連貫靠手機裏推出的好看的外國小說以及雙親間的短消息。作品寫老爸有了新歡，係「我」隨老媽回家探親看望子女成群而身體欠佳的阿嬤那裡簡接知道的。作品一環扣一環，文字也很鮮亮，充分體現了作者對生活的敏感。

楊富閔（1987～），臺南縣人，東海大學中文系畢業，後就讀臺灣大學臺灣文學研究所。曾獲林榮三文學獎短篇小說首獎、打狗文學獎、洪醒夫小說獎、吳濁流文藝獎、臺中縣小說獎、南瀛文學獎、玉山文學散文首獎、全國臺灣文學營小說首獎等，作品入選《九十七年度小說選》《九十八年度小說選》，已出版小說集《花甲男孩》。

楊富閔雖然靦腆，可寫起小說來非常豪放，那很大的想像力讓人刮目相看。他的作品主人公有會開發財車的而被孫子奉為「在內一姐」的現代阿嬤，另有鮮活而有趣的老玩童阿公。楊富閔使用帶有生活氣息的鄉土語言，把 3C 作為溝通道路與主要場景，同時混合古與今、土與洋，造成一種令人噴飯的效果。不以大都市做背景，特別鍾情故鄉臺南，並把生活中的鄉土全部轉換為藝術的鄉土，因而被譽為「宅版」的王禎和與黃春明，他卻不想讓自己與他人雷同，而自稱為來自曾文溪下游的革命文學臺客。

這位「臺客」的首部短篇小說集《花甲男孩》，用諷刺與幽默的筆法寫出新時代的人間喜劇。其作品人物堅強果敢，鄉土能量飽和，語言自然流暢，沒有陳舊味。楊氏的作品總離不開生老病死的內容，那怕是別人寫過多次的親情題材，到他筆下都能喚發出農村的現代色彩。楊富閔作品「另一特色是善用現代科技與流行產品串聯小說情節，即使人物的內心深沉悲苦，也不失幽默、自嘲與寬容的人性本質。」〔註49〕

神小風（1984～），本名許俐葳。畢業於中國文化大學中文系文藝組，後就讀東華大學創作與英語文學研究所，曾任耕莘青年寫作會總幹事，著有小說集《背對背活下去》。先後獲林榮三文學獎、梁實秋文學獎、全國學生文學

〔註49〕季季：〈新鄉土的本體與偽鄉土的弔詭——側看 80 後臺灣小說新世代現象〉，臺北，《文訊》，2010 年 8 月。

獎等，並分別入選《九十八年散文選》及《九十六年小說選》。

　　有道是：「小說就是說謊」，故神小風每天的回家功課是認真悲傷和「說謊」（虛構），藉此引發寫小說的衝動。但偶而也會脫離小說創作情境回到現實中與朋友、家人講真心話。她熱愛生活，熱愛周圍的人們。寫小說對她是一場大冒險，總是提心弔膽害怕故事被人識破。她不相信自己能講一個自圓其說的故事。《少女核》便是這樣一個不圓滿的故事，人物有少女版的洛麗塔和微宇宙、真心話大冒險的 VI 和 VII、茉莉姊姊、於夏、TCFPQ。至於和妹妹一起去的那個地方、「好像是下雨了」等內容也很有可讀性。

　　這是一部讀之令人心碎的作品。在一個荒漠外加貧乏的環境裏，姐姐與妹妹都不希望分離。她們用盡千方百計填補往日留下的裂痕，希望將矛盾化解。可每一次當她們將要越過心靈的障礙時，寒意又向她們襲來。無論是姐姐還是妹妹，都意想不到彼此對抗的困難就好似屋子裏高積如山的垃圾難於超越。通篇小說沒有出現「冷」字，但作品從頭至尾都被冷氣、冷風所籠罩，真可謂是「不著一字，盡得風流」。

　　《少女核》有虛有實還有暗喻，情節上懸念迭出，結構上則採用雙線敘事手法，結局出人意料之外，讓讀者在絕望中看見溫暖。那怕這陽光短暫，但也能滿足發冷者取暖。

　　獲 2007 年度教育部文藝創作獎特優的短篇小說〈上鎖的箱子〉，寫從大陸跟隨國民黨到臺灣的外婆，先是將東西放在還未帶電的冰箱，緊接著收集箱子，到最後自己回縮入箱子內。作者用寓言的手法通過對象表現人的生命意識。魔幻的鏡頭讓人想起上鎖的不僅是箱子，還有心靈和大腦。

　　〈背對背活下去〉所寫的數位女性，有著令人詫異的慾望，這慾望離變態不遠。作者用類似溫柔的慢火節奏牽引讀者，讓他們認同甚至欣賞這與平常人不一般乃至超越變態的執著願望。本來，寂寞的女人不易親近，但在神小風筆下，寂寞的女人像蝴蝶那樣令人神往。作品中的一位女性范音音最後說：「我心裏很寂寞，但是我對自己說，我要把寂寞再擦亮一點，那是我所擁有的唯一武器了。」這些人的內心世界不存在「手槍」，當然也不會有血痕。人們讀了後心情難於平靜，甚至心慌得想尖叫一聲。

　　賴志穎（1981～），臺北人，小說作品曾獲寶島文學獎、全國臺灣文藝營創作獎，受到季季、林俊穎、蔡素芬等人的稱讚和推薦。

　　賴志穎的第一本書《匿逃者》，收入 2004 至 2007 年間的十篇作品。他後

來到加拿大留學，反思自己的作品不過是用中文寫的西方小說，今後要從內容、形式、技巧及人物塑造上脫離西化的色彩，向中國古典小說《世說新語》或《搜神記》這類筆記小說學習，同時不忘記向大陸的汪曾祺的〈橋邊小說〉和從臺灣王文興的〈明月夜〉等作品取經。〔註50〕

賴志穎獲得林榮三文學獎的短篇小說〈獼猴桃〉，用散文的筆法寫母子之間動人真摯的情感，行文平實，語言溫馨，不落俗套。他不寫別人表現過的情慾、網絡、狗貓還有那時髦服裝，更不崇尚暴力，只羅列被損害被污辱者的心靈創傷。他的目光清純如童男，無所畏懼，雖然人物遭受生活的打擊，但心中卻洋溢著幸福的溫暖。作品結構緊湊，同時注意溶入意象一類詩的要素。

林祐軒（1987～），臺中人，臺灣大學畢業，曾獲臺灣大學文學獎首獎、大墩文學獎首獎、全國學生文學獎、教育部文學創作獎等。

獲《聯合報》文學獎的短篇小說〈女兒命〉，用一種稽戲的手法批判社會劃分正常與反常的界線時過於機械。有變裝癖的父親，感染了兒子以至模仿他，最終父子成為親密的夥伴：「若有來生，換我做你的阿娘，我們是全新的一對母女。」人當然不可能有下輩子，但經過「變性者」的表白，達到為遭受社會白眼跨性別的邊緣族群鳴不平的目的。這裡沒有悲觀失望，而是多了一層關懷理解的溫馨。

凡是成功的作品，均離不開幽默的成分。幽默，是人生的智慧表現，它有助於作品的生動性。林祐軒的〈家拎師〉的主人公叫羅貞蘭，望文生義他應該是女生，可他是堂堂的男子漢。當羅貞蘭問父親為什麼給他取女性化的姓名時，「暮年英挺俊氣消散無蹤」的父親一臉嚴肅地說：「立身天地之間，名姓攸關一生志業。我給你起這個名，乃是期望你對國家有貞，貞心如蘭。屈靈均不也說過？『江離辟芷，秋蘭為佩』，給你起這個名，希望你男子漢頂天立地，盡心盡責。」可一般人讀不懂這個意思，只知道羅貞蘭的「貞蘭」是「真男」的諧音，這便給作品增添了喜劇色彩。作品還寫一種心理醫生叫「家拎師」，專門給內心苦惱的人送來暖意，借著人間的摯愛給那些心靈受過重創的人於慰藉。這裡打破性別界線，雖不容世俗之見，但能給人帶來愉快和休息，從而增加作品的亮色。

黃崇凱（1981～），諢名黃蟲，臺灣大學歷史學研究所畢業，為《聯合文

〔註50〕賴志穎：〈對於小說我想說的話〉，臺北，《文訊》，2010年8月，第95頁。

學》雜誌編輯。曾獲《聯合文學》小說新人獎、林榮三文學獎、全國學生文學獎、「國藝會」創作補助、《中國時報》「開卷好書獎」等。著有小說集《靴子腿》《黃色小說》。

　　黃崇凱深知，沒有矛盾就沒有魅力，沒有衝突就成不了故事，故他的小說中不斷出現反差、矛盾的情節。小說集《靴子腿》寫人們的內心矛盾，寫人與人之間的碰撞，均出人意料之外。流行音樂在小說中不斷奏響，那些耳熟能詳的歌詞，被作者翻出新意。這新意，來源於細膩的情感波瀾。其筆下的人物，沒有被痛苦的淚水淹沒，也沒有對生活徹底失望。作品通過司空見慣的場面，寫出生活的單調和寂寞，同時也不忘記給讀者投送雨露和陽光。

　　作為「七年級作家」獲《中國時報》「開卷好書獎」的第一人，黃崇凱善於從詩的材料中吸取靈感，如〈玻璃時光〉中反覆出現的時鐘，便是一種意象。它所代表的不僅僅是時間，而且代表著人生的經歷，是人物情感流動的象徵。作品中的父親是一位中小學福利社零食配送員。出於職業的習慣，無論做什麼事他都十分守時，所不同的是他和作品中的「我」上下班時間不同。兩人雖然同樣是去探視躺在病榻上的母親，卻從未碰面過。小說對醫院的情形可謂觀察入微：「各房各床的家屬和患者又像是同時顯示著各地時間的鐘錶，彼此錯落交置，走得整座醫院滴滴答答。因此在醫院待久了，逐漸覺得，我日日看見的不是一個個人，而是一枚枚時鐘。」又如寫「這樣的父親，最終把自己拉成了長長的指針，停止在六點鐘的位置。父親在這個狀態下，永遠地守時了。」同樣離不開時鐘，但這裡的時鐘，已成了父親生活習慣的指代。如果說，黃崇凱的眼睛是核爆，所有的東西被他的目光一掃均會變為時間的廢墟，那寫小說對於黃崇凱來說，就似用煮沸的水去燙乾枯的荷花，被遺忘的時光會在水裏再一次綻放。

　　盛浩偉（1988～），就讀於臺灣大學日文系，後在日本東北大學當交換留學生，曾獲臺積電青年學生文學獎。

　　在「七年級作家」中，盛浩偉年紀最輕。他的作品與眾不同之處，在於受日本文學影響很深，尤其是那些蒼白無力陰暗無光的校園故事，在他的短篇中有明顯的投影。〈半青春〉開頭寫小瑋死於車禍，然後回憶與他交往的經過。小說中的主人公體形瘦弱，個子矮小，皮膚蒼白，就像「剛做完癌症化療的人」。作品寫他所遭受欺侮的過程，有如電視劇出現的暴力鏡頭。這種描寫不算獨創，難得是作者用悠閒的筆調書寫，使讀者更加同情這位同學的遭遇。

　　〈父親〉是盛浩偉的成名之作。乍看起來，這篇小說文不對題，因整部

小說從頭至尾都不是以父親為主角，甚至隻字未提「父親」二字，但作品在描寫弟弟對兄長的敬畏與抗爭時，卻潑墨如雲。作品最大的特點是行文不似山泉奔湧而似溪水緩流，節奏張馳有致，其筆法之老到使文壇前輩白先勇稱讚不已。〈飛人〉用欲擒故縱的手法，寫一個「不是悲傷的故事」，其實，這個故事一點也無法使人歡快起來，悲傷正是其情感特色。作品用第二人稱手法敘述，不僅使阿文，而且使余肥、亞亞的形象躍然紙上。作品的抒情筆調受散文詩的影響，詩意盎然的段落使作品更耐人尋味。

　　從以上作家個案分析中，可看出鄉土文學到了新世紀，「七年級作家」在維持它的基本前提與運行機制的基礎上，重建鄉土與時代的關係。在日益本土化的臺灣社會中，發展出一種後鄉土。這是一種新的鄉土想像，一種新的美學，一種新的文學創作機制。可資深作家季季並不這樣認為。在〈新鄉土的本體與偽鄉土的弔詭——側看 80 後臺灣小說新世代現象〉〔註51〕一文中，她指出 80 後小說家有四個局限：「生活面向窄化，寫作基本功不足」；「想像空間受到壓縮，小說取材大同小異」；「游走地方文學獎，鄉土的扭曲與妥協」；「面對紛紜歧路，新世代更需沉潛心靈」。這牽涉到寫實主義如何更新，鄉土文學如何與現代接軌，以及文學新人應繼承什麼樣的傳統，作品應如何革新手法反映現實等重要問題。

　　同屬一個世代的「七年級作家」，雖然有開頭講的共相，但這只是一個創作群體，還未形成流派。有些作家的作品只不過是「六年級作家」的延伸與發展。如果一定要歸納出某種相似之處，那就是他們的創作資源多來源於「網絡社群」。他們不似五、六年級作家必須借助於同仁刊物或寫作班、文藝營去體現自己的文學價值，而主要是運用網路以最快的速度交換信息，從而形成一個虛擬的想像社群。其次，使命感不似老作家那樣強烈和突出，他們用自身的情感去解構「大敘事」。「七年級作家」深知，自己沒有王鼎鈞那種對民族的社會變遷還有抗日戰爭、國共內戰和臺灣出現的白色恐怖的親身體驗，從而無法使自己的作品變成一座歷史博物館；也沒有齊邦媛那樣的家國傷痛，讓個人經歷去寫出大時代的變遷，寫出史詩性的傑作。「七年級作家」寫勞工，寫同志，寫失業者，寫畸形人，是通過這些人邊緣身份的強調，用自身的情感去表現歷史在個人成長道路上留下的痕跡。他們的作品當然無法脫

<hr>

〔註51〕季季：〈新鄉土的本體與偽鄉土的弔詭——側看 80 後臺灣小說新世代現象〉，臺北，《文訊》，2010 年 8 月。

離社會和歷史，但並不刻意爲之，而是在創造過程中出於自然的安排。再次，在表現方法尤其是故事情節安排上，他們不講究連續不斷而嗜好支離破碎，有些人還喜歡運用新詞，其行文和修辭與傳統寫法大異其趣。他們中的不少人不贊成「新鄉土」這種歸類方式，但說他們是「僞鄉土」，無論如何也難於接受，由此在網路上反彈。畢竟「七年級寫作者在經典文本的閱讀、理論理解和文學生產機制上的思索，卻帶給我們完全不一樣的文學思維。因爲這樣的背景，我們在寫作風格上的『世代共相』更不容易出現。」〔註52〕這是兩代人不同文藝觀點的矛盾，說明傳統的鄉土文學觀念遭到了從未有過的挑戰，那種以陳映眞爲代表的菁英式的鄉土觀，已被一種魔幻式的消費主義文學所解構。原來的鄉土文學經典著作在走向邊緣化，黃春明們所建立的鄉土文學「共同體」在不斷地消解。不過，季季雖然跟不上後鄉土的崛起造成鄉土文學正統派與非正統派並存這一新潮流，但她指出「七年級作家」筆下的鄉土的眞實有待進一步強化，另有誤用成語，不懂得親戚之間的稱謂等方面，畢竟有一定道理，值得他們反思。

　　各個世代之間，存在著明顯的差距，不可能整齊劃一。每個世代的作家都力求超越前人，用獨特表現方式證明自己的存在。可喜的是，正在崛起的「八年級作家」，已在新世紀文壇嶄露頭角，王冠雅等人也在寫新鄉土。儘管他們還稚嫩，但比起「六年級」、「七年級作家」，他們對現實的體察更爲敏銳，也更喜歡玩文字，玩故事。他們的作品，不能用傳統的「讀」法，讀之外還要品味。他們的出現和參與，進一步說明了鄉土文學內部存在著多元化現象。這多元化在「三、四年級」以及新興起的「六、七年級作家」等層面次第展開。不過，到了2011年，「新鄉土」已成強弩之末，除了少數幾位作家偶然有鄉土佳作發表外，「當時的寫手不少都已轉型成『純』文學作家。所謂『純』，意指當成名的年輕作家意不在獎時，他們更著意於創作帶有個人特色的小說，這裡隱含的是臺灣作家誕生機制與典律建構等極有意思的現象。」〔註53〕

〔註52〕朱宥勳：〈親愛的，我們壓縮了整部文學史——七年級小說寫作者的文學位置〉，臺北，《文訊》，2010年8月，第34頁。

〔註53〕陳建忠：〈臺灣製造的文學品位——2011年的臺灣小說〉，臺北，《聯合文學》，2011年12月，第46頁。

第八章　長流不盡的各種創作（二）

一、打造原住民文學的舞臺

　　原住民在臺灣人口中只占 2%，他們的中文書寫一直處在起步階段。可到新世紀降臨的第三年，第一套原住民文學選集《臺灣原住民族漢語文學選集》問世。到了 2009 年，臺灣原住民文學作家筆會成立，這均標誌著新世紀臺灣原住民文學進入新的歷史階段。

　　這一階段的特色是：「原住民文學」不再是由漢族作家代言，而是由土生土長的原住民作家用獨特的族群發聲，擺脫了以往的被動局面。在這方面，老一代的漢語書寫者達悟族的夏曼·藍波安新作《老海人》，極具代表性。在自序中，作者回顧了成長過程中「野蠻」與「文明」的衝突，其中親人希望他不要擁抱臺灣的「文明」，尤其是不要認同他們，而學校老師和教會神父則希望他由「野蠻」轉向「文明」。這兩種願望均未實現，原因是帶有原始性的「野蠻」與現代性的「文明」屬不同的層次，是兩種不同的境界，夾在中間的夏曼·藍波安無法判斷哪個對哪個錯。於是他「給自己尋找一個寧靜的空間，在海上欣賞天空的眼睛……用達悟族的視野思考月亮的出沒。」就這樣，夏曼·藍波安在「野蠻」與「文明」，在陸地與海洋，還有中心與邊陲中尋求「寧靜」之所在，「試圖在『老海人』的身影中，萃取『寧靜』的境界。」〔註 1〕

〔註 1〕劉智濬：〈臺灣原住民文學概述〉，載李瑞騰總編輯《2009 臺灣文學年鑒》，臺南，臺灣文學館，2010 年出版，第 67 頁。

　　在藝術技巧上，《老海人》節奏緩慢。夏曼・藍波安用悠然的語速講述故事，去描述被邊緣化的野蠻人或文明人的命運。作品很少用華麗的詞藻，用質樸的語言表現部落生活，去建構生命史，去體現民族的堅強意志。

　　原住民文學之所以能成爲臺灣文學一朵鮮豔的花，在於它反映了不同於漢族的生活，在藝術上，則有不同漢族作家的表現手法。

　　另一特色是各族各社的巫術文化與神話傳說，是不少作家創作長篇小說的重要資源，它爲魔幻情節的出現提供了最好的素材，導致原住民長篇小說時代的來臨。如夏曼・藍波 2012 年出版的《天空的眼睛》，從達悟人的視角出發，代爲「魚」發聲，從海洋、宗教、死亡到族人所面臨的文化衝突，無不是「魚」思索的內容。霍斯陸曼・伐伐 2006 年出版的《玉山魂》，用漢語與母語混在一起的語言表現原鄉文化的迷人之處，諸如布農作息方式、神話、傳說、祭典和迴避的事物，成爲布農少年成長故事的重要一環。「這一山一海的長篇，顯示不同於漢人作家的小說視野，絕對具備臺灣與世界讀者都可以藉以省視自我、反思文明的臺灣價值。」〔註2〕此外，還有巴代的第一部長篇《笛鸛：大巴六九部落之大正年間》，乜寇・索克魯曼 2008 年出版的以布農大洪水傳說爲背景的《東谷沙飛傳奇》，里慕伊・阿紀 2010 年以上世紀 60 年代爲背景寫泰雅族一家人遷居故事的《山櫻花的故鄉》。

　　具體來說，原住民作家的作品，多寫原始森林的遼闊、大海洋的洶湧澎湃，和賴於生存的狩獵生活。在原住民作家筆下，大自然神奇中帶點猙獰，富於野性的同時又顯得渾樸。漢族文學所寫的高樓大廈和閃爍的霓虹燈，在他們筆下甚少出現。後現代作品所充斥的人慾橫流，在原住民作家筆下被庶民生活所取代。原住民作家喜歡擁抱大自然，其中有不少荒山歷險和原始森林中的奇遇，還有人神的感通。與現代主義作品寫人的孤獨、頹廢，以及人與人之間的疏離，大異其趣。此外，原住民作家很少使用魔幻手法，多用有眞意、去粉飾的白描手法。卑族作家巴代在 2009 年出版的作品，則充滿了「巫術」因素，如《檳榔・陶珠・小女巫：斯卡羅人》作者用文學想像的彩筆描寫巫術文化，是一篇不可多得的歷史小說。

　　如前所說，原住民文學離不開神話傳說，2003 年由孫大川主編、供少年中英對照閱讀《臺灣原住民之神話與傳說》系列共 10 冊，便爲廣大讀者提

〔註 2〕陳建忠：〈回顧新世紀以來的臺灣長篇小說：幾點觀察與評論〉，臺北，《文訊》，
　　　　2014 年 8 月號，第 80 頁。

供了豐富的精神食糧。在新世紀除神話傳說外，更多表現爲集體記憶，如謝永泉的《追浪的老人：達悟老者夏本・樹榕的生命史》，它通過「我說書寫」的自傳性質即寫父親及自己的經歷，在西方基督信仰與傳統文化身份找出平衡點。巴代的《走過———一個臺籍原住民老兵的故事》，寫陳清山即大巴六九部落族人屈納詩在第二世界大戰時，被騙奔赴前線參加國軍向共產黨作戰，後成了俘虜，再變爲解放軍幹部，在大陸成家立業後又回臺灣。陳清山的經歷，使人聯想到龍應台《大江大海一九四九》中的主角，「巴代以第一人稱敘事，揣摩陳述當事人心境，將眞實故事改編呈現，提供同一歷史人物的原住民書寫觀點」，不妨看作是原住民版的《大江大海一九四九》。這部作品正如劉智濬所說：「是巴代近年來《笛鸛：大巴六九部落之大正年間》寫史實格局敘事的延續，如同〈自序：跟隨走過這一回〉所說：此書試圖『具象臺灣原住民族不可避免的陷入時代的紛亂，在異鄉亂世中如何自處的調適與掙扎』。」〔註3〕這樣的作品，還有記錄 70～90 年代臺灣社會巨變下一位原住民生命歷程的〈一個臺灣原住民的經歷〉。此作品由莫那能口述、劉孟宜整理。口述者的個人遭遇及其從覺醒到挫折的歷程，是臺灣原住民族整體的縮影。

2009 年 7 月，由卑南族學者孫大川出任文學組織籌備處召集人的「臺灣原住民文學作家筆會」正式成立，這是原住民文學史上的一件大事。此會成立的宗旨和目的爲：

> 介入書寫是這 20 年來臺灣原住民文化最令人驚豔的發展，愈來愈多的原住民朋友終於能以第一人稱主體身份說話，用筆來唱歌，打造原住民文學的舞臺。……經過幾年的蘊釀，我們決定現在就籌組「臺灣原住民文學作家筆會」，藉由創作、評論、研究論文等，……爲臺灣文學注入一股異質、優越、深耕本土的文學奇脈。

關於此會的組織形態與會員構成，〈火塘約定〉中云：

> 我們繞在火塘邊，想像歷代族老聊天、說笑、吟誦、溝通、議事、決斷之種種情形，渴望建立一個基於互信、友愛、慷慨、共享卻又簡單、素樸的組織，以結合臺灣原住民作家、臺灣原住民文學研究者以及關懷原住民文學發展之各領域夥伴，共同營造有利於臺

〔註3〕劉智濬：〈臺灣原住民文學概述〉，載李瑞騰總編輯《2010 臺灣文學年鑑》，臺南，臺灣文學館，2011 年出版，第 57 頁。

灣原住民文學永續發展的環境。稱之爲「火塘約定」,是因爲我們相信傳統部落組織的方式、共識的形成、權利義務的規範,較諸以自利爲先、處處設防、密不透風的現代法治社會,更能反映人性的眞實與需求。

這種觀點係孫大川 1993 年發表的「家族相似論」理論的活學活用〔註4〕。「筆會」的建立,爲臺灣文學注入了一股異質性的新鮮血液。

「臺灣原住民文學作家筆會」成立時,曾有如下決定:每年出版文學選集,分創作與評論兩大項,原漢族群作家、文化工作者、學者在內的成員,在選集中都是當然代表。2011 年初,便首次出版了「筆會」文選,其中新詩作者有阿道‧巴辣夫‧冉而山、卜袞‧伊斯馬哈單‧伊斯立端、林誌興、董恕明、沙力浪‧達凱斯弗萊蘭,另還有不同族群的林梵(林瑞明)、羊子喬等。其中文學新人沙力浪‧達凱斯弗萊蘭包括〈遷村同意書〉〈我在圖書館找一本酒〉「在內的幾首詩,展演一種透過後設語言鋪陳、帶著思辯力道的詩風,宣告一個與瓦歷斯‧諾幹同樣『強悍』的詩人的成熟,選集便是以他的作品命名,相信這也是所有看過選集全貌的讀者都會同意的選擇。」〔註5〕

除「筆會」文選外,原住民文學獎得獎作品也很值得重視。還在 1995 至 2007 年間,原住民族文化發展協會與中華汽車原住民文教基金會、《山海文化》雜誌等單位舉辦過多次文學獎。這些獎項發掘出 Lekal、撒可努、根阿盛等當下知名作家。到了 2010 年,孫大川出任原住民族主任委員後,原先的民間文學獎轉爲官辦。由臺灣最高行政機構設立的「臺灣原住民文學獎」,在於突出原住民文學的特色,改變其長期以來從屬漢文學的位置。

如果說,1980 年代的原住民族文化振興運動重點是「還我土地」、「還我姓氏」,那到了新世紀,則「進一步深化到『還我話語權力』、『還我書寫主體』,惟其不同的是,過去採取街頭抗爭,而今則是沉潛爲『任誰也剝奪不走』的文學創作累積;這層意義比任何單一得獎作品寫了什麼內容都來得重大。」〔註6〕《用文字釀酒:99 年臺灣原住民族文學獎得獎作品集》,是這

〔註4〕劉智濬:〈臺灣原住民文學概述〉,載李瑞騰總編輯《2009 臺灣文學年鑒》,臺南,臺灣文學館,2010 年出版,第 69 頁。

〔註5〕劉智濬:〈臺灣原住民文學概述〉,載李瑞騰總編輯《2010 臺灣文學年鑒》,臺南,臺灣文學館,2011 年出版,第 57 頁。

〔註6〕劉智濬:〈臺灣原住民文學概述〉,載李瑞騰總編輯《2010 臺灣文學年鑒》,臺南,臺灣文學館,2011 年出版,第 58 頁。

方面最好的證明。

　　新世紀的臺灣原住民文學創作，莫那能詩集《美麗的稻穗》、夏曼・藍波安《冷海情深》的經典重刊誠然是一種漂亮的展示，孫大川在千禧之年出版的評論集《久久酒一次》《夾縫中的族群建構——臺灣原住民的語言、文化與政治》《山海世界：臺灣原住民心靈世界的摹寫》，同樣不可忽視。它說明原住民作家有了自己的知音。比起外族人評論原住民作品來，孫大川的評論不但不會出現「隔」的情況，而且還將建構出令人期待的原住民文學的批評史。

二、詰屈聱牙的「臺語文學」

　　戰國時的六國遺民為一致抗秦，運用方言作為凝聚族群的力量。歷史有驚人的相似之處：解除戒嚴前夕的臺灣，本省人也在非公開場合用閩南話或客家話作為認同臺灣的精神武器，以此反抗強權政治對本地人的歧視及由此帶來的語言同化。

　　解除戒嚴後，本省人的母語由地下轉入地上，他們無不用「臺語」對抗國語，乃至努力讓其變為一種官方語言。正是語言壓迫不再存在的新世紀，「在臺灣聽到字正腔圓的北京腔國語會覺得突兀而不舒服，反而是臺灣腔的國語成為政治正確，成為受歡迎的品牌，甚至許多臺語辭彙正式成為國語『外來語』的一部分，被社會普遍時髦地使用著，外省籍政治人物也急著學臺語。」〔註7〕「臺語文學」正是在政治庇護下發展起來的。

　　「臺語文學」的發展，離不開媒體的推動。在新世紀，發表「臺語」作品且「戰鬥性」最強的當屬 2005 年底創刊的《臺文戰線》。它雖然是同人雜誌，但有很強的凝聚力量，像來自不同世代且地處北、中、南各地的作家都到此刊物投稿，如宋澤萊、胡長松、林央敏、陳金順、方耀乾。該刊的作品水平不見得很高，但其言論卻相當大膽，他們對三十多年來缺乏批判性的「臺語文學界」作出毫不留情的抨擊，如方耀乾在《臺文戰線》頭條發表的〈臺語文學的內部敵人〉〈精神分裂的臺灣語文教育〉〈提倡臺灣母語文學絕對袂狹化臺灣文學〉等系列文章，始終保持敏銳、鮮活的特點，有很強的針對性，反響甚烈。

〔註7〕卜大中：《麻辣臺灣》，臺北，九歌出版社，1999 年，第 144 頁。

　　《海翁臺語文學》屬新世紀第二年的產物，總編輯是「臺語文學」運動的有力推手黃勁連。「刊物是循臺語教科書路線推廣，國中小學老師是主要的對象。」〔註8〕稿源以南臺灣作家為主。該刊重視研究論述，每期都有一篇。推廣「臺語文學」的刊物還有《臺文通訊》《臺文罔報》《首都詩報》《海翁臺語文教學季刊》《臺灣教會公報》等。繼承《臺灣新文學》《臺灣 e 文藝》精神的《掌門詩學》，是全島唯一漢語和方言並存、非「寄生」的中文刊物。以上刊物登的「臺語」作品和論述，由於大部分人看不懂，因而讀者有限，發行量也不大。其中《首都詩報》發行至 19 期休刊。《臺文通訊》《臺文罔報》至 2012 年 2 月合併發行。

　　作家有作品，均希望能發表，發表後又希望能得獎。「臺語文學獎」，便是作家們競爭的場地，可惜到了新世紀，由於作品知音甚少，另方面也由於資源流失，故這方面的獎項越來越少，如「海翁臺語文學獎」行進至 2010 年停擺。為了與「原住民語文學獎」輪流舉辦，教育部的「閩客語文學獎」亦停止一年。出於同樣的原因，即為了與「客語文學」、原住民文學獎平起平坐，臺灣文學館舉辦的「母語文學獎」也停擺了二年。在 2010 年，沒有停擺的只剩下由臺語文教基金會「李江卻基金會」主辦的「A-khioh 賞」，分小說與新詩兩種。此外，某些地方文化局主辦的獎項也包括「臺語文學」作品。

　　在組織機構方面，2009 年年底成立的「臺文筆會」，是「臺語文學」運動的標誌性事件。開始成立時有內訌現象，克服後開展了「港都臺語文學講座」等活動，取得了一定的成效。2011 年成立的「臺灣歌仔冊學會」，兼具研究及運動性質，企圖使「臺語」成為「家庭語文」、「社會語文」乃至「國家語文」。他們的雄心壯志可佳，但要達到預定目標談何容易。藍營刊物且不說，單說綠營雜誌《鹽分地帶文學》，早期有由李勤岸主編的「臺語詩」專欄，後來被主編林佛兒取消，林氏寧可刊登統派報紙的作者作品，及一群與臺灣本土認同疏離的外省作家的照片，也不願意讓「臺語」在《鹽分地帶文學》亮相，林氏不認同「臺語」的態度可見一斑。當然，林佛兒遭本陣營人士的批判〔註9〕所引發的「尷尬」，或多或少取決於他對政治生態的認知——認識

〔註8〕廖瑞銘：〈臺灣臺語文學創作·研究概述〉，李瑞騰總編輯，《2010 臺灣文學年鑒》，臺南，臺灣文學館，2011 年，第 64 頁。

〔註9〕張德本：〈林佛兒對文學作者的不敬行徑〉，《臺灣文學藝術獨立聯盟》電子報，2009 年 12 月 22 日。

清醒時，迎合「臺語文學」勢不可擋的潮流，「尷尬」少一點；「糊塗」時，「尷尬」就多一點。這些，在別的編者中也能看到這種情況。

在創作方面，「臺語詩」由林宗源所開創，隨後有向陽跟進。這位後來居上的向陽，2004 年獲「榮後詩人獎」時，得獎評語為：「喙講父母話，手寫臺灣兮歌詩，佇白色恐怖兮年代，毋知影驚惶，勇敢徛佇咱兮土地，用臺語思考寫臺灣兮土地兮美麗佮滄桑，寫臺灣人民兮思想感情、歡喜悲傷佮心內兮夢。詩兮技巧繁複多變，詩兮風格多彩多姿；詩兮質佮量攏非常可觀，是戰後臺語詩壇傑出兮詩人。」把詩歌評論弄得像木頭人似的呆滯無趣，乍看起來很有本土性，可缺乏的正是別的族群的讀者難以享受到的趣味性。到了新世紀，黃勁連的「臺語詩」充滿了對故鄉的愛，其詩集《雷公乍聲嗽》在抒發鄉愁時，不忘人物的刻畫。陳秋聲是跨越漢語一代的作家，其詩作不僅是由漢語到「臺語」的轉型，而且是一種回歸──回歸土地，回歸母語。張德本由筆鄉書屋出版的《泅是咱的活海》，長歌當哭，係真性情的流露。他是一位多面手，不僅寫詩，寫散文，也寫火藥味甚濃的批判文章。他認為，凡是主張中文寫作的作家都是他的「敵人」，這就不難理解這位以「左派」自居的作者會在電子報上重炮猛轟余光中、陳芳明。此外，方耀乾的具象詩、「福爾摩沙短歌」系列，還有李長青的政黨系列詩，有政治大於藝術的傾向。至於胡長松的〈入眠〉，用了不少以物擬人、以實擬虛的手法，增添了作品的詩意。

散文創作成績比不上詩歌，但也取得了一定成績。以旅遊題材著稱的胡民祥，僅 2008 年就出版了兩部散文集：《茉里鄉紀事》《夏娃伊意紀遊》。在寫自然景色時，展現出廣闊的視野，和優美的人文風景。作者對原住民的歷史表現了濃厚的興趣，不時還「與世界南島語族的文化比較，再『迴向』母土臺灣的語文運動關懷。」〔註10〕此外，張春鳳的《夜空流星雨》，在景物抒情方面用心經營，顯得難能可貴。獲海翁基金會舉辦首屆「海翁臺語文學獎」的張翠苓，還有獲佳作獎的陳廷宜、許立昌的作品，在推廣母語方面也有突破。他們的創作實踐證明，「臺語文學」要開拓新境界，不能局限於民間風格，還要將其與現代技法結合起來，在主題上也不能限於鄉愁式的抒情。陳明仁的〈路樹下 é to-peh-ā〉，把視野從鄉村轉向都市，內容上從政治悲情轉向企業

〔註10〕黃恒秋等：〈臺灣母語文學創作概述〉，彭瑞金總編輯《2008 臺灣文學年鑑》，臺南，臺灣文學館，2009 年，第 58 頁。

鬥爭，就有一定的新意。

在小說創作方面，林央敏在《臺文戰線》第8號發表的小說，用超現實主義的手法敘述連橫與辜顯榮的陰間對白，作品閃耀著批判的鋒芒，諷刺手法的運用增強了作品的力度。作爲《胭脂淚》補白的長篇小說《菩提相思經》，有按時序紀年的詩篇：1957，11〈避隱荒涼〉、1964，1〈用情參佛〉、1972，9〈緣在世間〉、1987，12〈相逢不敢相識〉、1991，12〈世緣化盡〉。長達35年的亡命天涯，其苦痛只能用「參佛」來化解，可見其生活的艱難困苦。裏面雖然穿插有三角戀愛的情節，但作品主要是寫中国共產黨領導的鹿窟革命，其中寫到曾參加二萬五千里長征的臺共領導人蔡孝乾，如何發動群眾企圖推翻國民黨政權，後被俘虜背叛革命，與「警總」合作，從1952年12月開始圍剿臺灣共產黨，直至1953年3月將其消滅爲止。作品寫得悲壯，其目的是希望臺灣人民不要投靠外來的政黨，自己起來當家作主，分離主義意識充斥字裏行間。

寫小說用「臺語」，常常吃力不討好，不但作者寫得累，讀者也看得很辛苦，如東方白的《眞美的百合》，所創造的新字就不計其數。不畏艱難的胡長松，在其勉力完成的長篇小說《大港嘴》中，遇著無字的「臺語」，除了借音、借義外，就用羅馬字代替，代替不了就自己造字：

> 牛車 kok-lok-kok-lok 的柴輪仔聲 lê 過一塊焦燥的土地，做 sit 的木發仔的所有傢夥攏佇車頂，阿伊的一口竈綴佇牛車後溫溫仔行。
> 「阿發，你小等──一下，恁一傢夥仔欲去佗位啊？」
> 「佗位攏通去，只要莫留佇遮就好。」
> 「毋過你又閣有佗通去──咧？」
> 「總是有所在通去的。」
> 「喂！阿發仔……」
> 恁沓沓仔行遠──去矣。
> 遠遠，會使聽著海面 tân 雷的聲逼近。

眾所周知，「臺語」有代表純漳州腔的宜蘭腔，代表純泉州腔的鹿港腔，還有漳泉混合腔。這種「一鄉一腔」的情況以及借音借字的表述，談不上有標準的音，更沒有標準的字。方言與普通話並用，漢字與自己造的字同時出現，叫讀者怎能讀得順口，獲得審美的享受？如果問別人怎麼念、怎麼講，恐怕許多人都會以搖頭作答。但爲了鼓勵這種邊緣寫作，「國家文藝基金會」

還是給這部長篇小說創作補助，並在《臺文戰線》連載。2008 獲臺灣文學獎「臺語小說」創作金典獎的〈金色島嶼之歌〉，也存在著同樣的問題。

　　儘管當下的學術體制存在重華語輕「臺文」的傾向，但仍有人在那裡辛勤筆耕。2010 年，在成功大學就出現了施俊州的博士論文〈語言、體制、象徵暴力：前運動期臺語文學 kap 華語文學關係研究〉。中正大學臺灣文學所和臺南大學臺灣文化所等單位則出現了 11 篇碩士論文。這些文章儘管還顯得不夠厚重，但被教育體制接納畢竟是一種新現象。在《臺文戰線》製作的「政治文學專輯」中，胡民祥的長篇論文〈探討六家臺語政治小說〉很值得重視。文章充分肯定臺灣人民的反抗精神，表彰臺灣作家以筆做武器為爭取民主自由所作出的貢獻。但其中對中共的誤解及由此而來的批判，還有通過對外省人的抨擊宣揚「臺灣獨立建國」，這就失去了學術意義。在專著方面，張春凰、江永進、沈冬青的《臺語文學概論》〔註 11〕，全用不標準的「臺語」寫成，即使是半讀半猜也猜得非常費勁，這那裡是什麼「快樂的閱讀」，而是整個過程難於下咽。但從學術層面而言，寫得最有學術深度和特色的是林央敏的《臺語小說史及作品總評》。〔註 12〕以全面系統編年史的方式繪製方言文學地理圖誌的，則有方耀乾的《臺語文學史暨書目彙編》。〔註 13〕此外，宋澤萊的《臺灣文學三百年》先後評論了方耀乾的短詩〈伊啊等我〉，以及陳金順的〈開置街頭的含笑花〉、林央敏的〈蓮花火穎〉，並由此提出「新傳奇文學」的概念〔註 14〕，使其成為建構臺灣本土文學史一位不可忽視的人物。李勤岸由開朗雜誌公司出版的《白話字文學──臺灣文化 kap 語言、文學 e 互動》，也值得重視。另還有臺灣師範大學臺灣文化及語言文學研究所主辦的「2010 年第 6 屆臺語文學國際學術研討會」。

　　「臺語文學」在某種意義上來說是相對於「臺北文學」的「南部文學」。這些作品懷抱著重建語言原鄉的神聖使命，很少寫國際大都市，多取材於鄉村的老舊社區，其景觀不是現在式而呈懷舊的過去式。人物不是從事農業就是從事漁業，或外加小本經營的商業。這些作品用方言凝聚社群和族群，對國語有很大的排斥性。作為「臺語文學」的一個重要組成部分的「客語文學」，也跳不出這種框框。如「客語文學」的領航者杜潘芳格，使用淺白質樸的「阿

〔註 11〕張春凰、江永進、沈冬青：《臺語文學概論》，臺北，前衛出版社，2001 年。
〔註 12〕方耀乾：《臺語文學史暨書目彙編》，高雄，臺灣文薈，2012 年。
〔註 13〕林央敏：《臺語小說史及作品總評》，臺北，印刻文學出版公司，2012 年。
〔註 14〕宋澤萊：《臺灣文學三百年》，臺北，印刻出版公司，2011 年，第 358 頁。

姆話」企圖喚起客家族群的生命記憶，作品中常常表達出對國族政治的焦慮，對社會現實的不滿和憂憤。這種文學創作數量當然無法與閩南語創作比肩，但據黃恒秋的統計，僅 2009 年就出版了 9 種作品：吳聲淼的散文集《大將無蔘》、黃恒秋的詩集《客莊鄉音》、李得福的散文集《錢有角》、張捷明的少年文集《大哥畢業旅行》和《下課十分鐘》、馮喜秀的兒童故事集《麼人最快樂》、鍾振斌的童謠集《阿兵哥，入來座》，另有曾先枝等編的《客家三腳採茶戲選讀》、劉泰祥編的諺語《撬冬》，也有一定的地方特色。此外，他們還開展客話/客家文學創作比賽、客語童詩創作大賽，並設立桐花文學獎、夢花文學獎，以及教育部的臺灣本土語言文學界獎，以至出版了不少專書，重要者有臺灣客家筆會編印的《2011 當代客家文學》。

　　如何評價「臺灣經驗」的內涵與特質，如何詮釋「臺語文學」的優劣高下，這就不可避免涉及到身份認同這類敏感而危險的話題。正因為「臺語文學」的倡導者和寫作者大部分人都不承認自己是炎黃子孫，不承認是中國作家——如周定邦的小說《3 月 16》取材於二・二八清鄉事件，作品提出所謂「臺灣建國」問題，而目前臺灣人多數主張「不統，不獨，不武」，故造成有毒（「獨」）素的「臺語文學」，有如溪邊的小花，儘管它有開花的權利，但欣賞的人畢竟有限，這是「臺語文學」一直陷入「小眾傳播」和「非主流」地位的一個重要原因。

　　反對全盤臺語化的作家上世紀後期有陳若曦、廖咸浩，新世紀則有黃春明等人。他們一是擔心「臺語寫作」會走向「文化臺獨」；二是認為用方言寫作引不起人們閱讀的興趣，是一種資源浪費；三是擔心閩南話一語獨霸，由此排斥「客語文學」和原住民文學；四是「臺語寫作」文字混亂，即由於同時存在多種彼此相異的書寫系統——教會羅馬字拼音、TLPA 拼音、通用拼音、傳統十五音、反切拼音以及其它拼音，因而造成頗為混亂的情況。在這樣的狀態下，自創詞語之多令人目瞪口呆，導致文字書寫無法做到標準化。柯柏榮〈赤崁樓的情批〉的內容且不說，其末尾的注解就令人暈頭轉向：

　　　　1. 暗挲挲＝黑漆漆。挲（so）。
　　　　2. 呔（thai2）＝豈；怎麼。
　　　　3. 跤蹬＝腳跟。蹬（tenn）。
　　　　4. 塹（tsam3）＝踹。
　　　　5. 沖鼻＝嗆鼻。沖（tshing3）。

6. 荏荏＝疲憊虛弱。

7. 慘啜＝哀哭。啜（tsheh）。

8. 哭怒＝啜泣；嗚咽。怒（tsheh）。

9. 栗掣（lak8-tshuah）＝顫抖。

10. 倒攲＝倒塌；傾倒。攲（khi）

11. 歇蜓（hiauh-than）＝物體變形後整片翹起。

12. 奢揚（tshia-iann7）＝風光；神氣。

13. 贔屭（pi7-hi3）＝龜類，能負重，石碑下所刻多爲此物。

14. 躴蹓連（long7-liu-lian）＝無所事事到處閒逛。

15. 焐燒＝取暖。焐（u3）。

16. 煎（tsuann）＝煎煮；熬煮。

17. 苞（pho7）＝發之量詞。

18. 銹（sian）＝生銹。

　　此詩寫臺灣人的悲哀與無奈，如此詰屈聱牙的注解，比讀文言文還辛苦，那還有詩美可言？當下有不少人以類似猜謎、拼圖、文字遊戲等方式去找「臺語」漢字的正字，這近乎盲人摸象，難怪有人批評「臺文」作品抽掉本土意識、政治反對立場，就沒有內容了。這方面的代表作有一位作者寫的小說《伊的名號做 Siraya》，其尾篇〈總統女士〉寫在「小民黨」初選中脫穎而出的臺灣第一位女總統方文婷，後將新政權遷都至埔里，她在就職演說中，曾表示在適當的時機會宣佈「臺灣獨立」。這完全是政治的圖解，作品中出現的候選人楊崑山、杜春滿、方文婷，分明是影射民進黨的「天王」蘇貞昌、陳菊、蔡英文，寫「大國黨」候選人則處處有馬英九的影子。像這種爲政治服務、爲選戰背書的「臺語文學」，是典型的有「臺語」而無「文學」。

三、九把刀等人的「數位文學」

　　臺灣的網路文學在文壇嶄露頭角，可追溯到 1992 年高雄中山大學成立全島第一座「電子布告欄系統」，以及次年東南工專架設的第一個全球信息網。但在 1998 年秋季前，誰也沒有聽過「網路文學」這個名詞，甚至許多出版社的重要決策人物也不知道世界上存在著 BBS 這種東西。直到紅色文化出版社於 1998 年 9 月出版了《第一次的親密接觸》，後來電腦逐漸成爲人們日常生活不可缺少的工具，名爲「電腦文學」、「網路文學」、「非平面印刷文學」、「制

/互動文學」、「多媒體文學」又稱「超文學」的新文體出現了。如此名目繁多，後來最常用的還是「數位文學」一詞。

按照陳徵蔚的說法，臺灣的「數位文學」分三個階段：1998 年以前爲萌芽期，1998～2005 爲風起雲湧的發展期，2005～至當下爲蟄伏期。〔註15〕在後兩段時期，創作上出現了痞子蔡《第一次的親密接觸》等不少經典性的小說，在研究上也出現了像須文蔚這樣的專門家。

據林德俊在 2003 年的歸納，新世紀初期臺灣的「數位文學」，共出現了六大現象：

　　（一）平面作品上網（文壇名家上網、經典作品典藏）；

　　（二）分眾性專業文學網站興起；

　　（三）網路原生寫手群起（個人文學網頁紛紛設立、文學社群
　　　　　大規模崛起）；

　　（四）平面文學媒體網路化（平面內容上網、平面媒體引介網
　　　　　路內容）；

　　（五）網路帶動文學出版新模式（文學的線上出版、線上文學
　　　　　的實體出版）；

　　（六）網路、平面跨媒體合作案例漸多。〔註16〕

這六大現象的形成，與文化機構尤其是圖書館等公辦單位的推廣分不開，如臺南縣政府文化處舉辦的「南瀛文學獎」，2006 年起就增設有「文學部落格獎」。臺中市圖書館從 2007 年起，他們也開始舉辦「青年文學創作數位化作品徵集」。臺灣文學館除建立臺灣文學網站外，還邀請了著名網路寫手九把刀、許榮哲、痞子蔡等人舉辦文學講座，用自己的寫作經驗和體會爲讀者解疑。

在鼓勵數位出版方面，新聞局的貢獻不容小視。爲獎勵數位寫作人才，新聞局在 2007 年將已連續舉辦三屆的「數位出版創新獎」擴大爲「數位出版金鼎獎」。首屆數位出版金鼎獎獎勵項目，依出版類型及特色區分爲「最佳電子書獎」、「最佳電子期刊獎」、「最佳多媒體出版品獎」、「最佳電子資料庫獎」、「年度數位出版公司獎」、「最佳數位動漫創作獎」、「最佳互動設計

〔註15〕陳徵蔚：《電子網路科技與人文創意——臺灣數位文學史》，臺南，臺灣文學
　　　　館，2012 年，第 9 頁。

〔註16〕林德俊：〈臺灣數位文學概述〉，彭瑞金總編輯，《2008 臺灣文學年鑑》，臺南，
　　　　臺灣文學館，2009 年，第 100 頁。

獎」、「最佳公益數位媒體獎」及「最佳加值服務獎」。

　　網路文學的發展同樣離不開民間的力量。如臺灣大哥大基金會主辦，與《中國時報》「人間」副刊合作的「myfone 行動創作獎」，2007 年突破 32 萬連結人次。對傳統紙媒進行「功能重組」的「聯合新聞網」，該網站的文學區塊「不再止於報紙文學副刊的『網絡版』，更整合『作家部落格』，並與傳統出版、平面雜誌進行在線上資源共享，提供文學愛好者更豐富多元的閱讀選擇。目前在聯合新聞網，『閱讀藝文』區之架構下，有創作天地、作家身影、漫遊書海、生活隨筆等文學版圖，2008 年更增加『文學獎大賞』專區，逐步收錄歷屆由《聯合報》參與主辦的各大文學獎（『聯合報文學獎』、『臺積電青年學生文學獎』、『溫世仁武俠小說獎』、『懷恩文學獎』、『宗教文學獎』）之得獎作品、評論記錄及相關活動文章。」〔註17〕

　　最理想的是公辦力量與民間力量的結合。在 2007 年，就有「文建會」與《聯合文學》主辦、元智大學協辦的「2007 全國巡迴文藝營」，突破了歷來只認小說、新詩、散文、電影以及戲劇的局限，增加了網路文學和動漫組。該文藝營由依歡、蒂芬妮等人授課。這些作家不同於學院派的教授，講課時深入淺出，很受聽眾的歡迎。

　　創作與理論是文學發展的兩翼。網絡文學的發展，更離不開研究工作的支持。在網路上，引人矚目的有呂興昌主持的「臺灣文學研究工作室」，其內容彙集眾多學者的成果和史料，另有學位論文的評介。同樣成為臺灣文學資料庫的還有輔仁大學的「臺灣文學比較研究網」。此外，由研究生楊宗翰創辦的《臺灣文學研究叢刊》所設立的「臺灣文學研究網」，其中有五個常態性的又可即時互動的討論區，含「議壇主題討論區」、「文學評論發表區」、「文學訊息傳遞區」，在開發新話題、發表新觀點方面做出成績。

　　歐美的「數位小說」，有很強的實驗性，常常不是「拼貼」就是「重組」，而臺灣的「數位小說」很少玩這種意識流外加後設的遊戲，如痞子蔡、吳子雲、薔薇、梅子、御我、水泉、晴荣、辛西亞、小嚕、酪梨壽司、草莓、蝴蝶、小魯等人的作品，多用傳統的單向書寫策略。鑒於他們的小說帶有較濃的商業色彩，故不能用多向敘述與互動方式，以免嚇退讀者。在這些數位寫手中，最著名的是人生信條為「用所有的冒險精神追逐夢想」的九把刀，十

〔註17〕林德俊：〈臺灣數位文學概述〉，彭瑞金總編輯，《2008 臺灣文學年鑒》，臺南，臺灣文學館，2009 年，第 105 頁。

二年來出版作品近 60 本。據網絡書店統計，從 2005 年至 2011 年，連續 7 年其作品在臺灣暢銷書榜中排名第一。九把刀的每個系列風格都不同，《異夢》屬超級懸念都市恐怖病系列，獵命師系列是最強的長篇。《殺手》系列也有看點，很變態的《樓下的房客》，屬電影院系列。九把刀的愛情小說，不少人喜歡《等一個人咖啡》，很多人都推薦《月老》。

「九把刀」原本是柯景騰在同學間流傳的一首歌名字。是柯氏高中時寫的一首歌，因爲歌詞簡單明瞭，琅琅上口，「九把刀」這首歌很快的在校園裏流行起來，因而他本人被稱作「九把刀」。

柯景騰還在就讀交通大學時發表了網絡小說〈語言〉，另還有四篇小說，計 30 萬字。1999 年因爲〈工夫〉在 KKCity BBS 站連載，他開始在讀者心中紮根。柯景騰的作品首次在媒體與讀者見面的是〈交大有恐龍〉。在網絡上發表的是中篇小說〈恐懼炸彈〉則一炮走紅，九把刀從此寫上了癮，連續創作了「魔幻叢林系列」、「都市恐怖病系列」《影子》《冰箱》等。部分作品在《臺灣新生報》等媒體連載，讀者反應熱烈。他是當下網絡文學長篇小說版擁有讀者最多的作家，他同時還是演說家、電影導演，以及偶像劇和電影的編劇。

〈臺灣 BBS 網絡小說社群與其迷文化〉爲九把刀碩士論文題目，他認爲研究臺灣網絡小說要重視在 BBS 連載發表並且與讀者互動的作品。他還認爲小說的重點在讀者，而臺灣網絡小說與其含有大量年輕人的「迷」社群文化密不可分，許多「部分不能抽離迷社群的語境。而年輕的作者與讀者都希望生產、再生產作品來追求溝通與認同，則是此社群與作品的特色」。

年輕的九把刀，媒體封其爲金庸傳人。民間流行說：「養最蠢的狗，交最賤的朋友，看周星馳的電影，聽周傑倫的歌，看九把刀的小說。」九把刀俘虜讀者的一個重要訣竅是趣味盎然，並且笑後還可以引起人們的思索。〈流星花園〉製作人柴智屏強力推薦：對我而言，九把刀的作品可是具備了殺傷力，總是讓我爲了想閱讀他的書而不能專心工作，故事總是一開始就吸引我的目光，讓我忍不住想繼續看下去。

「社會學＋漫畫＋武俠小說＋周星馳＋杜琪峰＋X＋Y＝網絡小說經典製造機：九把刀。」九把刀博客上的簽名如是說。的確，他顛覆豐富複雜的歷史內容時顯得輕鬆，作品之中隱藏著不少笑料，這種融入又異於奇幻小說中主觀臆造的幻想。他的小說有內涵，表現在不是爲娛樂而娛樂，而是注意探討社會學、心理學問題。其《殺手》系列通過殺手月與殺手歐陽盆栽，去

探求社會的公道與正義，而有色情之嫌的小說〈陰莖〉，不是單純寫性慾，而是通過崇拜陽具表現人渴望性時引起的焦慮。被大陸讀者一再稱譽的〈功夫〉，所探討的是人們拋棄的「集體主義」。他說：「當正義變成集體主義的時候，工夫的作用就不再是修身養性了。」九把刀認為，英雄是一種氣魄，平凡人，擁有不平凡的力量，就可以做出不平凡的事，這就是英雄氣魄。但這些都不是通過說教表現出來，而是將思想鎔鑄在人物的語言和行動裏。

讀書本是一種休閒，也是一種娛樂的方式。九把刀最有名的是《那些年，我們一起追的女孩》，娛樂性非常強，作品主人公柯景騰調皮搗蛋，成績很差，老師希望同班最優秀的女生沈佳儀幫助他。沈佳儀接受任務後，只要柯景騰上課敢開小差，她就會用圓珠筆戳他的衣服。沈佳儀監督之餘不忘鼓勵，柯景騰深受感動，其成績一下直線上升。由於兩人朝夕相處，柯景騰喜歡上了品學兼優的沈佳儀。鑒於沈佳儀只想埋頭學習，反感男生追她，柯景騰只好把心中的愛隱藏起來。這個浪漫的故事讀起來舒服，處處讓人驚喜，許多書迷看得欲罷不能，每每捧起這本書似乎如入其境，如見其人，如聞其聲，好似在品一杯濃濃的咖啡。

網路文學發展迅猛，一個重要原因是信息在低成本、高效率的前提下暢通無阻，發表時作者還富有高度的自主性，不像投稿紙媒時被拒絕或藉口稿擠長期被打入冷宮。只要輕輕一按鼠標，作品就能上網與讀者見面。這種及時與便利，使網路文學發達興旺，受眾急增；而缺乏編輯加工和審稿，也使網路文學泥沙俱下，魚目混珠現象十分嚴重。臺灣的網路文學在發展中也出現了這種瓶頸，需要突破。不過，發表園地的增加，雖然會讓平庸之作混了進來，但卻也提供了眾聲喧嘩的場域。電腦寫作其意義本不在產生大時代的傳世作品，而在於使文學普及化，走入尋常百姓家。真正含金量高的作家，決不會因「劣幣驅逐良幣」的排擠而被扼殺的。

四、《原鄉》：「老兵文學」的巔峰之作

從 1970 年代末起，「反攻復國」的神話逐漸破產，開始有「老兵文學」的產生。先是幾位本土作家即東方白、鍾延豪等人，注意到隨蔣介石去臺被打入生活底層無妻無產的老兵們的悲慘遭遇，用小說的形式表達他們對「外省人」的同情。王小棣的劇本《新兵》《香蕉天堂》，由於逼真地寫出了這些

「沒有家庭，沒有進入社會公平競爭的技能，也沒有後代為他們立傳祭拜的孤獨」的老兵們的不幸遭遇，因而被搬上銀幕。

「老兵文學」中的老兵，係專指戰後外省第一代地位低下的退伍官兵，將軍級退伍幹部一般不包括在內。老兵也不包括被派往中國大陸作戰的本省籍老兵或被日本人抓壯丁捉去的本省人。無論是創作時間還是發表時間，這類作品均以「戰後臺灣」為界。

「老兵文學」有時與「眷村文學」重疊在一起，如齊邦媛與王德威合編的《最後的黃埔：老兵與離散的故事》〔註18〕，收入與老兵、眷村即外省第二代的散文、小說，作者全部為橫跨第一與第二代的外省作家：白先勇、張曉風、朱天心、孫瑋芒等。在散文創作方面，張拓蕪「代馬五書」〔註19〕是作者本人大兵生活的真實記錄。它用自我嘲諷的方式展現近半個世紀以來這些被稱為「老芋仔」的大兵生活的真實面目，是中國現代史的注腳。「五書」除〈手記〉較多寫到自己外，其它「四書」則兼寫其周圍的共患難的軍中弟兄，如夥頭軍、駕駛兵、通信兵、事務長，無不寫得栩栩如生。

屬底層文學的「老兵文學」，過去都是由臺灣作家創作，而長篇小說《原鄉》〔註20〕，卻是兩岸作家聯手打造，即由臺灣著名編劇陳文貴與福州青年女作家葉子共同書寫而成。作為跨越兩個時代作家合作的這部「老兵小說」，講述了在「老死不相往來」長達近40年的特殊時期，兩岸親人互相思念、隔海相望的動人故事，有如余光中〈鄉愁〉中所說的那樣：「鄉愁是一彎淺淺的海峽，我在這頭，大陸在那頭。」

熱愛祖國，熱愛家鄉，思念親人作為一種文化母題，作為一種文學史上不斷出現的創作現象，具有某種主題功能。《原鄉》的主題就是熄滅內戰之火，撫平亂世帶來的傷痕。作品開頭敘述國民黨敗退到臺灣後，帶來了一百多萬離鄉背井的老兵。當局吹噓「反攻大陸」成功後，老兵們可用「授田證」分到家鄉的土地。待「反攻復國」成泡影時，「老芋仔」才明白「授田證」是騙

〔註18〕齊邦媛，王德威：《最後的黃埔老兵與離散的故事》，臺北，麥田出版社，2004年。

〔註19〕張拓蕪：《代馬輸卒手記》臺北，爾雅出版社，1976年。張拓蕪：《代馬輸卒續記》臺北，爾雅出版社，1978年。張拓蕪：《代馬輸卒餘記》臺北，爾雅出版社，1978年。張拓蕪：《代馬輸卒補記》臺北，爾雅出版社，1979年。張拓蕪：《代馬輸卒外記》臺北，爾雅出版社，1981年。

〔註20〕福州，海峽文藝出版社，2014年。

人的「畫餅」，回鄉的道路由此變得更為漫長，這與無惡不作的「臺灣警備司令部」揮舞的刀光劍影有極大的關係。「警總」對回鄉者實施監聽、跟蹤等各種特務手段，形成一片白色恐怖，老兵董家強就是因從香港繞道回大陸被視為「通匪」，又被打成「匪諜」而含冤離開人世。這種淫威和高壓，絲毫改變不了洪根生、杜家正、八百萬、傅友誠對故土的眷戀，對家鄉的熱愛和對親人的思念。這是相同的血緣與文化，甚至民族基因的承續，使兩岸同胞無法分開。到了「暗淡了刀光劍影，遠去了鼓角錚鳴」的年代，兩岸同胞最終團聚在一起。

在文學作品中，有很多小說和詩歌寫到故鄉和親情。《原鄉》與它們不同的是，緊緊圍繞著老兵「思家、歸家、團圓」的夢想及盡孝道這個主題來寫。念故鄉、想老娘，渴望中國統一──當下是渴望兩岸同胞不再分離，這是海峽兩岸同胞的「中國夢」，是中華民族情感中最可貴的部分。作品用小人物的命運來反映大時代的變遷，並把中華兒女共同的民族情感生動真實地表現出來。作品沒有商業化傾向，也沒有胡編亂造的痕跡，讀者從老兵們抽刀斷水水更流的鄉愁中看到的只有心酸與無耐，唏噓與感動。這是一部嘔心瀝血為一代人的命運哭泣之巨製。從作者筆尖裏流出的不是墨水，而是臺灣老兵們的血淚。

漂泊不僅是命運的挑戰，同時也是對現實的改造與評價。《原鄉》塑造得最成功的形象是崇尚認祖歸宗、葉落歸根的洪根生。自從他漂流到寶島後，日夜思念江西老家結髮之妻茶嫂。由於不通音信和生活所迫，到臺灣後只好另組家庭，與網市一起生兒育女。當得知茶嫂還健在時，他特地到香港和她相聚。大陸的退伍軍人林水泉眼見根生「大陸一個家，臺灣一個家」的情況，不禁追問他：「你對得起網市嗎？你對得起茶嫂嗎？你有了茶嫂，再娶網市就是不對！娶了網市，你又把茶嫂找來，你更不對！你這一生……有哪件事做對過？」這些問號有如炮彈一樣擊中了根生的要害和痛處，他回答道：「我這一生……全是錯！全是錯！」他流著淚水再次大聲說：「我這一生，全是錯的！」其實，在特殊年代裏出現「一國兩妻」的情況沒有錯，「人是老娘親，家是故鄉好」的想法更沒有錯。歷史的誤會本不應由個人去承擔，根生的許多錯都是由歷史的錯誤鑄成的。同樣，飽受親人離散之苦相思之苦，老母臨終前還無法看上一眼的「八百黑」，因思念老家得了嚴重的自閉症和「鄉愁病」，他們最大的夢想是希望兩岸實行三通，無法做到時至少能

通通電話，這在戒嚴時代無異是癡心妄想，因而根生們自嘲為一群「瘋子」。其實，不是小傅們瘋了，而是殺人魔王「警總」瘋了，實行軍事管制的時代瘋了。破冰之旅之所以難於成行，是由於正與邪在較量，血與火在抗爭而無法解除戒嚴的緣故。小說正是以分析性、批判性的思考，在一個遠不完整的故事裏講出這個時代的完整含義。

《原鄉》最大的特點是真實，它來源於生活。小說主筆陳文貴是廈門人，當過紅衛兵和知識青年，大陸改革開放初期移居香港，進了邵逸夫的電影公司當編劇，1989 年定居臺灣。他去臺後接觸了大量的「老芋仔」。《原鄉》之所以把故事的發生年代定為 1984 年，是因為這一年陳文貴首次到臺灣，感觸特別深，有很多人和事終身難忘。比如那時候他收到了許多福建同胞跟臺灣老兵認親的信函，由此把許多時間花在為這些骨肉分離者尋找親人穿針引線上。後來他又用了一年時間從事調查研究，訪問了生活在下層的眾多老兵，其中有像岳知春那樣的將軍，更多的是下層軍官。他還閱讀了大量的檔案和原始資料，其中路長功在國外看到刊有故鄉照片的《人民畫報》偷偷帶回臺灣而引發「命案」，就是他從檔案中查到的。《原鄉》不僅主角洪根生寫得很有個性，就是配角也給人們留下難忘的印象。如杜家正把對故鄉思念的感情，在家裏盡情鋪開後怕別人發現只好折疊乃至冷藏起來。在戰友們的幫助和鼓動下，他勇敢地邁出門坎，藉口到美國探親，在香港過境時把行旅送到了大陸。故鄉的山山水水是如此熟悉又如此陌生，在福建、江西、山東、

四川，他盡情地享受這一片沒有「警總」的自由天地，盡量拖延時間回臺灣，並數次長途跋涉拍攝親人的影像。曾經的苦痛與悲傷，噩夢與淚水，均在那小小的錄影機裏得到定格。小傅也是一位有血有肉的人物，他那似瘋非瘋的個性，作者把握得恰到好處。「警總」的年輕幹部莊力奇由跟蹤杜家正到熱情地幫杜家正尋找親人，自己還在大陸遇到一位紅顏知己，以及臺生到重慶尋根的故事，寫出了年輕一代對祖國大陸的認同。臺生和曉梅均有兩個爸爸的情節，既出人意料之外，又合乎情理之中。另一「警總」頭目路長功由統治者的幫兇到最後毅然丟掉烏紗帽，和他監視過乃至鎮壓過的老兵們一起穿著「我要回家」的 T 恤衫遊行。由抓「匪諜」到自己變成「匪諜」，這種弔詭，是一種從「鬼」轉變為「人」的過程。正是這個人物，串聯起整部小說的線索。不錯，路長功陰險狠毒，手上沾有老兵的鮮血，但畢竟還沒有完全泯滅人性，和老兵們一樣見到老娘的錄像不禁痛哭流涕甚至向其下跪，因而到後來成了「警總」高層領導「老潘」重點偵辦、打擊的目標。這種戲劇性的變化，強化了小說的張力。

　　「度盡劫波兄弟在，相逢一笑泯恩仇。」〔註21〕以往的「老兵文學」，多寫老兵開放探親後「相逢一笑」的回鄉見聞，諸如原配改嫁引發物是人非之感。《原鄉》不走別人的老路，而用濃墨重彩寫老兵回鄉引發「劫波」過程，並寫出「老兵返鄉運動」出現的來龍去脈，這就難免牽涉到根生們在臺灣的生活，以及「警總」製造的各種冤案，從而使小說非常富於現場感與歷史感。

　　有道是：細節決定成敗。在這方面，《原鄉》的細節也設計得非常成功。小說寫老兵們到將軍家裏過春節，岳知春拿出一瓶山西老醋，大家看到來自祖國大陸的食品心情非常激動，尤其是做饅頭的山西老兵「八百黑」倒了一杯一飲而盡，老兵們的思鄉之情就這樣生動地表現出來。作品還寫到老兵們操著各自的鄉音，聊著兒時的記憶清唱《四郎探母》，以及根生那舌尖上的家鄉風味「苶糊」，都是別的作品中沒有出現過的細節。它有如歷史的傷口，無不直通血脈，通往老兵的靈魂深處。正是這些老醋、「苶糊」還有從故鄉帶來的一撮泥土，均形成一種意象，成為一種文化符碼，它不僅與思鄉的母題相連結，也與中華民族的審美傳統相呼應。

　　四十年思鄉夢，八千里尋親路。由陳文貴編劇，張國立、陳寶國、馬少

―――――――――――

〔註21〕魯迅：〈題三義塔〉，轉引自劉揚烈等：《魯迅詩歌簡論》，重慶出版社 1983 年，
　　　　96 頁。

驊、奚美娟等主演的電視劇《原鄉》，彙集了兩岸演藝界的強大陣容，在北京「中央電視臺」上映後，很快震撼了兩岸三地觀眾的心靈。他們認爲這是一部情感充沛的催淚大戲，演繹了民族史上綿延不盡的鄉愁。由兩岸作家點燃融化仇恨的冰塊，呼喚埋藏在內心深處故鄉的夕陽與炊煙，使得《原鄉》不論是小說還是電視劇，堪稱爲「老兵文學」的巔峰之作，不愧爲一部感人至深的鄉愁史詩，書寫兩岸同胞渴望統一的「中國夢」的佳構。

五、重出江湖的上官鼎

劉兆玄（1943 年～），湖南衡陽人。臺灣大學化學系畢業，後赴加拿大雪布克大學、多倫多大學深造。歷任臺灣清華大學校長、交通部部長、國家科委主任，兼任《科學雜誌》總編輯，著有無機化學研究專著 20 餘種。

從小喜歡武俠小說的劉兆玄，在臺灣師大附中求學期間初試啼聲。爲了解決日常生活費用，在 20 世紀 60 年代初與四哥劉兆藜、六弟劉兆凱應徵代古龍續寫《劍毒梅香》，接著以《沈沙谷》成名。

上官鼎是這三兄弟合用的筆名，其中「鼎」含有三足鼎立的意思，三人中劉兆玄爲主筆。他們當年主修的是理工科，寫武俠小說只是業餘愛好，劉氏兄弟不可能像專業作家那樣精益求精，更不可能用不同風格去寫不同題材的武俠小說。在渲染奇功秘藝方面，上官鼎的武俠作品確實新穎，但武打仍不脫傳統窠臼，因而不屬「新派」。又因爲不是一人從頭寫到尾，故容易出現前後自相矛盾的地方，這就是爲什麼上官鼎「始終沒有一部情理相通、結構完整的傑作傳世」〔註 22〕的原因。

上官鼎的作品共有十部：《蘆野俠蹤》《劍毒梅香》（《河洛一劍》）《長干行》《沈沙谷》《鐵騎令》《烽原豪俠傳》《七步干戈》《萍蹤萬里錄》《俠骨頭》《金刀亭》。這些作品多寫手足之情或朋友之情，「而其揣摩小女兒心態，一派天眞，有得其神。」〔註 23〕其中《沈沙谷》是劉兆玄的得意之作。小說主角陸介，是個寬厚善良、有情有性的男性，與現實中的劉兆玄十分接近。作爲悲劇英雄的陸介，受人誣陷而掉落沈沙谷——身陷流砂危機之中。陸介最

〔註 22〕 葉洪生：〈當代臺灣武俠小說的成人童話世界〉，載孟樊等主編：《流行天下——當代臺灣通俗文學論》，臺北，時報出版公司，1992 年，第 209 頁。

〔註 23〕 葉洪生：〈當代臺灣武俠小說的成人童話世界〉，載孟樊等主編：《流行天下——當代臺灣通俗文學論》，臺北，時報出版公司，1992 年，第 209 頁。

後生死不明，留給讀者巨大的想像空間。

　　上官鼎的小說只要不是偽作，其情節、筆法、文風等方面都有許多相似之處；其它的作品彼此之間不盡相同，明顯可以看出是出自不同人之手。假如三兄弟是各自獨立寫作，就不會成就上官鼎這位武俠大家的聲譽。武俠小說評論家葉洪生曾對他們的才能大加讚賞：「在十八歲少壯之年能寫出《沈沙谷》這樣的傑作，真是天下奇才！」〔註24〕武俠小說大師金庸也附和道：「臺灣在全盛時代，前前後後有五百位作家在寫武俠小說，作品大概有四千部之多。而我個人最喜歡的作家，第一是古龍，第二就是上官鼎。」〔註25〕

　　1968年劉兆玄出國留學，從此在江湖息聲。在1964～1982年間，上官鼎的武俠小說在書市上絕跡，之後從地下卻冒出許多，這不是仿作就是偽作。2008年5月，劉兆玄出任馬英九團隊中的行政院長，2009年9月辭職，2010年1月起任中華文化總會會長，這是第一位非臺灣最高領導人兼任的會長。劉兆玄一年多的「閣揆」生涯落下帷幕的身影，忍不住使人想起他的舊作《沈沙谷》，這好似詮釋了那看似未完的最後章節。

　　葉洪生在90年代研究臺灣當代武俠小說發展史後得出結論：「一個曾在臺灣鼓蕩風雲垂40年的『成人童話』時代，至此告終。」〔註26〕可他萬萬沒有想到，新世紀以來出現了九把刀、施百俊、高普三位新手。九把刀繼承了古龍的遺產，但寫殺手，寫城市當代生活中的工夫小子的奇遇，翻出新意。剽悍猛勇，所向披靡的施百俊和高普，所寫武俠也都有自己的獨門武功。至於那個不會飛檐走壁、「退隱」江湖近半世紀的武林高手劉兆玄，從政治舞臺走出後成了時間的富翁，使其封筆46年後能以上官鼎的筆名重出江湖。他寫俠、寫儒、寫史，這些當然離不開傳統武俠小說的傳奇性，更離不開武學知識體系。他以豐富的細節、真實的背景呈現了俠人特殊的生活方式與性格。他寫下一段隱晦中彰顯人性情操的歷史懸案，寫下一段王者之劍稱雄武林的豪俠傳奇。他不用電腦手寫了3000張稿紙，一張都沒丟掉過。《王道劍》本係劉兆玄為摯友陳棠華而作。陳棠華原在福建寧德開設新能源科技公司，一

〔註24〕黃少華：〈劉兆玄封筆46年後再出武俠小說《王道劍》〉，北京，中國新聞網，2014年2月6日。

〔註25〕黃少華：〈劉兆玄封筆46年後再出武俠小說《王道劍》〉，北京，中國新聞網，2014年2月6日。

〔註26〕葉洪生：〈當代臺灣武俠小說的成人童話世界〉，載孟樊等主編：《流行天下——當代臺灣通俗文學論》，臺北，時報出版公司，1992年，第229頁。

直希望劉兆玄能到對岸拜訪他，但劉兆玄來不及實現諾言，好友就離開人世。2012年為踐與亡友之約，劉氏來到寧德，意外地邂逅了當地幾名文史工作者，聽到了一個有關明朝建文帝下落的傳說。原來四年前，寧德出土了皇陵格局的古墓，而當地支提寺中一件雲錦袈裟，居然暗藏有「九五之尊」的玄機。2010年，浙江鄭義門村還迎接過來自寧德「鄭岐村」的旁支認祖歸宗，而根據有關專家的考證，該村先祖鄭岐便是「靖難之變」中和建文帝一起下落不明的近臣鄭洽。這便是劉兆玄後來創作《王道劍》的絕佳素材。

　　由臺灣遠流出版公司出版的這部新作《王道劍》，共有5冊，近90萬字。5冊分別為：《乾坤一擲》《新錦衣衛》《大戰天竺》《鄭義門風》《王道無敵》，這些插畫清一色出自著者之手。

　　好的武俠小說具有教化功能，至少可讓讀者獲得許多歷史知識。正是在這個意義上，《王道劍》與其說是武俠小說，不如說是歷史小說。作者以明朝「靖難之役」為歷史梗概，把建文帝失蹤之謎寫進作品中，創造一群全新武俠人物。正如有人指出：小說俠與史、虛與實相交，史的框架嚴謹，史料、典章禮儀，包括歷史掌故、地理風物等都一絲不苟。想像豐富，對各種不同身份人物——不論文風、僧俗、貴冑、市井——的言談舉止描寫上都下了工夫，形神兼備並中規中矩。〔註27〕《王道劍》寫明教很多人物，只有教主沒有名字。同樣都是講明教，但劉兆玄不去碰金大俠書中的角色，時空背景也相差了二十年。這部小說最大的特點是融史入俠，締造出一個與真實歷史緊密相扣的武俠世界，並根據近年大陸學者新的研究成果，將明建文帝失蹤大懸案在一定程度上作了揭秘。這時的劉兆玄，文筆比以前老練，早年的《劍毒梅香》有部分內容銜接時有斷裂之感，這個不足現在做了彌補。不可否認，繼承了金庸、古龍及早期上官鼎自身的武俠敘事基礎，然後發揚光大的劉兆玄，創造了不同以往的武俠招式，刻畫了許多簇新且使人難忘的江湖人物。

　　《王道劍》知識之豐富，源於它以真實的歷史為範本。作品從朱元璋剷除他過去的戰友、曾幫助他打敗蒙元的明教英雄開始。劉兆玄寫明太祖的酷刑，接著寫建文帝削藩，朱棣打起「靖難」旗幟誓師，叔侄兩人內訌直至朝廷改換皇位，再寫到方孝儒拒寫詔書被株連十族，明成祖令胡濙尋訪惠帝，兼談鄭和下西洋、解縉修《永樂大典》。這一齣又一齣的史實大戲，接續了金

〔註27〕 朱自奮：〈《王道劍》再續武俠烏托邦〉，上海，《文匯讀書周報》，2014年9月19日，第2版。

庸的《倚天屠龍記》，不愧爲武俠名作之後的又一佳作。它刷新了武俠小說「重意念而不重細節、講風格而不究實理」的陳舊傳統，成爲上官鼎創作生涯的一大突破。

　　過去 2000 多年都由霸道稱雄，但進入新世紀講求永續發展，除了經濟有長進，環境保護、社會正義都有待伸張，王道精神正可以乘此進入。劉兆玄認爲，「王道」精神適合運用於企業經營，但若用於政治則須強大實力才能施展落實，若無實力則只能是空談。過去臺灣企業可能是以「霸」的方式在擴張，但 21 世紀不需要戰爭，而是以經濟、文化的力量做後盾，這就是「王道」能夠成爲主流思想的時機。也在推廣王道的施振榮表示，臺灣生意人不是很王道，沒有對市場、利益相關人創造價值，尤其是股東。所以他著手重塑王道的環境，並且研究華人優質生活創新應用，將聯結有關廠商共創價值、共享利益。由此可見，王道能夠聯結人脈，這就難怪《王道劍》以儒教與王道另闢武俠蹊徑，揭秘明朝建文帝失蹤的大懸案。作品講的是武林群俠聯盟追求公平正義，王道對個人修身的重要性。

　　劉兆玄還認爲：以往金庸等大師都基於佛家、道家思想，描繪少林武當一統江湖，從未有過儒家的武俠世界，後繼者多難跳脫。「武也許是載具、手段，它表達的其實是俠。而俠不只是霸道，還涵蓋許多仁義精神，以儒家思想息息相關……我要表達的是用儒家王道思想創造的一個永續發展的世界，大道將至，以德服人。」〔註28〕

　　劉兆玄不僅是政治家，而且是有思想的文學家。歷史學家許倬雲讚揚書中的歷史部分言有所據，如作者敘述靖難之變的累次戰役，與歷史記載頗爲符合。劉兆玄寫作要旨，「在於作者曾經秉持大政，立經國濟民的宏願。可惜臺灣的民主，其實是打對折，一切舉措，處處掣肘；於是浩然辭去，回到書房，讀書之餘，撰成這本小說，必非爲了解悶消遣，應是借裨官說部，寓言人生至理。」〔註29〕他下臺後，臺灣網上流傳他許多語錄：

　　　　一山不能容二虎，除非一公和一母。

　　　　男人的謊言可以騙女人一夜，女人的謊言可以騙男人一生！

　　　　我身在江湖，江湖卻沒有關於我的傳說。

〔註28〕黃少華：〈劉兆玄封筆 46 年後再出武俠小說《王道劍》〉，北京，中國新聞網，2014 年 2 月 6 日。

〔註29〕朱自奮：〈《王道劍》再續武俠烏托邦〉，上海，《文匯讀書周報》，2014 年 9 月 19 日，第 2 版。

水至清則無魚，人至賤則無敵。

我不是隨便的人，但隨便起來就不是人。

聰明的女人對付男人，而笨女人對付女人。

錢不是問題，問題是我沒有錢。

現在對劉兆玄來說，寫作的時間不再是問題，問題是在「金庸之後，再無『金庸』」〔註30〕的時代，他有無後勁做臺灣武俠小說大師的繼承人，寫出超越歷史、武俠、王道三位一體的《王道劍》新作。

〔註30〕傅小平：〈金庸之後，再無「金庸」〉，上海，《文學報》，2014 年 9 月 18 日，第 5 版。

第九章　波瀾壯闊的回憶錄

　　臺灣新世紀文學的一大亮點是回憶錄的寫作。這個議題於 2009 年開始「發燒」，首先是由《中國時報》主筆林博文點燃，他於當年 5 月出版《1949 石破天驚的一年》。繼之由吳錦勳採訪撰寫的《臺灣，請聽我說──壓抑的、裂變的、再生的六十年》、成湯口述、成英姝編輯整理的《我曾是流亡學生》相繼問世，另有《文訊》雜誌社於 7、8 月策劃的專題《回顧關鍵年代──1949 文化事件簿》。後來，隨著龍應台處理兩岸一甲子風雲的《大江大海一九四九》作品的走紅，隨之便掀起回憶錄寫作潮，齊邦媛、亮軒、蔡文甫的自傳及王鼎鈞《文學江湖》相繼推出，標誌著作為散文之一種的回憶錄在當前創作界的重要影響力，同時也使得多年沈寂的具有某種報導功能的回憶錄列入暢銷書的排行榜。

　　作為一種獨特的帶「藍色」的敘事資源，在五十年代曾經風靡一時，這類作品在為配合國民黨「反攻大陸」及掃除悲觀失望的疑雲方面發揮過重要作用。但這些作品和其它反共文學一樣，有鮮明的文宣色彩，有強烈的政治功利性，深陷公式化、臉譜化的泥淖，因而很快被讀者所厭倦和遺忘。在進入本土化的九十年代，這種作品更遭到解構性的反思與批判。可到了新世紀國民黨再度執政時，當局為紀念撤退去臺六十週年，並迎接即將到來的「中華民國建國一百週年」，這些回憶錄及時地適應了國家機器相關職能部門的特殊政治需求。此外，回憶錄作者在時代精神內涵的鑄造、藝術性的追求與探索方面做了許多努力，給臺灣文學創作帶來衝擊力及反思歷史的啟示，而這也正是新世紀語境下審視與探討這些回憶錄的價值所在。

一、王鼎鈞回憶錄：一所獨家博物館

王鼎鈞（1925～），山東臨沂人，1949 年 5 月到臺灣。歷任中國廣播公司編審、中國電視公司編審組長、《中國時報》「人間副刊」主編。出版有《情人眼》《碎琉璃》《左心房漩渦》多種，《王鼎鈞回憶錄》4 種。

近年來，臺灣出版了不少作家回憶錄，其中引起轟動效應的有齊邦媛的《巨流河》，而王鼎鈞歷時十七年揉字成雲、鋪字為霞，出版了《昨天的雲》《怒目少年》《關山奪路》《文學江湖》〔註 1〕。這血注其中、神駐其上、魄鑄其間的回憶錄四部曲，其藝術魅力並不亞於《巨流河》，它的歷史文獻價值和藝術力量還有待充分挖掘。

王鼎鈞

人活著時好比一臺打開的攝影機，少年時雖不曾顯影卻一直儲存著，長大後一張一張被沖了出來。一生被戰爭放逐以至被譽為「一代中國人的眼睛」〔註2〕的王鼎鈞，先後經歷七個國家，看五種文化、三種制度。半生流浪漂泊

〔註 1〕王鼎鈞：《昨天的雲》，臺北，爾雅出版社，2005 年；《怒目少年》，臺北，爾雅出版社，2005 年；《關山奪路》，臺北，爾雅出版社，2005 年；《文學江湖》，臺北，爾雅出版社，2009 年。

〔註 2〕王安民：〈「一代中國人的眼睛」──對王鼎均回憶錄史學價值的思考〉，載王淩曉等主編《散文鼎公》，北京，中國華僑出版社，2012 年。

的他，目睹過多少瘋狂，多少憔悴，多少殘毀，多少犧牲，這使王鼎鈞有著別人所沒有的豐富複雜的「感光底片」和人生歷練。具體說來，他見識過學潮，在國民黨憲兵隊服務過，在天津戰役中還當過解放軍俘虜，到臺灣後歷任各種文壇要職，自 1978 年移居美國紐約至今 30 餘年。

王鼎鈞的人生歷程與中國現當代歷史的劇烈變化相伴隨，其創作展現出海峽兩岸歷史的廣度和深度、厚度。他寫的回憶錄，從祖國大陸一直追綜到臺灣，其中《昨天的雲》記述他在山東蒼山家鄉混沌未鑿、牙牙學語的幼年時期，使人看到這位學貫中西的作家，其源出自蘭陵；《怒目少年》著墨抗戰時的流亡學生經歷，記述由 1933 年他前往抗戰後方起，到 1945 年 8 月 15日本投降為止，是王鼎鈞用他獨有的「攝影機」對中國社會所做的錄像和見證；《關山奪路》寫內戰遭遇，那時天下已亂而他的文脈卻異常清晰——藉個人離亂的遭遇顯現「烽火連三月，家書抵萬金」血流成河的的戰爭年代；《文學江湖》則是遭遇極為詭雜、碰撞力比任何時都大，因而是最難下筆的一部。鑒於三十年的寶島生活最有意義的是文學生涯，故這部書只談文事少及其它。

許多人寫自傳，是為自己樹碑立傳，可讀者對這種大談「過五關，斬六將」的所謂英雄經歷的作品並不買賬。他們之所以對所謂「記憶文學」失去興趣，是因為這類作品水分太多，與讀者所關心的人事物存在著很大差距。王鼎鈞的四部回憶錄與一般意義上的自傳不同：不是表揚自己，而是解剖自己；不是要把回憶錄做成自己的功勞簿，而是要彰顯時代的轍痕，寫出時代的悲歡。他的作品固然不乏血淚、血泊、血腥、血戰、血案，但讀者能看到血淚所化成的明珠，至少看得見由鮮血所染成的杜鵑花。

國共內戰是王鼎鈞回憶錄的主幹部分。這類題材海峽兩岸的史學家和文學家有不同的立場觀點，有不同的書寫方法。不管是大陸還是在臺灣，均流行「長官出思想，作家出技術，群眾出生活。」王鼎鈞是一位獨立特行的作家，他不願走作家官員化或官員作家化的道路，不管是蔣先生還是毛先生，他都不願為他們「背書」。他只想聽從良心，服從天意，用超越黨派的立場寫出自己的經歷，從南京失守、上海撤退窺見中國人生死流轉的命運，從對照、危機、衝突的情節中寫盡 20 世紀中國人的理想與破滅，以及國共兩黨鬥爭造成中國五千年未有之變局。

「歷史如雲，我只是抬頭看過；歷史如雷，我只是掩耳聽過。」多年來，

王鼎鈞所看到如雲的歷史是：中國一再分成兩半，日本軍一半，抗日軍一半；國民黨一半，共產黨一半；專制思想一半，自由思想一半；傳統一半，西化一半；農業社會一半，商業社會一半。在「由這一半到那一半，或者由那一半到這一半」〔註3〕的迂迴以及在出世和入世的穿梭中，不屬任何黨派的王鼎鈞卻有著「半邊人」的通達。是他，親眼目睹了光明的一面和黑暗的一面，耄耋之年仍身健筆健，蒼天就是派他作歷史的書記員，要他通過個人遭遇與社會的糾葛，從一代作家在戰火中在圍攻中成長的秘密去演說歷史的滄桑，去寫盡中國人的精神走向。他的回憶錄不是個人的紀念冊，而是他藏身在其中的一整片樹林、一整面天空，它是那樣切近歷史與社會、時代與人物的原象，比一般的自傳更具有文獻價值。

王鼎鈞指出，如果把同年出版的龍應台的《大江大海一九四九》「海」字半邊看成兩隻聯結的「口」，那齊邦媛的《巨流河》與《文學江湖》的書名都有「水」與「口」。「水」代表「逝者如斯」，「口」象徵「有話要說」。以風格而言，王鼎鈞形容《巨流河》是「欲說還休」，《文學江湖》是「欲休還說」，《大江大海》則是「語不驚人死不休」。〔註4〕

之所以「欲休還說」，是為了作品有更多的文獻價值。這種文獻價值，來源於它的真實性。回憶錄最怕摻假，它與一般散文不同之處在於要求作品中的人名、地名以及歷史事件要完全吻合歷史真實，甚至連細節也不允許編造。如同所有經得起時間篩選的回憶錄那樣，王鼎鈞書中的材料經過多次核對，作者背誦自己的經歷，比禱告還要多。正因為如此，王鼎鈞寫出來的都是真相，說出來的都是實話。敘事，他有客觀上的真誠；議論，他有主觀上的誠實。有一些事情沒有敘述出來，有些話沒有完全講出來，那是剪裁的需要，而非存心欺騙讀者。

傳統散文觀念強調的是一種再現式絕對真實，即與作者並非間接關係，而源於自己的生活遭遇。作為傳主歷史真實記錄的個人生活經驗，是一種客觀存在，連斧頭也砍不掉。回憶錄不同於一般散文之處，還在於它純屬「過去時態」。因年代久遠，動筆寫回憶錄時又年老體衰，這就容易造成失憶和誤憶。為彌補這一不足，王鼎鈞動用了筆記、剪報等資料，此外還上網和到圖

〔註3〕王鼎鈞：〈寫在《關山奪路》出版以後〉，載《關山奪路》，臺北，爾雅出版社，2005年。

〔註4〕王義銘：〈王鼎鈞：只有寫才覺得活著〉，《中國新聞網》，2012年2月24日。

書館窮搜，這樣就避免了從親身經歷到記憶中的真實，再到筆下的物象情景的扭曲變形。敘中有議，述評結合的寫法，則十分鮮明地體現了作者的思考和評價。

王鼎鈞跨越近八十年歷史時空的回憶錄，是一所獨家博物館，是一部濃縮了的中國現代史，是海峽兩岸現當代政治、軍事、經濟、文教的活化石，其「廣場」視野彌補了「廟堂」正史的缺陷。他的回憶錄對民初的社會變遷、十年黃金發展時段、抗日戰爭、國共由合作到內戰和臺灣險象叢生的白色恐怖，都有原生態般的歷史回憶和細節描述。像《文學江湖》在真實地記錄了傳主個人的生活經過和文壇交遊情況的同時，更反映了幾十年來中國人的顛沛流離，家國之難和文人遭殃的情況。其中記錄當年「警總」查禁書刊以及官方管制文藝界的情況，是人們研究戒嚴時期「文網」的重要參考資料。

王鼎鈞回憶錄的深刻處還體現在它的預見性。王鼎鈞誠然不是預言家，但漫不經心的記錄給歷史留下了見證。《文學江湖》寫到：在戒嚴還未解除時，有一次孫陵和王鼎鈞路過某大學的蔣介石銅像旁時說：「在我們有生之年，這些玩藝兒都會變成廢銅爛鐵，論斤出售。」又有一天，他鄭重地告訴王鼎鈞：「不久以後，臺灣話是國語，叫你的孩子好好說臺灣話。」陳水扁執政後的新千年，孫陵這些預言已初步實現。

和預見性相關的是王鼎鈞回憶錄的哲理性。《文學江湖》筆調平實，但某些地方深具「明珠不該是蚌的私財」一類的哲理性。再如作者用江湖命名文壇，顯然有異於武林江湖、幫派江湖，但就複雜的派系明爭暗鬥和幫規甚嚴由此導致的恩怨情仇來說，與黑道江湖爭當大佬就相差無幾，王鼎鈞由此感歎：「文學在江湖中。文學也是一個小江湖，缺少典雅高貴，沒有名山象牙之塔，處處身不由己，而且危機四伏。」

王鼎鈞回憶錄不是小說，但許多地方寫得像有趣的章回小說，除有突兀崢嶸的想像外，還有戲劇性情節的張力。在某種程度上看，這不僅是文筆鍛鍊的結果，更重要的是和作者的特殊經歷有關。在臺灣，有兩位當過俘虜的作家：一是原中國人民志願軍文曉村，二是「吃過保安司令蛋炒飯」的王鼎鈞。被中共俘虜過的王鼎鈞，到臺灣後一直受到監控，這使他對情治單位非常反感，促使他把「我在黑社會的日子」一類的遭遇如實揭露出來。王鼎鈞振翅時空中有許多羅網、睡眠時棉絮裏有許多疾藜的人生，本身就是歷史，而他的歷史，也是受傷的蘆葦所唱出的悲歌。

　　王鼎鈞既寫劇本，又寫散文，有人甚至認爲他的散文可與余光中並肩。王氏散文的一個重要特徵是講究「彈性」，只要適合內容表達和作者風格的需要，盡可能放手寫，哪怕打破了文體分類的條條框框也不要緊。他的四部回憶錄，詩與史交匯，抒情色彩濃厚和意象繁複，難怪有人說他的文章「散文不像散文，回憶錄不像回憶錄。」其實，任何作家均不會按文體分類學進行寫作。文類的互補，正像雜交的水果，不見得就不可口。〔註5〕與其要王鼎鈞寫得像散文或像回憶錄，還不如讓王氏寫得像他自己。在讀其作品，如聞深海遺珠，如見亂山璞玉的生動性方面，《文學江湖》完全不遜於臺灣的余光中和香港的董橋。

　　王鼎鈞和余光中相似之處在於其文充滿了幽默色彩。眾所周知，詼諧風趣是一位作家天才的標誌，富於幽默感同樣是一位散文作家成功不可缺少的因素。王鼎鈞傑出的藝術本領是善於開掘，一種近乎雷達式的探求。敘述達不到的效果，描寫難於奏效的地方，王氏依靠不拘一格的文筆，把那最動人的鏡頭攝下來。他那些並非斯斯文文、正正經經的筆墨，不僅有諧趣，而且有理趣，其中蘊含著生活的哲理，是作者人生經驗的總結和昇華，它道出了洞識人生的學問和機智，顯出廣博姿肆而筆筆收放得體，惜墨如金，如王鼎鈞在接受記者採訪時曾講：「夜鶯唱歌，怎能確定唱給誰聽？山花盛開，怎能預期開給誰看。我寫給一切人看，沒設任何前提，我不選擇讀者，讀者選擇我。」〔註6〕「每座地獄裏都有一個天使，問題是如何遇見他；每一層天堂裏都有一個魔鬼，問題是你如何躲開他。」〔註7〕王氏的回憶錄就這樣常見神來之筆，妙語機鋒，寧靜與嬉戲，姿肆飄逸與凝重溫厚被融爲一體，從而使現代回憶錄的文體建設提升到一個更高的層次，以讓自己的作品盡可能給讀者寬厚的溫暖、清明的指引、心靈的盛宴，好似那濃濃的樹蔭。

　　王鼎鈞把寫作比作彈道，有升弧、降弧，有最高點、彈著點，這四部回憶錄無疑是他創作道路上的最高點。爲寫此書，蠶已吐盡了絲，還結了繭。正因爲如此，北京三聯書店再版這四部回憶錄時，好評如潮，網絡上有人評論道：

　　　　《昨天的雲》如春雨，讀之清新、神往；

〔註5〕余光中：《焚鶴人》，臺北，純文學出版社，1972年，第212頁。
〔註6〕林欣誼：《《文學江湖》壓陣，王鼎鈞回憶錄四部曲完工〉，南京，《鳳凰網讀書》，2009年3月18日。
〔註7〕臺北，爾雅出版社，2013年，第135頁。

　　《怒目少年》如勁竹，字裏行間，你能聽得到青春在拔節；

　　《關山奪路》如闖關，自古關山難越、歧路眾多、迷霧重重，

　您是怎麼從一個個歷史的漩渦裏全身而退的？

　　《文學江湖》如醇酒，味道甘洌、世事艱辛。

　　也有人認為「《昨天的雲》有詩意，《怒目少年》有畫境，《關山奪路》有劇力，《文學江湖》有史識。」所以這些都記載在王鼎鈞自己編的《東鳴西應》〔註8〕一書中。

二、《巨流河》：見證海峽兩岸歷史的巨構

　　齊邦媛（1924～），遼寧省鐵嶺縣人。武漢大學外文系畢業，1968 年赴美國印地安那大學研究深造。1947 年去臺，先在臺灣大學外文系任助教，次年結婚後遷臺中，住 17 年，其中 12 年時間先後在臺中一中、中興大學等校任教。1967 年曾應美國國務院之邀赴美講授《中國現代文學》，1969 年返臺，後任臺灣大學外文系教授，於 1989 年退休。編有《中國現代文學選集》（臺北，書評書目社，1976 年）、英譯本《中國現代文學選集》（上、下冊，美國華盛頓大學出版社；臺北，爾雅出版社，1982 年）。著有《千年之淚——當代

臺灣小說論集》（臺北，爾雅出版社，1990 年）《霧漸漸散的時候——臺灣文學五十年》（臺北，九歌出版社，1998 年）《巨流河》（臺北，天下遠見出版公司，2009 年）。並主編《中華現代文學大系・臺灣（1970～1989）小說卷》（臺北，九歌出版社，1989 年）等數種。

　　有人說，所有的回憶錄都不可能做到真實。因為作者對自己過去不可能像電腦一樣有完整而準確的記憶。「無意的遺漏，加上有意的選擇，可以說每一個人都在編造自己的故事。」〔註 9〕可《巨流河》不是編造的產物。以「巨流河」而論，她是清代稱呼遼河的名字，是中國七大江河之一，是遼寧百姓的母親河。「啞口海」位於臺灣南端。巨流河和啞口海，成為齊邦媛回憶苦難的東北及寶島歷史乃至全中國滄桑的一種意象。還在 6 歲時，齊邦媛便跟著母親離開故鄉東北，後又隨家人從南京到北平，接著是跟著撤退的路線漂流到西南。發生在巨流河的那場戰爭如今已進入歷史，照片裏那神采奕奕奮身散發出豪氣的戰士也已長眠地下。對這種人事變遷，齊邦媛一直魂牽夢縈。1947 年，她應聘去臺灣大學擔任助教，那時才 20 出頭，從此無故居可尋，又一次離鄉背井漂流。當時臺灣脫離了異族的殖民統治，回到了祖國的懷抱，但接收臺灣的是一個貪腐政權，「二・二八」事件便是對這種政權的反抗。就在反貪腐和「去日本化」、「再中國化」的背景下，開始了一位外省知識分子的新生活。齊邦媛下決心要為自己的故鄉以及為它而戰的人寫一篇血淚的記錄。一直到歷史行進至 2002 年，當齊邦媛與趙綺娜進行了長達 17 次的對話訪談後，她才了卻了這個心願。

　　作為日本投降後最早遷居寶島的大陸文人之一的齊邦媛所創作的《巨流河》，就似一座空間無垠的博物館，裏面有個人的甜酸苦辣，但更多的是國家民族的傷痛。它以個人成長經驗反映時代變遷，屬史詩性作品。書中所講述的是一個家庭的遭遇，卻沒有局限於「小我」，而是和「大我」結合起來，將重大歷史事件與個人命運焊接起來。全書反映了兩代中國人所遭遇的巨大苦難和悲傷，描寫得最動人心魄的是在 8 年抗戰中，儘管有數百萬人殉國，有數千萬人無家可歸，但有眾多的民族脊梁在奮起抵抗外來侵略。

　　在寫完大陸經歷後，齊邦媛將筆鋒轉向臺灣。這時沒有「大刀向鬼子頭上砍去」的畫面，沒有波瀾壯闊的抗日場景，但有白色恐怖，有當局對不同政見者的鎮壓。儘管這樣，作為移民人士的齊邦媛，對自己的第二故鄉仍有

〔註 9〕王鼎鈞編：《東鳴西應》，臺北，爾雅出版社，2013 年，第 177 頁。

深厚的情感。在還未有「大聲講出愛臺灣」的本土思潮出現前，齊邦媛就開始翻譯包含本土人士的作家作品，把臺灣文學推向世界。齊邦媛交往的人意識形態各不相同，其中有反中國的本土派，但齊邦媛以文學化解彼此的政治裂痕，只要是好作品，不管是哪一派她都爲之鼓吹。這種超越政治的寬容，來自於齊邦媛對文學事業的熱愛和執著。在她看來，不管是具有中國意識還是臺灣意識的人，他們心靈深處何嘗沒有一條難於逾越的巨流河？齊邦媛沒有以外省人自居，而是以臺灣新主人自許。對非大陸遷臺作家寫的作品如吳濁流的《亞細亞的孤兒》、李喬的《寒夜》，她都投以注目禮，向廣大讀者推薦。

《巨流河》之所以成爲見證海峽兩岸歷史的巨構，成爲一部反映中國近代苦難的家族巨史，與該書刻畫的「四種『潔淨』典型」〔註 10〕分不開。作者濃墨重彩寫了一生載沈載浮的國民黨元老齊世英。他愛國愛鄉，當南京大屠殺後齊世英在長江邊與家人重逢時，他「那一條潔白的手帕上都是灰黃的塵土……被眼淚濕得透透地。他說：我們真的是家破國亡了。」〔註 11〕後來他因干預政治反過來被政治所干預：爲反對增加電費以籌軍餉的做法開罪於蔣介石，竟被開除黨籍；不甘心失敗的齊世英，又參加《自由中國》雜誌社組建新黨的活動，差點在牢房裏度過一生。齊世英反抗當局，源出於東北人的傲骨。無論是東三省還是「自由中國」臺灣，均是蔣氏父子控制的地方，都逃不出他們鎮壓自由民主的魔爪。可不管環境如何險惡，在兒女眼中他始終視死如歸，永遠給人鎮靜、「溫和」與「潔淨」的印象。

和齊世英不同，張大飛在書中則是當作抗日英雄來描繪的，他父親曾任瀋陽縣警察局局長，可他身在曹營心在漢，因接濟且放走了不少地下抗日人士被日寇在廣場上澆油漆焚燒致死。原名張乃昌的張大飛，繼承父親的遺志，在和日本人空戰中壯烈犧牲。這位勇猛像張飛的張大飛，他們一家的故事是這樣動人心魄。張大飛雖然生命短暫，好比曇花一現，但他是在黑暗裏開放的豔麗花朵：「在戰火燎燒、命如蜉蝣的大時代裏，他是抱有少女憧憬的那種英雄，是一個遠超過普通男子、保衛家國的一位英雄形象，是我那樣的小女生不敢用私情去『褻瀆』的巨大形象。」少年齊邦媛與這位英雄的接觸和教誨，使齊氏永遠不忘記自己是頂天立地的中國人。

〔註 10〕王德威：〈「如此悲傷，如此愉悅，如此獨特」——齊邦媛與《巨流河》〉，瀋陽，《當代作家評論》，2012 年第 1 期。

〔註 11〕齊邦媛：《巨流河》，臺北，天下遠見公司，2009 年。

不是武將的朱光潛，是齊邦媛人生道路上又一導師。原先在武漢大學讀哲學系的齊邦媛，是朱光潛教她轉學外文系，從此齊邦媛與外文尤其是與文學結緣。《巨流河》寫抗戰中朱光潛沒有歌唱〈義勇軍進行曲〉「起來，不願做奴隸的人們」，而是教齊邦媛及他的同學們如何欣賞雪萊、濟慈的詩。有一次，朱光潛在講華茲華斯的長詩時，突然哽咽不能自己，他「快步走出教室，留下滿室愕然。」〔註12〕乍看起來，朱光潛「靜穆」，但這「靜穆」在某種意義上說來，何嘗不是對掠奪，對燒殺的一種沉默的抗議？可朱光潛常常遭到他人的誤解，而齊邦媛卻不認為老師是不食人間煙火，這正是《巨流河》的不同平常之處。

「一直盼望而終於失望的是一個安定的中國」的錢穆，也是齊邦媛的忘年交。她經常到錢府——臺北士林外雙溪東吳大學後面的一座小山坡上，親炙這位國學大師，在聊天的同時向其請教。在漫不經心的談人生、談文壇的對話中，從錢穆毛筆工整細密手稿裏，齊邦媛學到了做人的尊嚴和寬容與溫熙等為人處事的道理，懂得了政治意識形態如何宰制學術思想的猙獰面貌。遺憾的是，這位一代大儒在1990年夏天，被陳水扁等人掃地出門。這種不尊重學術，不尊重中國文化的景況，使深愛中華文化的齊邦媛「為臺灣悲。」「去中國化」的風將臺灣的族群撕裂，但無論碰到什麼情況，「世上仍有忘不了的人和事。」〔註13〕「素書樓」可毀但中國文化不可滅，這就是齊邦媛從錢穆的遭遇中學到的人生哲理。

《巨流河》最突出的藝術特點是情感細膩，筆力邃密通透。作者寫到重大事件時，常常壓抑自己的情感，不讓它過度渲泄出來，像寫「國立編譯館」編書風波，張弛有致，情緒控制得恰到好處，給讀者留下咀嚼的餘地。寫到兩岸文學交流時，作者稱「海水平靜澄藍，天上的雲也舒展自在。」〔註14〕文字是如此從容。作者雖不是詩人，但字裏行間有濃鬱的詩味，如「海景美得令我歎息，恨不得把這月光打包帶回去！這月亮，一百年前清清楚楚地見證了臺灣的割讓。」〔註15〕

《巨流河》記錄的是縱貫百年、橫跨兩岸的大時代的故事，是20世紀中

〔註12〕齊邦媛：《巨流河》，臺北，天下遠見公司，2009年。
〔註13〕齊邦媛：《巨流河》，臺北，天下遠見公司，2009年。
〔註14〕齊邦媛：《巨流河》，臺北，天下遠見公司，2009年。
〔註15〕齊邦媛：《巨流河》，臺北，天下遠見公司，2009年。

國命運多舛的歷史，尤其是被政治放逐的知識分子心靈的痛史。這是個人史、家庭史，同時又是研究大陸遷臺作家如何從漂流到結婚生子、落地生根的過程及政治的炎涼如何轉移到文學上的重要歷史文獻。正如該書封底文字所說：這是——

> 一部反映中國近代苦難的家庭記憶史
> 一部過渡新舊時代衝突的女性奮鬥史
> 一部臺灣文學走入西方世界的大事紀
> 一部用生命書寫壯闊幽微的天籟詩篇

不足之處是不少地方對祖國大陸充滿意識形態的偏見，如認為那邊「人民生活之艱苦悲慘仍是舉世皆知的……幾成人間地獄」，〔註16〕還認為臺灣代表了「中國現代文學」的方向，〔註17〕這未免過於自信。

三、是大江大海，還是殘山剩水？

龍應台（1952～），湖南衡東縣人。出生於臺灣高雄縣，1974 年畢業於成功大學外文系。1975 年 9 月，赴美國公費留學。1978 年獲得堪薩斯州立大學英美文學博士學位，後在紐約市立大學及梅西大學英文系任英文寫作課教師。1983 年 8 月返臺，任中央大學英文系客座副教授。1984 年 3 月開始投稿。1986 年 8 月旅居瑞士。1988 年 5 月舉家遷聯邦德國，加入該國國籍。歷任德國海德堡大學、臺灣清華大學、香港大學教授、臺北市文化局局長、龍應台文化基金會董事、行政院文化部部長。著有《龍應台評小說》（臺北，爾雅出版社，1985 年）《野火集》（臺北，園神出版社，1985 年）《野火集外集》（臺北，園神出版社，1987 年）《人在歐洲》（臺北，時報文化出版事業有限公司，1988 年）《請用文明來說服我》（臺北，時報出版公司，2006 年；香港，天地圖書公司，2006 年）《大江大海一九四九》（臺北，天下文化出版公司，2009 年）等。

《大江大海一九四九》不是歷史書，而是一本傳記式的報導文學。龍應台從鉤沉往事、打撈戰火殘骸的角度，描述 1949 年蔣家王朝敗退臺灣後施虐者、受虐者如何最終捲進命運與死神的漩渦中，以及他們所書寫的相關國共

〔註16〕齊邦媛：《巨流河》，臺北，天下遠見公司，2009 年。
〔註17〕齊邦媛：《巨流河》，臺北，天下遠見公司，2009 年。

內戰史。作者經過十年打腹稿，然後歷時 400 天，跑遍了三大洋五大洲，往返於海峽兩岸——大陸的長春、南京、瀋陽，臺灣的馬祖、臺東、屏東，訪問了眾多國共內戰的僥倖存活者，描寫出這些飽受戰爭摧殘、離亂的內傷那一代人坎坷的命運。

龍應台

在 2009 年 9 月香港大學舉辦新書發布會上，龍應台表示她寫書的目的不是為了控訴，也不是為了譴責，而是為了以光榮的心情和溫柔的心態「向所有被時代踐踏、侮辱、傷害的人致敬。」她說，她希望這本書可以達到三個目的：第一，紀念千千萬萬個為了「一將功成」而死去的「萬骨枯」。第二，她要通過這本書向與她母親一樣歷盡艱辛的一代倖存者說一聲謝謝。最後希望對這段歷史沒興趣的年輕人瞭解歷史，避免歷史重演。

如果說，《文學江湖》沿著一條主線發展，但步步向四周擴充，放出去又收回來，形成袋形結構；《巨流河》材料集中，時序清晰，不蔓不枝，是線形結構；那麼，「《大江大海》頭緒紛紜，參差並進，費了一些編織工夫，是網狀結構。」〔註18〕這種網狀結構所展示的是一幅場面宏偉、情節複雜的流民圖。作者帶著母親對兒子敘述往事的溫柔與親切，以龍槐生和應美君如何在兵荒馬亂中告別浙江淳安，離鄉背井到他們備感陌生的小島為開頭，寫到蔣政權兵敗大陸導致二百萬內地人到寶島避難，再寫到第二次世界大戰的德國、俄國戰場直至南太平洋戰場；從「防匪防諜」對大陸遷臺者的殘酷迫害，到臺灣同胞對背著雨傘飯鍋、穿著破爛草鞋登上歷史舞臺的「接收」者——實為「劫收」者的憎恨，再到「亞細亞的孤兒」無法掌握自我命運的無奈與

〔註18〕王鼎鈞編：《東鳴西應》，臺北，爾雅出版社，2013 年，第 173 頁。

哀痛。這裡有個人的傷痛，更有國家民族命運的哀歡。正如一位島內學者指出：龍應台娓娓向世人細訴那無法言喻的痛楚，爲的是說明「在戰爭中沒有人是勝利者，而彼此的傷痕從未有機會讓對方瞭解，因此歷史仍然繼續，荒謬從未停止。」〔註19〕

雖不是小說的《大江大海一九四九》，卻有生動的故事性和細節。讀完該書，一些畫面長久在讀者心中揮之不去。那忍住眼淚的碼頭，那人滿爲患的火車，那痛失家鄉的學生，那牽衣頓足的送別，那老淚縱橫的兵卒，那碗戰火中血肉模糊的豬肉湯，那弱勢無聲的小人物所過的水深火熱的流亡生活，無不栩栩如生展現在讀者面前。在細節方面，書中寫大陸青年被騙當兵的經過尤爲眞實：作爲河南流亡中學生的王慶麟即當今著名詩人瘂弦，當年看到「有志青年到臺灣去」的布告，當局並以到海那邊每人發一件軟玻璃雨衣（多動聽的名字！）作誘餌，瘂弦就這樣輕信官方放棄升學做了阿兵哥。到臺灣後，拿到「神奇」雨衣的瘂弦卻高興不起來，因爲當地漁民都人手一件。在龍應台筆下，顯性的傷痕就這樣蛻化成隱性的瘢痂。作品還寫到有位母親下火車去小便後火車卻離她而去。一想到火車上那年幼的兒子，她便邊跑邊哭邊喊，可是，沒有人能夠讓「逃難」的火車停止前進，更沒有人站出來安慰和幫助這位掉隊的母親。這個孩子和母親的命運會怎麼樣？書中沒有交待，也許兩岸統一哪一天才能讓她們團圓。作品還寫到逃亡過程中幾千名學生每走到一地，就少了一些人，即使這樣，同學們也沒有忘記讀書、聽課。這些學生中，有的像瘂弦、管管、桑品載那樣成了作家，也有的成爲日後臺灣政經方面的棟樑之材。作者就這樣透過眞人口述歷史，首次向全世界的華人展示「在那樣的一個大時代，所有的生離死別，都發生在某一個碼頭——上了船，就是一生。」這是鮮見的中國現代南渡史。龍應台用普世價值觀來描述南京政府垮臺後所引發的大逃亡、大遷徙，帶領讀者返回歷史現場，評說1949年所發生的流民遍野、生靈塗炭的人口重新洗牌事件。在評說時，她沒有像醫生操手術刀那樣冷靜地解剖，而是充滿情感對被戰爭打得家破人亡、流離失所的人給予深切的同情：

> 他們曾經意氣風發，風華正茂，有的人被國家感動，被理想激
> 勵，有的人被貧窮所迫，被境遇所壓，他們被帶往戰場，凍餒於荒

〔註19〕張瑞芬：〈流民地圖——我看《大江大海一九四九》〉，臺北，《聯合報》2010年1月20日。

野，暴屍於溝渠。時代的鐵輪，碾過他們的身軀。那烽火幸存的，一生動盪，萬里飄零。

不是歷史學家的龍應台，只是用文學的筆法展現歷史的碎片，然而這些碎片串聯起來便可窺見在 1949 大變局下，「失敗」的幾百萬人所演繹著顛沛流離的眞相。爲寫此書她下了不少伏案工夫，尋覓出大量的歷史資料：飛去美國斯坦福大學胡佛研究所檔案館查閱蔣介石日記，前往南京、廣州、長春、瀋陽、馬祖、臺東等歷史現場訪問親歷者，尋回來的私人日記、歷史照片以及五六十人的口述歷史，便成了《大江大海一九四九》的重要構件。龍應台還考證出上海之所以有西藏路，臺北之所以有重慶南路，原來既非國民黨的主意，也非共產黨所圈定。街道名字以中國省市名字命名的傳統，肇始於1862 年上海英美租界合併時街道的重新命名。

有網民說「這本書是一流的選題，二流的材料，三流的史觀，四流的敘事，五流的文筆。」〔註 20〕其實，龍應台的文筆既有詩歌的凝練，更有散文的率直。讀完全書，不難發現她的心態是那麼謙卑，情感是那麼溫柔，文筆是那麼悲涼。她不滿足於「把歲月交給風，把往事交給雲」，更不願「把比喻交給詩人，把修辭交給小說」。〔註 21〕在引用英國駐青島領事日記這類平實的史料時，她也壓抑不住修辭的衝動而使用比喻：「他記載這一天，不帶情感，像一個隱藏在碼頭上空的攝像機。」她更不滿足把自戀交給自傳，只把歷史事實留給《大江大海一九四九》：

一九四九年，像一隻突然出現在窗口的黑貓，帶著深不可測又無所謂的眼神，淡淡地望著你，就在那沒有花盆、暗暗的窗臺上，軟綿無聲地坐了下來，輪廓融入黑夜，看不清楚後面是什麼。

這段文字給作品定下基調。在這裡，龍應台以「黑貓」自喻，企圖用自己的史筆去洞察 1949 年的黑夜背後到臺灣的二百萬外省人生離死別、跨海、落地生根的命運和逃難的傷痛。書中還夾雜有飄渺的抒情，去敘說那些像沉埋水底的古城遺事，以增強作品的歷史感：

我想跳下月臺，站到那鐵軌上，趴下來，耳朵貼著鐵軌，聽六十年前那列火車從時光隧道里漸漸行使過來，愈來愈近的聲音。

一般說來，作品有三個層次：一是職業認可，二是社會認可，三是歷史

〔註20〕佚名：《〈大江大海 1949〉讀後感之無序發泄版》。
〔註21〕佚名：《〈大江大海 1949〉讀後感之無序發泄版》。

認可。龍應台給自己選取的是「歷史認可」這樣一個嚴肅的大題目。作者要在 15 萬字的篇幅內把所有複雜的歷史問題講深講透，誠然是苛求，因而她謙稱自己給讀者的是一個「以偏概全」的歷史印象，這就難怪龍應台給被時代鐵輪碾過身軀的那一代人定位爲「失敗者」，而這本書是她向這些「失敗者」的致敬之作，這一描述激怒了部分島內群眾，在「社會認可」方面就過不了關。本來，失敗是多年來島內不願意面對的創傷，龍應台卻讓失敗所帶來的災難重新變得鮮血淋漓，慘不忍睹，因而不少論者認爲重揭傷疤的做法是對臺灣軍民的大不敬。統派學者曾健民在〈內戰冷戰意識形態的新魔咒——評龍應台的 1949〉〔註22〕中，則認爲「龍書以高度企劃後選擇的許多個人內戰經歷爲素材，再以意識流時空倒錯穿插的印象式寫作方式，帶著濃厚價值判斷的敘事，加上把事物簡單化漫畫化的煽情話語，拼貼出蔣軍潰敗，軍民逃難流離的悲情場面。雖然像一幅模糊的老照片，背後卻貫穿著一句簡單又強烈的潛臺詞——中共解放戰爭的殘暴。」曾氏由此認爲該書的主旨是寫中共解放戰爭的殘暴，解放軍的殘暴，是「反共文學」的現代版。超級統派李敖另寫有專書《大江大海騙了你》〔註23〕「屠龍」。他認爲龍應台史料工夫太差，歷史訓練和思想能力均不及格。她用各種手法爲國民黨的失敗辯護，把國民黨的「殘山剩水」美化爲「大江大海」，這促使她只會談「現象」而不會說「原因」，對「一九四九」呈現的眞正問題、核心問題根本不敢碰、也沒有能力碰。她碰的，大都是她自己刻畫出來的「現象」，還稱不上是問題。

　　李敖和龍應台都是兩岸的文化名人，但他們對兩岸政權的態度完全不同：龍應台擁蔣，李敖卻擁共。以國共內戰長春圍城爲例：龍氏站在臺灣一邊爲國軍辯護，由此提出爲什麼長春不像南京大屠殺那樣被關注？爲什麼長春不像列寧格勒那樣被重視？李敖批評道：南京、列寧格勒是外國人侵略，長春是本國人因革命而內戰，「原因」根本不同。問共產黨爲什麼圍城，爲什麼不問國民黨爲什麼造成被圍城的局面？臺灣文獻館編纂李展平卻指出《大江大海一九四九》中關於第二次世界大戰中臺籍日軍的描寫，部分引用他創作的《烽火歲月》《前進婆羅洲》卻未充分注明出處，在處理歷史事件和採訪資料方面不嚴謹，有抄襲嫌隙。

〔註22〕曾健民：〈內戰冷戰意識形態的新魔咒——評龍應台的 1949〉，《臺灣立報》2011年 10 月 7、21 日。

〔註23〕臺北，李敖出版社，2011 年。

　　近 20 年來，陸臺港學者努力探索中國近現代史眞相，解讀戰爭現象的多元，但均不似龍應台那樣以生命的名義書寫歷史，以獨特視角寫出兩岸作家沒認識過的一九四九，塡補了主流書寫對那段歷史無暇顧及甚或有意無意遮蔽的盲點和罅隙，揭開了戰亂頻仍的大時代給每一個個體造成的心靈創傷和痛楚。她以過人的膽識引領讀者走進半個多世紀前中國人的一段慘痛遭遇，透過捲入戰爭機器的芸芸衆生的血淚故事，讓人們感受到中華民族那曾經因內戰所帶來的巨大傷痛。在龍氏筆下，所有的顛沛流離，所有生死契約式的放逐，最後都彙入大江奔向大海。這就難怪《大江大海一九四九》問世後，成爲島內暢銷書，發行量逾 15 萬冊，即使天天忙於賺餞的香港人也買了 3 萬本，網絡上還有該書的電子版本，以至在大陸出現了一些粉絲，但由於該書有李敖所批評的內容，因而沒有出現簡體字版。

四、蔚爲風潮的新歷史小說

　　2003 年以來，由於「國藝會」、各縣市文化局與民間單位設立獎項補助小說創作，使長篇小說尤其是新歷史小說的創作發行出現蓬勃的景象。

　　新歷史小說和以往歷史小說的不同，在於不是寫帝王將相，或遠古的往事，而是屬於寶島的臺灣歷史敘事，以寫現代人爲主，題旨強化階級反思與性別反思，並適當加入解嚴以來諸多的政治議題，強化兩蔣時代記憶的清洗，爲新興的國族論述提供文本上的支持。作者以女性爲主，她們虛寫多以實寫，內向超過外向，陰柔多以豪邁，尤其是不把忠於歷史當作最高創作準則，而是借自己身世的局部史實加以點染生發。不是用寫實主義或章回體，而用後現代主義去強調文字語言的魔力。對人物的對話和抽象的論述，採取省略的態度，而把主要篇幅用於描繪物質生活與感官刺激。

　　之所以把新歷史小說放在回憶錄這一章，並不是認爲它們是同一種文類，但兩者確有相似之處：作爲歷史書寫的另類，新歷史小說所表現的是一段未忘卻的過去，作者用想像力與創造力在迴避正規的歷史書寫，將埋在歷史瓦礫堆裏的故事挖掘出來，其作用是做歷史的補白工作，這屬非常態的歷史寫作。新歷史小說作家的創作手法不像回憶錄作者那樣寫的全是眞人眞事，而是以虛實交錯說故事。有時雖然沿用了眞名，但給人的感覺是有名無實。在寫作方法上不是全都採取第一人稱，不是由大而小而是由小而大，即

通過「那一幢幢被拆毀的古蹟」、「那一堆堆瓦礫廢墟」，重新形塑過去被遺忘的集體記憶。

　　新歷史小說在新世紀的發展，表現在眾多女作家加入這一行列。尤其是大河小說，過去是以鍾肇政爲代表的男作家的專利，現在女作家也榜上有名，如施叔青繼《香港三部曲》後奉獻出《臺灣三部曲》。鍾文音從 1998 年到 2003 年出版有「家族小說三部曲」：《女島紀行》《昨日重視》《在河左岸》，更引人矚目的下面要談及的是「臺灣百年物語」三部曲：《豔歌行》《短歌行》《傷歌行》。陳玉慧也有「三部曲」的寫作計劃：在《CHINA》和《幸福之頁》後，準備投入一本有關書法的歷史小說。她想：茶、瓷和書法都是中國文化中很重要的元素。寫完關於書法的小說後，就會從茶、瓷這種對象或器物出發來探尋歷史。這是眾多女性小說家寫歷史長篇時共同的切入點。

　　陳玉慧（1957～），筆名阿洛，祖籍廣東東莞，生於臺中。中國文化大學中文系畢業，後獲法國高等社會科學研究院碩士和博士學位。曾就讀於法國知名表演學院，在臺灣、歐美執導、參演多出重要舞臺劇，包括自己編劇的作品，現移居德國。作品有散文《陳玉慧精選集》《我的抒情歐洲》等，小說有《深夜走過藍色的城市》《獵雷——一位追蹤尹清楓案女記者的故事》等，劇本有《誰在吹口琴》等。

　　在陳玉慧作品中，帶自傳色彩的《海神家族》最有名，但由於裏面有不少虛構，因而只能稱爲準自傳體小說。作者出於對自己家族的眞實情感，通過一位臺灣女人的尋根溯源，將民俗、宗教、歷史與人物回憶緊密聯繫在一起。這部以女性爲主的飄搖的家族史，男性只居從屬地位。在結構上，以複瓣玫瑰的方式一層層披露家族的隱秘之處。它通過小「我」的敘述，從側面反映整個臺灣的命運，其中包括三代人的國族認同。

　　作爲連結臺灣百年發展與個人情感糾葛的長篇力作，《海神家族》有一種說不清道不明的神秘人物關係，時時讓讀者陷入難以預料的驚奇之中。人物主要有一心想開飛機而拋家棄子的外公林正男、爲政治理想獻身而離別家鄉的二叔公林秩男，沉醉在女人體溫中不能自拔卻不能對女性負責的父親二馬。作品從日本人統治臺灣、第二次世界大戰寫到日本投降，再從臺灣寫到大陸的文革。這一段家族史展現出臺灣的時代風雲變幻，三代人不堪回首的往事，也顯現了處在邊緣中的人在不斷拷問「我是誰」的命題。

　　平路（1953～），本名路平。祖籍山東諸城，出生於高雄。臺灣大學心理

系畢業，美國愛荷華大學碩士。曾任《中國時報》主筆、香港光華文化新聞中心主任。著有長篇小說《行道天涯》《何日君再來》，短篇小說集《凝脂溫泉》《玉米田之死》《蒙妮卡日記》等。另有散文集《巫婆の七味湯》《香港已成往事》等，評論集有《愛情女人》《非沙文主義》等。

平路擅長以女性敘述觀點揭開歷史政治的重重屏障，她那後設互文技巧帶有意味深沉的寄託。當歷史書寫還未成為熱門題材時，她就寫出許多諷刺臺灣的所謂奇跡和民國史的小說。大河小說洶湧而來，人們以為在香港長住的平路會以香港或臺灣歷史為題材。出人意料的是，平路書寫的是兩岸關係蓬勃發展的現在與過去。具體來說，《東方之東》寫一個臺灣女人到大陸去追查失聯後丈夫的下落，這期間邂逅一位被執法機關追捕的持不同政見的男子，這位臺灣女人先是同情他，後來是愛上他，最後是賠了夫人又折兵：人財兩空。此書的深刻之處，不局限於描寫二男二女情感的曲折歷程，還挖掘出歷史中順治王朝與鄭氏父子關係，寫出古今中國大陸、臺灣政客的卑劣手段和帶來的情感掙扎。

無論是題材的挖掘，還是文字的錘鍊、形式的多樣、技巧的繁複，平路都具有不同尋常的成就。《東方之東》裏面充滿了古與今、時與空、陸與島、父與子、男與女的糾葛和衝突。小說有許多懸念，如丈夫的失蹤，是屬於婚姻的叛逃，還是黑幫綁架？妻子惠敏四處奔波尋找，是走向自由的開始，還是證明情感比金子寶貴？平路探討的是「我們究竟是誰？跨越了感情的界線，這世界只剩下荒蕪。發現了歷史的邊界，最終將目睹一切成空。」總之，不管是寫婚姻，還是寫歷史，人物都在思考比愛情更可貴的「自由」到底是什麼東西。作品從家庭寫到國族認同，作者關注人們在政治情境中所選擇的道路，這體現了作品的思想深度。

李昂（1952～），原名施淑端，彰化鹿港人，中國文化學院哲學系畢業，美國奧立崗大學戲劇碩士，回臺後長期在中國文化大學中國文學系文藝創作組任教。小說有《殺夫：鹿城故事》《北港香爐人人插：戴貞操帶的魔鬼系列》《看得見的鬼》等，散文有《愛吃鬼的華麗冒險》《女性的意見：李昂專欄》等。

得益於政治空前開放和題材解禁，李昂的作品從不忌諱大量的性描寫。繼《北港香爐人人插》之後，李昂又於新千年出版了 20 萬字的長篇《自傳の小說》。它以 20 世紀初期臺灣共產黨負責人謝雪紅的一生為素材，將政治與

情慾緊密結合，由此成為最大膽最露骨的情色小說。正因為如此，這部作品決非「紀實文學」，小說真正的主角嚴格追究起來也不一定是謝雪紅。李昂在《自傳の小說》中寫道，縱使謝雪紅的名字常常在街談巷議中出現，她的存在意義也僅僅是除了虎姑婆、警察與狼之外，大人想嚇唬小孩子時最好用、也最常用的「重要詞彙」而已。雖然小孩子常常聽到「謝雪紅」這三個字便認為是「狼來了」，但他們卻全然無法知道「謝雪紅」是人還是鬼。

《自傳の小說》一開始，三伯父的死帶給敘述者的一大衝擊是她再無機會滿足她對謝雪紅的好奇心，無法「趁著這個年節回鄉間問詢有關謝雪紅的種種」了。因此，《自傳の小說》可說是李昂想要知道謝雪紅是誰、想把她從造成歷史失憶的「瓦礫廢墟」中搶救出來的一種探索和一項嘗試。李昂創作的目標，本不是還原臺共歷史，而是寫謝雪紅所代表的一百年來臺灣女性的權力與情慾交媾的歷史。

李昂最擅長魔怪的誇異造型，但她深知這來自非人間的魔怪，需要所向披靡的武士陪襯，甚至要有那街頭巷尾常見的姑媽出場，才能將整個舞臺上的玄幻、奇觀，像魔術般的真實幻覺推向高峰。本來，一切都有可能，但一切也無法預知。正因為這樣，李昂在歷史學家建構的謝雪紅的一生中，所看到的不只是政治化的戰士，而且是活生生的女人，這是對尋常人記憶的救贖。用李昂的話來說，只有通過「失控錯置」的記憶，「假造」一個仿若「不曾真正存在」的虛構「擬相」，才能確實召喚出被右翼歷史拋棄的謝雪紅。既然任何在歷史上被壓抑的主體都是不曾真正存在過，虛擬的歷史圖象當然遠比「史實」更接近遭到壓抑的層次。

關於謝雪紅的書，陳芳明已寫過《謝雪紅評傳》。這是一本史學傳記，重點在於歷史的真實，另還有夾敘夾議的評述。如果說，陳芳明筆下的謝雪紅靠歷史的考據工夫奏效，屬史學領域——雖然人物生動得似街坊的姑媽，但謝雪紅畢竟是衝鋒陷陣的政治領袖，也是一朵「落土不凋的雨夜花」。而李昂的《自傳の小說》，儘管引用了許多史料——包含摘自《里程碑》的引文，謝雪紅對她首次演說的回憶以及有關臺灣共產黨第一次委員會的相關資料，但《自傳の小說》仍屬於文藝創造領域。作品主人公是那樣具有豐富的七情六欲，在參加政治鬥爭時不忘情感的追求，其對男人的渴望簡直如魔鬼一般纏繞在她心頭。也就是說，陳芳明忠實於高壓的政治環境與險惡的黨派鬥爭，而李昂卻鍾情於歷史基礎上的虛擬。她不滿足於只著眼於政治問題，

以及那欲說還休地拖著「遮遮掩掩那空蕩蕩的袖子」的姑媽，而將陳芳明所掩蓋的性別問題、情感問題的「妖魔」一面盡情展露出來，把謝雪紅作為女人的性心理從右翼男人的壓抑與遺忘中解救出來。其藝術性正如邱彥彬所說：「在文本的編排上，《自傳の小說》大致是以第一人稱的觀點、自傳的形式帶出她小時候從她三伯父那邊聽來的鄉野怪譚或高談闊論開始，然後在這些充滿貶抑、歧視女性心性意味的民間論述的觸發之下，李昂用第三人稱（有時又跳回第一人稱）的觀點與小說的形式展開她對謝雪紅的心性作有別主流歷史論述的虛構追憶。自傳小說這兩種文類的交互更迭，帶出武士/姑媽般的謝雪紅與魔怪般的謝雪紅的相互排比，構成了《自傳の小說》的基本敘述形式，也記錄了李昂用她筆下的謝雪紅來記憶遭到主流的男性沙文主義論述所壓抑而遺忘的女性心性。」〔註24〕

和《自傳の小說》一樣，李昂的另一部小說《看得見的鬼》亦以取材特別取勝，屬記憶失控錯置的擬相。雖然題目有「鬼」字，但這不是普通的鬼故事。小說中擬人化的女鬼回到了人間，做了生前沒有能力做的事，甚至為自己討回公道，報了生前沒報的仇。說到底，這是一本以女鬼為主角書寫的女性主義文學，因為小說中的「女鬼」終究做到了「女人」無法做到的事情。這故事有利於我們理解《自傳の小說》的奇異內容。

李昂 2011 年出版的《附身》，用西拉雅女巫起乩來影射臺灣不斷更換的國旗，道出臺灣歷史發展中既隱藏著階級差別，又包括著種族差異問題。

鍾文音（1966～），出生於雲林縣。大學傳播系畢業後擔任過《聯合報》《自由時報》的藝文記者。曾獲得臺北國際書展小說獎、中時開卷十大中文好書獎、《聯合報》文學獎、世界華文小說獎等十多項文學獎，現專職創作。著有《豔歌行》《中途情書》《孤獨的房間》《在河左岸》《愛別離》《永遠的橄欖樹》《昨日重現——對象和影像的家族史》等，散文集有《三城三戀》《少女老樣子》《寫給你的日記》等。

九○年代崛起的鍾文音，力圖用不同於他人的視角，在文學上另闢女性尋根的文體，建構私人空間中的小歷史，以微觀的對象和影像來探視個人成長史、土地的系譜，其小說離不開家族、性別、情慾、異文化、生命的安頓等內容。

〔註24〕邱彥彬：〈「記憶失控錯置的擬相」：李昂《自傳の小說》中的記憶與救〉。這是臺灣學者的文章，出處待查。

　　鍾文音對於寫作有與眾不同的看法，她曾說：「創作於我是在黑暗中摸索自我的層層內裏，通過摸索而開啟人生的鎖鏈。它屬於我，屬於我的光亮與黑暗，所有突出水面的缺口都為了面向一片如汪洋般的完整。」鍾文音耗時六年完成的「百年物語」三部曲，有如「汪洋般的完整。」第三部附了後記〈重返我心中的島嶼野性──織就三部曲「百衲被」〉，是作者對這一系列創作的自我定位。鍾文音於 2006 年 11 月出版的《豔歌行》，背景為 1989 至 2006 年的臺北，屬「身體的野性」。2010 年 2 月出版的《短歌行──男聲之都》，背景為 1920 至 2009 年的雲林縣，屬「土地的野性」。2011 年出版的《傷歌行──女腔之城》，背景為 1895 至 2011 年的雲林縣，屬「感情的野性」。後兩部地理背景，均為她老家二崙鄉永定村尖厝崙。這些小說的語言充滿魔幻與影像感，有時又用紀實的筆調，兩者互為補充，這正是她的獨特之處。

　　「三部曲」值得重視的是《傷歌行》，內容寫鍾家及其母親舒家五代女性的故事，中間還有小娜的三嬸婆詠美、娘家四姊妹的曲折人生道路。第一卷「她們醒來歌唱」，由五十多首臺語老歌串連而成，著重寫從小娜太祖婆開始的鍾、舒兩家女性。第二卷「女渡海者」，寫分屬三種時代的女性，其中有 1949 年由上海到臺者，另有被教會遣送加拿大者，還有移民美國的姊妹，大陸配偶與越南新娘也出現在書中。最後是「不徹底的渡海者」鍾小娜周遊列國後，不願丟下母親重回臺灣，她是貫穿全書的主角。正如季季所說：「各時代各種族的『女腔』前後穿梭，高低錯落，在生殖/情慾的困擾與種植/勞動的困頓中，她們或者呢喃哭號，或者抱怨咒罵，嘈切之音反覆繞樑，時而直入人心懾人魂魄，也時而瑣碎、重複，擾人耳目。這兩卷的內容『很臺』，具體呈現了鄉村女性的自然野性；貫穿其間的種種生命之『渡』，心靈與肉體的移動，尤為作者著墨的重點；因為移動是一種抉擇，而抉擇是智慧的明示。」〔註25〕這種「歌行體」長篇，結構嚴謹，有利於勾劃臺北都會女子的愛恨情仇，也有利於塑造過早離開人間的家鄉男性，從而使讀者瞭解故鄉女性的生命史。

　　歷史小說的新書寫，還有男作家張國立，計有《鄭成功密碼》《最後的樓蘭女》《趙武靈王之死》，《匈奴》則是第二屆皇冠大眾小說獎的首獎作品。2003 年出版的《清明上河圖》，不脫戰爭陰影，但重心不在戰場，而是寓託

〔註25〕季季：〈唱得太忘情的老歌──評鍾文音《傷歌行》〉，臺北，《文訊》，2011 年第 10 期。

漫天烽火於人物的觀感之中，藉以達到翻案與解謎的目的。作爲戰後大河小說的繼承人的莊華堂，他創作有「巴宰海三部曲」，前兩部爲《巴賽風雲》(2007)《欲望草原》(2008)。另有寫清代臺灣地方傳奇人物與清帝國關係的《吳老大和他的三個女人》。「臺北四部曲」第一部《水鄉》，也已完成。

　　這些新歷史長篇，使用後現代手法諸如後設、解構技巧，顯得嫺熟，但比起「後遺民寫作」在表現歷史時或過於拘謹，或走得太遠，「因而我們或可說，新歷史小說在思想、主題上的『反思性』跟上當前現實，但在藝術表現上則尚有不少開展空間。可惜的是，六、七年級的新世代作者倘走上追求輕盈、炫目的通俗機巧之路，則深沉創新的歷史長篇，就不會是未來臺灣文學的特點所在。」〔註26〕

〔註26〕陳建忠：〈回顧新世紀以來的臺灣長篇小說：幾點觀察與評論〉，臺北，《文訊》，2014 年第 8 月號，第 72 頁。

第十章　浪潮湧進的文學史

　　臺灣本土學者寫的文學史，影響最大者爲 1987 年高雄文學界雜誌社出版的葉石濤的《臺灣文學史綱》，此外是臺北聯經出版公司 2011 年出版的陳芳明的《臺灣新文學史》，另還有不少專題史。

一、南部文學史的初試啼聲

　　九十年代以來，臺灣地方文學修史出現了多種成果，其中彭瑞金著的《高雄市文學史·現代篇》〔註1〕，是南部文學史的初試啼聲，值得重視。

　　地方文學史的存在，一般都有自己的精神原理和邏輯起點，有自己的學科範疇和學科概念。對此，彭瑞金在《自序》中稱：「凡發生在『高雄市』這個生活空間裏的文學，都謂之高雄市文學。在時間上，可以上溯到高雄先住民的口傳文學——神話、傳說，在空間方面，也不給予嚴格、清楚的限制。」〔註2〕又說：「高雄市文學史，其實也就是高雄市作家及其作品的臺灣文學參與史——在臺灣文學的滾滾巨流中，高雄市文學並未缺席。易言之，臺灣文學是臺灣人的文學，也是先有臺灣的命題下產生的文學；高雄市文學是高雄市人的文學，卻不是先有高雄市命題下發展出來的文學。」〔註3〕著者在這裡不用種族、歷史、環境的發生發展觀察通則，是符合高雄市文學實際的。此外，著者將高雄市文學定位爲「南方文學」：「以南臺灣爲坐標的臺灣文學，

〔註1〕高雄市立圖書館，2008 年。
〔註2〕高雄市立圖書館，2008 年。
〔註3〕彭瑞金：《高雄市文學史·現代篇》，高雄市立圖書館，2008 年，第 5 頁。

也就是以高雄市爲軸心的高雄文學」〔註4〕，並把環保和人權當作八十年代高雄市文學的重大特徵。這裡的文學定位與美學實踐不存在著「錯位」，與作者企圖建構「高雄成爲臺灣文學的另一個中心」〔註5〕的大格局相一致。

這部文學史的特點在於不因爲研究歷史而與文學現實脫節，注意通過寫史介入當下文學現場。它與《高雄市文學史‧古代篇》最大的不同在於是只有起點而無終點的正在發展中的學科，同時也是充滿爭吵、論戰的學科。著者與「臺灣筆會」諸多健在的研究對象近距離對話，是構成「現代篇」與「古代篇」差異的最重要標誌。這本書一直寫到新世紀，對象本身與著者完全重合，兩者均生活在高雄市同一時空領域，這使《高雄市文學史‧現代篇》具有強烈的當代性。像該書對高雄文學裏監獄文學譜系的剖析，對擎起臺灣本土文學大旗的《文學臺灣》進行即時的互動，對楊青矗、陳冠學、鄭炯明、陳坤崙、李敏勇等人的創作進行同步分析與判斷，引領讀者對高雄市文學關注的熱情，並從高雄市文學現場提煉出「臺灣文學建構運動」的話題給予有效的詮釋與回答，這就使《高雄市文學史‧現代篇》獲得了存在的必要性和合法性。

比起彭瑞金過去寫的《臺灣新文學運動四十年》〔註6〕來，《高雄市文學史‧現代篇》在研究的視角方面也有拓展，如該書不僅論述本省作家，還論述在高雄左營創辦《創世紀》的洛夫、張默等外省作家；不僅論述高雄土生土長的作家，也論述從臺灣各地移民來的作家。這種論述，顯然突破了「高雄文學是高雄市人的文學」的桎梏。高雄本是變動頻繁高速發展的海港城市。如果沒有外來作家的加入，高雄文學成分就不可能多元，其文學苗圃就不可能爭奇鬥麗。

彭瑞金主要是一位批評家，他爲高雄市文學寫史，這進一步密切了文學批評與文學史的關聯。高雄文學和臺灣其它地方文學一樣，是一個複雜的場域。戰後初期林曙光、彭明敏、雷石榆等作家的出擊，均與過去有密切的聯繫。常言道：「一切歷史都是當代史」，文學批評要有深度，就必須具有歷史意識尤其是文學史觀。該書第四、五章把《民眾日報》副刊《臺灣文化》《文學界》《文學臺灣》放入高雄市文學史領域的努力，值得稱道。彭瑞金一向以對當下文學建構運動的熱情參與和評論的感性風格著稱於世。但寫文學

〔註4〕彭瑞金：《高雄市文學史‧現代篇》，高雄市立圖書館，2008年，第200頁。
〔註5〕彭瑞金：《高雄市文學史‧現代篇》，高雄市立圖書館，2008年，第220頁。
〔註6〕臺北，《自立晚報》文化出版部，1991年。

史，不能滿足於揮斥方遒意氣風發的議論，還必須有文獻史料作支撐，有相當可靠的歷史知識系統。在這方面，彭瑞金注意對史料的發掘、佔有、分析和把握，如談臺灣新文學運動開展初期出發的高雄作家及附錄的〈高雄市文學年表〉，有許多是第一次出土的材料。這些材料的發現，有助於穿越「政治迷障」而回歸文學本位。

《高雄市文學史・現代篇》的某些史料，牽涉到高雄市文學史寫作需要破解的謎團，比如日據時期《文藝臺灣》與《臺灣文學》對峙局面的形成及終結原因，《文學界》停刊的真相的探討，著者無不把目光投向以前被遮蔽的歷史場域，使讀者瞭解到居於邊緣地位的高雄市文學的複雜性。這裡沒有性質先行、結論先行的敘述模式，完全拜史料價值的作用。

高雄作為文學發展的一個特殊區域，限於許多史料尚未出土，對它的研究在《高雄市文學史・現代篇》出現前幾乎是一片空白。為時人所詬病的「臺灣文學在島內，臺灣文學研究在島外」的現狀要改變，必須從史料的搜集整理做起。為建立高雄市文學史這門分支學科，彭瑞金還主編過《高雄文學小百科》〔註7〕。曾有高雄作家認為，自己生活在高雄，本身就是高雄市文學史的建構者和親歷者，自己已佔有和理解了高雄文學的全貌，完全有資格充當

〔註7〕高雄市文化局，2006年。

高雄市文學史的發言人。讀了彭瑞金這本「小百科」和《高雄市文學史・現代篇》，一定會改變這種過於自信的看法。

臺灣文學學科從誕生那天起，就一直受到兩岸意識形態的特別青睞。短短的 20 餘年，兩岸就出現了 10 多部臺灣文學史。在通史撰寫方面，臺灣學者比大陸落後了一大步，但在地方文學史和專題史編寫方面，臺灣遠遠走在大陸前面。無論是大陸還是臺灣出版的臺灣文學史，均與現實政治有密切的關係：對岸要「統戰」，此岸反「統戰」：要把臺灣文學從中國文學中獨立出來，以致一些不同出發點的文學史殊途同歸：政治意義大於學術價值。彭瑞金的《高雄市文學史・現代篇》，有些地方也脫不了這個窠臼。書中多次聲明臺灣文學「不是反映與『祖國』關係的文學。」「臺灣文學的主權屬於臺灣人，臺灣的文學隸屬於臺灣的土地的臺灣化運動，是終極的，也是基本的運動目標。」〔註8〕並激烈抨擊不同觀點的馬森、游喚尤其是批判源於國家統一觀念及其不可變異性的大陸學者，稱他們是「外來殖民主義學者」，甚至說他們是「文學恐龍」〔註9〕。這誠然是兩岸爭奪臺灣文學詮釋權白熱化的表現。彭瑞金對具有中國意識的學者不僅從學理上也從政治上予以強烈反彈，係出於本土想像在大陸遇到了嚴重挑戰。不過，彭氏回應過於情緒化，其急切情感、決裂姿態與非理性反駁，往往導致簡單的結論，不足以服人。此外，把余光中這樣重要的高雄作家草草掠過，其篇幅遠比本土作家葉石濤少，並稱其為「中國流亡作家」，這是意識形態判斷而非學術評價。此外，對朱沈冬推廣藝文的貢獻肯定不夠，對非本省籍詩人組成的「掌門」詩社的重要性認識不足，對同屬本土派的陳冠學以個人好惡進行評價，而與自己關係密切的媒體朋友鄭炯明、陳坤崙各占 66、52 行，與占 73 行的余光中不相上下，這是典型的友情演出，以至被自稱獨派的人批評彭瑞金「撰寫《高雄市文學史》心態恰恰是另一種『臺北觀點』」。〔註10〕

在文風上，《高雄市文學史・現代篇》多次將軍事術語用於文學領域：稱自己是以「實戰」觀點論臺灣文學本土化問題，稱《文學界》「進行的比較像『保衛戰』，透過一座又一座山頭的捍衛、守護，山頭的標示逐漸在戰略模型圖上的燈示亮了起來。」還說《文學界》「仍然不是正規軍依戰略攻下的山頭」，

〔註8〕彭瑞金：《高雄市文學史・現代篇》，高雄市立圖書館，2008 年，第 282 頁。
〔註9〕彭瑞金：《臺灣文學史論集》，高雄，春暉出版社，2006 年，第 101 頁。
〔註10〕見網頁〈寫給彭瑞金老師的一封信〉。

「《文學臺灣》是建立在高雄的臺灣文學灘頭堡」。在評判學者時，推行的仍是一種「戰場思維模式」：稱大陸的臺灣文學史撰寫者是「統戰撰述部隊」，是「中國解放軍的一支」。這種耐人尋味的語言現象，不禁使人想到大陸在「文革」前流行的「文藝戰線」、「文藝陣地」、「文藝新軍」、「文藝戰士」的說法。把文學納入政治化、軍事化軌道的做法，原本是「統戰撰述部隊」樹立的典範，現在由彭瑞金在寶島南部將其發揚光大。要改變這一弔詭局面，必須創造一個和諧、民主、平等的對話機制。

關於高雄文學史建構，2003 年成立的高雄市文化局也做了許多工作：設置高雄文學館，出版彭瑞金的專著，和臺灣文學館合作出版《葉石濤全集》《葉石濤全集續篇》，並定期主辦「高雄文學創作獎助計劃」、「文學出版計劃」、「打狗文學獎」，積極提拔優秀人才，鼓勵新人成長。還主辦過三次高雄市文學研討會，其中 2010 年高雄文學發聲國際學術研討會論文集已公開出版。

二、《二十世紀臺灣新詩史》的史識與史筆

楊宗翰曾說：「臺灣詩壇患有『詩史不孕症』」〔註 11〕。大陸學者古繼堂1989 年在臺灣出版了《臺灣新詩發展史》〔註 12〕，這是第一本臺灣新詩史。2003 年，出現了本土學者徐錦成的《臺灣兒童詩理論批評史》〔註 13〕，但它還不是全面論述臺灣新詩發展的史著，直至張雙英出版了《二十世紀臺灣新詩史》〔註 14〕專著後，「詩史不孕症」才有了治癒的希望。

張雙英並不是臺灣詩壇的圈中人。雖說他是文學研究家，但並不以詩論著稱。作為撰寫過《文學概論》〔註 15〕《中國文學的理論與實踐》〔註 16〕等重要著作的學者，繁忙的教學任務將這位文壇歷史見證人推到了幕後，直至他出版了臺灣新詩史專著後，人們才對他刮目相看。

〔註11〕楊宗翰：序徐錦成《臺灣兒童詩理論批評史》，載《臺灣兒童詩理論批評史》，彰化縣文化局，2003 年。
〔註12〕臺北，文史哲出版社，1989 年。
〔註13〕彰化縣文化局，2003 年。
〔註14〕張雙英：《二十世紀臺灣新詩史》，臺北，五南圖書出版公司，2006 年。
〔註15〕臺北，文史哲出版社，2002 年。
〔註16〕臺北，國文天地出版社，1990 年。

　　張著出版後，又有大陸學者出版了《臺灣當代新詩史》〔註17〕。這本書和古繼堂的《臺灣新詩發展史》儘管遭到對岸某些詩人的痛批，其中一位詩人還聲稱看完後送廢品收購站還不足一公斤〔註18〕，但連批判者也無法否認，和張雙英一樣，這兩位學者畢竟對臺灣詩壇的詩社、詩人懷有深厚的感情，這感情當然無法取代嚴肅的學術研究。坦白地說，大陸學人研究臺灣新詩，最缺乏的是感同身受的體會，搜集資料也異常困難。由對岸學者來爲臺灣新詩寫史，固然有「旁觀者清」的優勢，但畢竟隔著海峽的茫茫煙霧，有時難免看走了眼。如果由臺灣學者來寫，也許會較少出現「隔」的情況。臺灣詩壇的同道中人，也希望臺灣新詩的詮釋權不至於落到對岸學者手中，希望出現一部由臺灣學者撰寫的臺灣新詩史。但鑒於臺灣詩壇門派甚多，許多人對此領域望而生畏，都不願蹚這池渾水。尤其是那些有條件撰寫新詩史的人，由於身在其中：或參加過詩社，或參加過論爭，因而寫作起來難免有預設的立場，這種「當局者迷」的情況，撰寫出來自然難於得到別的詩社和詩人的認同。現在由從未參加過詩社也不是任何小圈子代言人的張雙英執筆，總算解決了這一難題和尷尬。

　　《二十世紀臺灣新詩史》出版表明，只要不搞黨同伐異，盡量做到一碗水端平，臺灣學者寫臺灣文學史就不是蹚渾水，弄不好還可激濁揚清，化解詩壇糾紛。儘管《二十世紀臺灣新詩史》出版後並未有這種明確效應，至少是掌聲稀少，罵聲更是難於聽到，但這畢竟說明張雙英以另類旁觀者的身份撰寫，容易做到客觀公平。張雙英本不在乎別人的議論，他只用默默耕耘的成績、用自己獨樹一幟的論著躋身於臺灣新詩史研究層面，由此與同行展開對話。

　　不同於《臺灣當代新詩史》只寫「當代」，張雙英將日據時期新詩與光復後的新詩同時納入「二十世紀臺灣新詩史」，這不僅是研究範圍的擴大，而且是一種觀念的更新。這「新」體現在建立了一個與同類著作不同的現代詩史框架，如在分期上不用流行的十年爲一期的分法，就有新意。此外，還體現在張著的文學史觀念通向一種時代性的變革。這具體表現在詩歌文體方面，傳統的格律典範在《二十世紀臺灣新詩史》的論述對象中不再具有權威性。在張雙英筆下，水蔭萍、紀弦們認同的是另外的典範，是近世歐洲的自由詩，

〔註17〕古遠清著，臺北，文津出版社，2008年。
〔註18〕謝輝煌：〈詩人·詩事·詩史〉，臺北，《葡萄園》2008年5月，第77頁。

這種詩取代了他們以往頂禮膜拜的唐詩宋詞元曲。在文學觀念方面，無論是孔子的興、觀、群、怨說，抑或莊禪趣向，均不是「銀鈴會」的思想源泉，不再是支撐賴和、楊守愚、覃子豪、洛夫、向陽的精神基礎。張雙英所建構的二十世紀臺灣新詩體系，從其所使用的「反共詩」、「鄉土詩」、「現代詩」、「事件詩」、「臺語詩」、「網路詩」的概念到所關注新詩如何從古典向現代轉型的命題，相對於廖一瑾寫古典部分《臺灣詩史》〔註19〕所用的關鍵詞，來了個大換班。在意境、音韻等方面難免和廖著有表面上的相似之處，但張雙英也將其置於「政治壓抑與西化解脫」的不同思想觀照之中。

故此，《二十世紀臺灣新詩史》之所謂「新」，關鍵點便在對詩的重新認識及由此帶來從「西化與掙脫」中脫穎而出的寫作範式，直至「傳統與現代論辯」後產生的全新思維方式。其中〈現代詩崛起〉這一節，張雙英向讀者展示了全面系統的不同於沈光文、丘逢甲的新視野，新的創作觀念和方法。概而言之，該書所論述的臺灣新詩，其功能是社會的而非遊宦詩人閒適的，是進化的而非「擊缽吟」那樣復古的，是從現代到後現代擴張的而非舊體詩那樣守成的。

光復後臺灣新詩的發展，有一個曲折的歷程。在上世紀五六十年代，臺灣新詩講究現實性尤其是戰鬥性。作為研究者的張雙英不願意被政治所左右，希望突出《二十世紀臺灣新詩史》的學術性，但依然無法擺脫政治，在許多地方帶有直接的現實關懷。張雙英在研究過程中，力圖把理論性、學術性與新詩重大問題的論爭結合起來，同時不躲避現實政治對新詩的要求。如該書稱「大陸」而不稱「中國」，用「日據」而不稱「日治」，用「日本投降」而不用「終戰」，還把張我軍定位為「臺灣新詩的奠基者」，這與某些人極力排斥、貶低在北平從事新文學運動的張我軍，不承認其為「臺灣新文學的奠基者」地位的做法，完全不同。反對者深知，如果像張雙英那樣肯定張我軍「非常努力地將大陸五四新文學的火種介紹到臺灣來」〔註20〕，就是承認大陸五四運動是臺灣新詩的源頭，也等於間接承認臺灣新詩是中國新詩的一個重要組成部分。關於後者，張雙英沒有直接挑明，他只是用春秋筆法一語帶過，這是他的史識、史筆的過人之處。又如在〈臺灣「新詩」的名實關係〉

〔註19〕臺北，文史哲出版社，1999年。
〔註20〕張雙英：《二十世紀臺灣新詩史》，臺北，五南圖書出版公司，2006年，第25頁。

一節中指出：「1987 年以前，以『中國』爲名稱的現代詩或新詩的論題和選集……實際上只包含『臺灣』。」到了八十年代中期卻出現了另一種情況：「以『臺灣籍貫』作爲界定『臺灣新詩』的最重要，甚至是唯一的方法。譬如，前衛出版社於 1982 年間出版的《臺灣詩選》，便完全以『臺灣籍詩人』的作品作爲選擇的範圍，而把『外省籍』詩人的作品完全屏（摒）除在外。」〔註21〕在評述這種弔詭現象時，張雙英只使用「極端」二字而沒有進一步展開論述，這說明作者雖有傾向性，但不像某些統派學者那樣咄咄逼人。

在《二十世紀臺灣新詩史》撰寫中，從不劍拔弩張而呈溫和性的張雙英，力求堅持開放性、包容性、鑒賞性原則，以在思維方式和方法論上體現理論與現實的結合，提高與普及的融合，學術性與教材穩定的匯合：

開放性。既然《二十世紀臺灣新詩史》要探索的是臺灣新詩的發展規律，就必須面向世界，面向未來，對以往流行的清規戒律進行批判和反思。在這方面，臺灣詩論家是有過教訓的。在走出了最初的「縱的繼承」的復古階段後，「現代派」宣言的起草者紀弦在與他人的辯論中獲得了足夠的自信，聲稱要走「橫的移植」〔註22〕的道路。沐浴過歐美風雨的張雙英，自然不會贊同紀弦這種武斷與片面的觀點。他指出：「將歐美十九世紀的詩歌認爲『全部都是』抒情的、浪漫的，而且是落伍的；同時，並將其拿來與『全都屬於』思想的、理性的、進步的二十世紀詩歌相對立的觀點與做法，顯然既十分可笑，又完全錯誤。」〔註23〕可見，在開放性這點上，張雙英秉持的原則爲：既大膽吸收借鑒，又不全盤照搬。也就是說，他所樹立的觀念是：開放不等於盲從，向西方取經不等於月亮是外國的圓。由於各國的文學環境與詩歌創作實踐的差異，任何照搬都不可能實現新詩的現代化。另一方面，又不能因爲怕照搬而不加區別地把歐美詩歌的長處抹殺從而將其排斥在外。

《二十世紀臺灣新詩史》的開放性，還表現在張雙英不把臺灣新詩界定在「臺灣人用臺灣話寫臺灣事」這一範圍，而是打破省籍界限，用許多篇幅論述外省詩人。在詩藝革新上，他不擔心跨媒體的新詩會帶來文詞和意境的淺白化，而贊成「抗戰勝利 50 週年新詩朗誦會」以及「與高雄詩人對話」的

〔註21〕 張雙英：《二十世紀臺灣新詩史》，臺北，五南圖書出版公司，2006 年，第 420 頁。

〔註22〕 紀弦：〈現代派信條釋義〉，臺北，《現代詩》，1956 年 2 月，總第 13 期。

〔註23〕 張雙英：《二十世紀臺灣新詩史》，臺北，五南圖書出版公司，2006 年，第 143 ～144 頁。

作家們所創作的可誦讀或可演出的作品，認為這會使「『新詩』的性質擴大為『詩、歌、樂、演』合一。」〔註24〕

　　包容性。作為一種心態的包容，是開放性的基礎。張雙英研究的課題，本是來源於學者的自覺，尤其是不同世代詩人追求自我定位的努力實踐。張氏認為，詩壇中存在的各種現象，均有它的某種合理性。如果對新的詩歌現象作簡單的否定或肯定，均無助於詩歌園地的百花齊放。相反，理性地看待不同派別出現的不同創作風格，研究其中的道理和規律性，便可豐富二十世紀臺灣新詩史的內涵，這才是研究之目的。正因為這樣，張雙英有寬容、包容之心，有海納百川的肚量，把遭別人曲解乃至連作者巫永福本人後來也不承認懷念祖國大陸的新詩〈祖國〉納入自己的論述範圍，肯定作者當年熱愛祖國、譴責日寇歧視臺灣人的正義行為。

　　臺灣某些評論家以往在詮釋詩歌時之所以出現失誤，往往是對紛繁複雜的詩歌現象以是否「政治正確」衡量。凡屬「不正確」者，必先否定之，然後再找理由。這是一種典型的為政治家背書的心理方式，作為有獨立人格的張雙英，自然不會這樣做。唯其此，張雙英儘管認為「臺語」是中國方言之一種，但並不否認「臺語詩」的存在，並用專節肯定作者們「心懷臺灣」的良苦用心。

　　相對於「共性」的「個性」，包容者從不忽略，更不會因為強調語言的純潔性而否定「『臺灣話文』詩」的存在。正是在認清臺灣社會不同族群存在著各不相同的個性的前提下，《二十世紀臺灣新詩史》的包容性才進一步凸現出來。眾所周知，「現代中文」是臺灣新詩創作主流，但張雙英並不因此而反對方言入詩，因為這樣處理可形成詩作的地方特色。以楊守愚的〈貧婦吟〉為例，張雙英仔細分析楊氏這方面的嘗試與成就。這一闡釋說明，包容是對臺灣新詩創作風格的豐富性、流派的多樣性的接納。具體來說，不論是新詩中所蘊含的「追求進步」意涵，或者是接著其後的「保存民族文化」意涵、「反映民心」意涵、「諷喻政治」意涵、「抒發鬱悶」意涵、「舒放心靈」意涵以及「自我定位」意涵，詩人們都可以在《二十世紀臺灣新詩史》找到自己的位置。換言之，《二十世紀臺灣新詩史》實可視為這一時間範圍中，臺灣的新詩人們心靈深處對外在世界的風雲變幻所做的敏銳回應成果。

〔註24〕張雙英：《二十世紀臺灣新詩史》，臺北，五南圖書出版公司，2006年，第422頁。

鑒賞性。研究一個時代的詩歌創作，一般來說有三種方式：

1、從編年史的角度按時間順序次第論述；

2、按各種體裁的詩歌分門別類予以評論；

3、以各種體裁構成為主，照顧編年史方式，使兩者有機統一起來。

《二十世紀臺灣新詩史》所採用的是第一種方式。在寫法上，除綜合論述外，在個案研究時，先介紹詩人的生平及著作，力求體現史的真實性和完整性，然後再對其創作的得失和在詩史的地位作出評價。張雙英力求避免把詩歌史寫成詩歌評論彙篇，讓它具有學術性的同時兼有鑒賞性。這「鑒賞性」集中體現在著者對新詩文字的運用和形式的選擇論述上。張雙英將臺灣各時期詩作的主要內容，依時序先後敘述，論述時用大量篇幅討論作品的藝術技巧，如在分析〈祖國〉時，指出「詩人採用了面對面的對話方式，向祖國直接傾吐他心中的深刻感受。由於這個寫作方式，詩中所出現的語氣詞和感歎詞甚多，也讓本詩的抒情性和感染力大為加強。」〔註25〕這就有助於讀者對這首詩政治內容的正確認識，由此使讀者對臺灣詩人的國族認同問題有大致瞭解，從而欣賞吟誦〈祖國〉這類優秀詩作。

這裡要特別指出的是張雙英緊緊把握當今臺灣新詩的走向與脈動，緊跟著創作的潮流，追蹤各種派別詩人的最新動向，瞭解同行研究的最新成果，努力讓作品的鑒賞體現出自己的學術思考和美學主張。如《二十世紀臺灣新詩史》對林燿德、夏宇等人的詩作分析中，充分體現了著者美學主張的開放性與前沿性。但張雙英並不由此認為凡是新、奇、怪就是好詩。對一些華而不實的所謂創新，張雙英一直保持著警惕。在鑒賞80年代的抒情詩、鄉土詩、懷鄉詩、弱勢族群詩歌、政治詩、都市詩、環境生態詩、探討社會問題的詩、女性主義詩、後現代主義詩的特色與成果時，他努力撥開表象，除去喧囂，抓住本質，這是著者一直強調的，也是其堅持的評論方向。

任何一部學術著作，都不可能十全十美，都會有瑕疵存在。《二十世紀臺灣新詩史》最令人不解的是，全書對羅門的論述花了18頁篇幅，而余光中只占10頁，洛夫則不足5頁，在論述比例上出現了嚴重的畸型現象。也許這是著者缺乏寫文學史經驗信筆所致，或許他本來就認為羅門是二十世紀臺灣新詩史上最傑出的詩人。如果是這樣，那將是非常大膽且出人意外的論

〔註25〕張雙英：《二十世紀臺灣新詩史》，臺北，五南圖書出版公司，2006年，第105頁。

斷，可惜書中沒有任何說明。此外，把西化的葉維廉放在〈鄉土詩〉中論述，又把並非弱勢的杜十三列入〈弱勢族群詩歌〉中的一員，這便混淆了詩歌文體與題材內容的差異性。在論述 90 年代詩歌時，《二十世紀臺灣新詩史》對有「最亮的詩刊」之稱的《臺灣詩學季刊》一語帶過，顯然小看了這個詩刊在詩壇翻雲覆雨的能量。此外，唯美詩刊《秋水》也在《二十世紀臺灣新詩史》中失蹤。人們要問：難道堅持 40 年的《秋水》，比不上曇花一現的《大地》、《雙子星》詩刊的影響力？在整體設計上，《二十世紀臺灣新詩史》很少涉及詩歌制度、詩歌事件，九十年代部分尤其寫得力不從心。

　　總而言之，張雙英雖然不是「臺灣新詩史」這門學科的創始人，卻可以說是有力的開拓者之一。他雖然不能說是臺灣人寫臺灣新詩史的倡導人，卻可以說是有力的實踐者之一。他在臺灣新詩評論史上，以自己的史識與史筆使人無法小視。

三、具有文學史品格的《臺灣全志・文學篇》

　　江寶釵（1957～），高雄人。臺灣師範大學國文系畢業，後任中正大學中文系教授兼臺灣文學研究所所長。出版有《從民間文學到古小說》《嘉義地區古典文學發展史》等，與人合著《泥土的滋味：黃春明文學論集》《樹的見證——鄭清文文學論集》，另有散文集《四十花開》等。

　　20 世紀的臺灣文學研究歷程充滿荊棘、深坑。在戒嚴後期，日本留學生到臺灣大學要求進修臺灣文學，校方的回答是「我們這裡沒有臺灣文學，只有中華民國文學。」到了以往籠罩在臺灣文學頭上的疑雲暗霧化為雲淡清風、言必稱「臺灣」的時代，隨處可聽見的「誰是賴和？」「誰是楊逵？」「什麼是臺灣文學？」的質疑聲不見了，臺灣文學的存在已沒有人否認了，但如何詮釋尤其是如何為臺灣文學寫史，仍爭議不斷。典型的有葉石濤的《臺灣文學史綱》〔註 26〕。著者站在本土立場，以壓迫、抗爭為論述主線，對所謂壓迫者「外省作家」——那怕是著名的余光中、白先勇，均草草掠過，而對所謂被壓迫者省籍作家卻作大幅度傾斜。後出的陳芳明的《臺灣新文學史》〔註 27〕，視野比葉石濤相對寬闊，但他以殖民、後殖民、再殖民來解

〔註26〕高雄，文學界雜誌社，1987 年。
〔註27〕臺北，聯經出版公司，2011 年。

釋文學現象和評價作家作品時，仍未能超越意識形態。當然，在命名「臺灣文學」或「臺灣新文學」這一點來說，葉石濤、陳芳明是一致的，但如何才能做到「臺灣」不離「中國」，評價時做到客觀公正，尤其是拋開黨派立場去評價文學，則有待探討。正是在這點上，江寶釵的《臺灣全志‧文學篇》〔註28〕，顯示了它的特殊意義和價值。

這特殊意義表現在臺灣文學的界定上，江寶釵沒有遵循「臺灣文學是具有臺灣意識的文學」或「母語文學才是臺灣文學」這些信條。她所遵照的是前人黃得時的意見，恪守「環境說」：「或出身臺灣、或久居臺灣、或短暫逗留，最重要的理則是臺灣此地域發生的文學活動」〔註29〕。也就是說，不管是本省人還是外省人乃至客居世界各地的作家，只要其寫的是有關臺灣的事物，且在臺灣發表、出版或其人在臺灣活動，臺灣文學都應以朗廓的胸懷接納他。

黃得時說的無論是「出身」還是「久居」，背面均牽連到作家的籍貫問題。別看這是一個小節，可在臺灣文學界有爭議，這爭議甚至牽涉到國族認同這類大問題。《臺灣全志‧文學篇》均把 40 年代以前出生的外省作家的籍貫寫出，這不會引起爭議，可江寶釵把一些「新臺灣人」的籍貫也寫出，如將 1961 年出生的張曼娟寫成河北人而非臺灣人，生於臺中縣的陳幸蕙鮮明標出其祖籍是湖北漢口市，這種尋根問祖的寫法，正好與數典忘祖不承認自己是中國人的做法，形成巨大的反差。當然，最引起江寶釵興趣的還是「短暫逗留」這一說。正是根據這一說，黃得時把大陸去臺文人梁啓超、章太炎、郁達夫、梁實秋都當作臺灣文學的不可缺少的內容加以考察，江寶釵則把胡品清、董橋也納入自己論述的對象。關於後者，一般人把董橋作香港作家處理，但由於董橋畢業於成功大學，也與臺灣文壇發生關係，故將其寫入臺灣文學史，還不至於離譜。

不少人認爲「臺灣文學應爲臺灣人所寫」。這「臺灣人」到底應如何界定？江寶釵引用陳萬益的說法：「所謂『臺灣人』，包括原住民和漢族，或者原住民、福佬、客家、『外省人』四大族群。」〔註30〕這是一種很有包容性的看法。根據這一觀點，江寶釵用大量的篇幅論述外省作家的作品和臺灣掀起的「大

〔註28〕南投，國史館臺灣文獻館，2009 年。

〔註29〕轉引自江寶釵著：《臺灣全志‧文學篇》，南投，國史館臺灣文獻館，2009 年，第 19 頁。

〔註30〕轉引自江寶釵著：《臺灣全志‧文學篇》，南投，國史館臺灣文獻館，2009 年，第 2 頁。

陸文學熱」，並對被某些論者忽略的眷村文學給予一席地位。眷村文學，本是臺灣文學不同於大陸文學的一個重要特色。可由於這些作家中國意識重於臺灣意識，許多作家還是「文化中國」的認同者和擁抱者，葉石濤們便將其排斥在外。江寶釵反其道而行之，有意將其納入「現代文學」範圍，這說明她的視野沒有停留在關愛臺灣就是停留在小鄉土上。在江寶釵看來，外省作家也並非全是欺壓本土作家的，如胡秋原就為被打成「工農兵文學」差點被「抓頭」〔註31〕的陳映真說情，相反，本地作家也有像陳映真那樣不贊同臺灣意識的。這樣看問題，便沒有把臺灣作家隊伍作簡單化處理。

　　江寶釵的《臺灣全志·文學篇》，並不是嚴格意義上的臺灣文學史，但卻具有文學史的品格。這與著者對方志的撰寫作大幅度的革新有關。眾所周知，方志的思想藝術價值往往通過連篇累牘的選文去體現，撰寫者的立場和觀點躲在幕後。歷史行進到今天，人們要求的不是一般的方志，而是「文化全志」。在這種新的構思尤其是新的寫作體例下，江氏不做文抄公。何況篇幅有限，大量的選文根本無法容納。此外，江寶釵還運用修志的厚今薄古的傳統，對口語文學及書面文學中的古典文學惜墨如金，而對光復後的現代文學卻潑墨如雲，進行全面的系統整理。重點是放在沿革與流變，也不忽略文獻材料，但決不是資料長篇。如此別出心裁的安排，在方志寫作史上，可謂是一個創舉。

　　說《臺灣全志·文學篇》有文學史的品格，是因為江寶釵像所有的文學史編撰者一樣，非常注意「時間」的分割與安排。該書將臺灣現代文學分為四個階段：

　　　　第一階段：1945～1949 年

　　　　第二階段：1950～1969 年

　　　　第三階段：1970～1988 年解嚴為止

　　　　第四階段：1989～2006 年

　　這裡，注重社會環境與文學潮流的關係，打破許多論者習慣用 10 年為一期的光復後文學分法，一方面分析作家作品，另一方面用實證方法說明兩者的關係，以證明臺灣文學特色的形成與面貌。當然，這個分法只是出於一種探索與實驗。這樣分，也不見得就能全面把握各種潮流更替的情況，但第一階段將五六十年代合併，畢竟有一定的合理性。通常說五十年代是「戰鬥文

〔註31〕參看余光中：〈狼來了〉，臺北，《聯合報》，1977 年 8 月 20 日。

藝」爲主旋律的時代，六十年代是現代主義爲主潮的時代。其實，在五十年代後期已有「現代派」的誕生，這時期十分活躍的女性文學也無法歸入「戰鬥文藝」；就是六十年代，也不是現代主義覆蓋整個文壇，鄉土文學已躍躍欲試，故這樣的分期，更符合文學發展的實際。

《臺灣全志‧文學篇》最難寫的是第四階段。這一階段，江寶釵著眼於新世紀文學與20世紀末文學的差異，更注重價值判斷的不同，而不像一些臺灣新文學史論述，只著眼「新」與「舊」的關係，只注重古典與現代文學的延續以及當前文學與現代文學的區別。不錯，江寶釵沒有明確提出「臺灣新世紀文學」的概念，但江寶釵是第一個把新世紀臺灣文學寫進文學史中的。本來，歷史的因果是錯綜複雜的，只要把新世紀文學頭七年動向作仔細的研究，就知道上世紀文學「本土論述」之所以成爲「政治正確」實非偶然，這自然是一種歷史的眼光。也只有通過新世紀文學頭七年的政治、思想、文學的歷史考察，從時代原因，更重要的是從文學內部發展的趨勢——比如「臺語文學」的興起，從而產生了對「母語」重視的要求等新的因子。雖然著者並不贊成用「臺文」取代中文，更不贊成「臺語文學才是純正的臺灣文學」的觀點，但該書所做的歷史分析，畢竟是有說服力的。

更應該重視的是，在江寶釵的研究中對新世紀文學發生「遠因」的考察，這帶有文學史觀與方法論的意義。在《臺灣全志‧文學篇》中，江寶釵提出了臺灣文學研究體制化及如何體制化的問題。限於體例，沒有很好展開論述，但畢竟無論是葉石濤還是陳芳明，均沒有認眞探索或鮮明論述過。可以說，從解嚴前的文學到解嚴後的文學再到新世紀文學，均是江寶釵一直關注的貫穿性課題，這便構成了《臺灣全志‧文學篇》具有鮮明當下性的特色。此外，著者還提出了「臺灣文學典律的生成」這一重要問題。

最後，不妨對江寶釵的學術研究道路作點回顧。據《2007臺灣作家作品目錄》第一冊介紹：「江寶釵創作文類包括論述及散文。教學研究以臺灣現代文學爲主，近年投入民間文學、嘉義地區傳統文學、閩南語謠諺及故事的田野調查工作，對臺灣區域文學、民間文學研究，著力頗深。」〔註32〕到了新世紀，江寶釵的學術思想、文學觀念上出現了一些新質。除前面提到的革新

〔註32〕封德屏主編：《2007臺灣作家作品目錄》，臺南，臺灣文學館，2008年，第197頁。

方志寫法外，還有將民間文學、古典詩文納入戰後文學領域的做法，這具有開風氣的作用。她不認同「新文學」就是白話寫的文學，更難認同某些極端的人所提倡的「母語建國」，這都是她那個時代知識分子共有的，這是「中正大學」這一代學人的自覺選擇，應當充分理解和尊重。

江寶釵的學術道路在出現新的學術生長點的同時，也還有前後一貫的東西，這就是研究文學史重史料、斥臆斷、重客觀，以實事求是的精神來解決臺灣文學研究中有爭議的話題。這種紮實的研究，可警示世人學術研究中的泡沫現象。進入新世紀後，由於臺灣文學研究已成為一門顯學，湧現了大量的學術成果，各種不實的「發現」乃至「發明」魚貫而來。《臺灣全志・文學篇》的問世，正有助於我們糾正這種浮躁的學風。

四、原住民文學史的建構

巴蘇亞・博伊哲努（1956～），又名浦忠成，嘉義縣阿里山鄉鄒族。畢業於淡江大學中文系，歷任花蓮師院副教授、行政院原住民族委員會政務副主委、臺北市立教育大學中國語文學系系主任、臺東史前博物館館長等職，現任考試院考試委員，為臺灣原住民族學者中第一位本土博士。著有《原住民神話與文學》（臺北，臺原出版社，1996 年）《庫巴之火——鄒族神話研究》（臺中，晨星出版社，1997 年）《臺灣原住民的口傳文學》（臺北，常民文化出版社，1996 年）《臺灣鄒族語典》（與李福清、白嗣宏共同編譯。臺北，臺原出版社，1994 年）《臺灣鄒族風土神話》（臺北，臺原出版社，1994 年）《敘述性口傳文學的表述：臺灣特富野部落歷史文化的追溯》（臺北，里仁書局），2000 年）《被遺忘的聖域：臺灣原住民族歷史、神話與文學的追溯》（臺北，五南出版有限公司，2007 年）《臺灣原住民族文學史綱》（臺北，里仁書局，2009 年）。

所謂原住民，是六千年至一千年前先後來到臺灣定居的南島民族，其中最重要的是高山族，包括泰雅、賽夏、布農、曹族、排灣、魯凱、卑南、阿美、雅美等九個民族，是中國多民族大家庭的有機組成部分。

浦忠成

　　原住民族文學引起重視是在八十年代：1983 年創辦了《高山青》雜誌，1984 年原住民權力委員會成立，1987 年提出 17 條〈臺灣原住民族權力宣言〉，1994 年「原住民」一詞正式載入憲法。從日據時代到光復後國民黨接收臺灣，原住民均受到排擠。正是這種社會現實的壓迫，催生了第一批以筆做武器反抗當局歧視原住民的作家。雖然遲至 1988 年原住民現代漢語文學才進入「主體建構時期」，但隨著原住民運動的展開，畢竟有原住民文學作品的出版、原住民文學獎的設置以及原住民媒體的出現，大專院校也緊緊跟上開設了原住民文學課程。這些措施說明原住民的歷史文化地位不再被埋沒，而原住民文學獨特的形式與風格，在漢語文學之外形成另一景觀，其中吳錦發選編出版的第一本山地小說集《悲情的山林》，標誌著原住民生活已由過去被漢族作家所書寫到發展為原住民自己「書寫的主體」。這種轉變解構了漢人中心論及充滿意識形態偏見的文學史敘述。正是在原住民與漢民族的互動中，調劑了整體文化，豐富了臺灣文學的內容，為臺灣文學研究家提供了新的馳騁領域。這是一塊塊奇動人又急待開墾的處女地。二十年來，臺灣的原住民文學研究成果豐碩，如吳家君《臺灣原住民文學研究》、陳昭瑛〈文學的原住民與原住民文學〉的論述，呂慧珍的專著《書寫部落記憶：九十年代臺灣原住民小說研究》和孫大川的《夾縫中的族群建構：臺灣原住民的語言、文化與政治》《山海世界：臺灣原住民心靈世界的摹寫》，以及《臺灣原住民族漢語學選集——評論卷》《世紀臺灣原住民文學》和《東臺灣原住民民族生態學論文集》等評論集，也不可忽視。文學史家葉石濤雖然沒有專著，但他從作者身份、文學審美、語言文字、意識形態和未來走向幾個方

面詳加闡述原住民文學，很值得參考：

　　第一、原住民文學包括山地九族、平埔九族所寫的文學，皆包括在臺灣文學裏面，但原住民文學不包括日本人、漢人所寫的原住民題材作品。

　　第二、原住民文學是臺灣文學裏面最具特異性的文學，因爲它反映了原住民特殊的文化背景、歷史傳統和家族觀念，和漢人不同，所以原住民文學應當發揚原住民文化的特色，並應兼顧語言的特色，磨煉文學表達的技巧，提高其文學品質。

　　第三、原住民文學是原住民提高其族群地位、抗爭手段的一部分，反映原住民所受的傷害、壓迫，爭取漢人的合作，以達成其目標。

　　第四、現階段的原住民文學保留漢文創作有其必要，便於對外溝通，至於母語文學則需加強努力和奮鬥。

　　第五、原住民文學是最有希望的文學，應可嘗試結合全世界之弱小民族文學，站在同一陣線一起奮鬥。〔註33〕

　　無論是葉石濤還是別的學者的研究，論到原住民族的文學歷史時未能由文學的源頭去逐一整理、引用、轉述、融彙。即使以原住民族神話傳說爲剖析對象、由田哲益主持的《原住民神話大系》叢書，也未以發展史觀進行數據的重構。浦忠成與他們不同。這位富有雄心壯志的學者，力圖整合含平埔族群在內的原住民文學史料，以呈現整體文學發展歷程的脈絡，這集中體現在其專著《臺灣原住民族文學史綱》中。該書以文學史的概念，串起臺灣原住民族各族群的重要的文學形式與內涵，即建構原住民文學從古至今發展的脈絡及其相關的細節。在著者看來，民族文學由口傳文學和作家文學組成——前者爲神話、傳說、民間故事以及民間歌謠、禱辭等較早的表現方式，而後者爲民族擁有或能運用書面語言，即文字之後所創作的文學。在口傳文學的部分，「史綱」以渾沌的年代、洪水肆虐時期、家族部落時期、接觸的時代分期，其中〈渾沌的年代〉，共分六節：

　　第一節　史前的臺灣住民
　　第二節　天地始現與調整

〔註33〕黃玲華編：《21世紀臺灣原住民文學》，臺北市，臺灣原住民文教基金會，1999年版，第37頁。

可見，浦忠成探討原住民族文學發展的歷史，沒有停留在作家的文學上。他認為，神話與古老的歌謠才是原住民族文學的源頭。無須追究原住民族文學與漢族的「臺灣文學」究竟存在什麼關係，也無須探索它究竟是文學「特區」或是「邊緣」，重要的是自古以來，在不斷變動的時空脈絡中，它自己擁有漫長的發展歷程與豐富的內涵。它能夠和臺灣任何族群的文學進行互動，也可以跟「第四世界」產生連結。由於牽涉的空間廣大，也需要跟其有關的人群社會對話。原住民文學史的論述與建構，其假設條件在於有沒有文學傳統，有沒有建構的主觀意識，有沒有建構文學史的工具即語言文字。現階段需要處理的課題則是文獻的全面整理，這裡牽涉到文化屬性連結與傳承，文學史主體性的澄清。原住民文學史呈現的特性則表現在神話文學階段時間的混沌，土地與文學密切連結，獨有的文學母題，如本土歷史文化核心呈現和捍衛生存權益。大陸學者編寫少數民族文學史，通常依據漢族歷史發展的脈絡建立其對應的體系，而未能像浦忠成那樣依據民族本身原有的歷史發展意識建構民族文學的歷史。本來，要建構具主體意識的民族文學史，固然不能忽視其與世界歷史系統的連結，但是民族自身可能擁有或存在的歷史發展邏輯或概念，必須作為依循與串聯的綱目，這樣民族或部落原有的文學思維與素材方能在沒有違離歷史文化的情境中被重新安排。〔註34〕

原住民文學是臺灣文學的瑰寶，其明顯的特色為「多為自傳式的小說，語法上常見與一般漢語語法迥異者、意象與節奏常是屬於族群生活經驗的凝煉、融入族群文化的精髓等」。〔註35〕浦忠成充分注意原住民文學的特點，如其文字常因作家尚能掌握部份的南島語言語法及語序，在書寫過程中不經意或刻意運用該族群的詞彙句法，形成特殊效果：藉由此種文辭語法的錯綜變化，澄清族群文化之間部分確實存在的疏離與差異，而尊重族群本身原有的語言表達模式，往往會在文章內造成特殊的修辭效果。此種特殊的修辭效果，

〔註34〕浦忠成：《臺灣原住民族文學概說》，臺北，臺灣原住民數位博物館，2012 年。本節吸收了此文的研究成果。

〔註35〕浦忠成：〈臺灣原住民小說寫作狀況的分析〉，載《臺灣現代小說史綜論》，臺北，聯經出版公司 1998 年。

不管是站在何種評論角度閱讀文本時，都能感受與漢人殊異的語言習慣、生活模式。浦忠成還指出原住民文學作品中仍難免有一些並非源於族群文化的差異，而純粹是基本語法和修辭上的錯誤，可能和原住民作家對漢語表達的能力有關。因此，讀者所感受到的「奇異修辭」，存在著重層面向。

以往關於原住民文學的討論，多半圍繞已出版的作品展開，而忽略了1980年代初期結合正名、還我土地、反雛妓等議題之原住民運動人士的文字書寫。事實上這一批原住民知識分子是率先看清民族處境與外在惡質環境的先覺者，如胡德夫、夷將‧拔路兒等人的書寫行動，不僅對後來的原住民社會發展影響深遠，也是原住民族運動衝撞戒嚴保守勢力的強大武器。浦忠成強調，這些文字充滿如刀劍彈藥般的力量，表達原住民族數百年來遭受壓迫特質，人們應該重新省思其文學價值與地位。〔註36〕這一觀點，回應了吳錦發的詮釋，將原運時期的原住民書寫文字重新納入文學觀察範疇，除了使其再次歷史化、脈絡化外，更重要的是提醒大家，建構臺灣原住民文學史時，不應忽視原運時期原住民書寫文字對日後原住民文學的啓蒙價值。〔註37〕

總之，有了浦忠成的《臺灣原住民族文學史綱》，過去始終在臺灣文學史缺席或草草掠過的原住民文學，終於可以得到彌補和糾正。

五、藍綠通吃的陳芳明

陳芳明（1947～），高雄市人。畢業於輔仁大學歷史系，係「龍族」詩社創辦人之一，後任美國《臺灣文化》總編輯、政治大學臺灣文學研究所所長和講座教授。出版有《鏡子與影子》（臺北，志文出版社，1974年）《詩與現實》（臺北，洪範書店，1977年）《臺灣人的歷史與意識》（臺北，敦理出版社，1988年）《探索臺灣史觀》（臺北，自立報系出版社，1992年）《典範的追求》（臺北，聯合文學出版社，1994年）《左翼臺灣》（臺北，麥田出版公司，1998年）《後殖民臺灣》（臺北，麥田出版公司，2002年）《殖民地摩登》（臺北，麥田出版公司，2004年）《孤夜獨書》（臺北，麥田出版公司，2005年）等論述20多種。

〔註36〕巴蘇亞‧博伊哲努：〈臺灣原住民族運動與文學的啓蒙〉，《臺灣原住民族研究季》第一卷第1期，春季號，第39～58頁。

〔註37〕彭瑞金總編輯：《2008臺灣文學年鑒》，臺南，臺灣文學館，2009年，第110頁。

　　《臺灣新文學史》是一個巨大的工程。過去，臺灣學人在這方面幾乎交了白卷，現在陳芳明出版的這本同名書，〔註38〕是這項工程的鋪路石，是陳氏著作中最重要的一本。該書出版後，著者獲得鮮花的同時也收穫了一片荊棘，這是名副其實的毀譽參半的文學史。

　　這本書的框架和分期不是脫胎於葉石濤的《臺灣文學史綱》〔註39〕，更看不見大陸學者出的同類書構架的影子。比起葉石濤過於簡陋寒傖還不是正式的文學史《臺灣文學史綱》來，在時間上比葉石濤多寫20年，且不局限於「本土」即島內單一族群的狹窄立場，視野顯得相對寬闊：像葉石濤寫臺灣詩社時，大書特書《笠》詩社，對外省詩人辦的《創世紀》《藍星》等詩刊一筆帶過，而陳芳明在第十四章中給了充分的篇幅敘述這兩個詩社如何確立現代主義路線，對五十年代的外省作家也有專章論述，讓具有臺灣意識的文學與高揚中國意識的眷村文學並存，可見陳芳明書中的臺灣作家，既指葉石濤、鍾肇政也包含陳紀瀅、王藍、夏濟安等外省作家甚至包括「皇民文學」的「指導者」西川滿。他不像某些教條派或僵化本土派那樣，嚴格區分省籍和是否用臺語寫作，而是盡可能將藝術成就突出或對臺灣文壇有重要影響的個別外籍作家進入臺灣新文學史。正是這種開放的眼光，陳芳明將大陸出版的臺灣文學史著作中完全未注意到的馬華作家在臺灣以及張愛玲、胡蘭成所形成的「張腔胡調」現象寫進書中。《臺灣新文學史》從本省寫到「外省」，從島內寫到島外乃至海外，這是堅信「臺灣文學就是臺灣人用臺灣話寫臺灣事的文

〔註38〕　臺北，聯經出版公司，2011年。
〔註39〕　高雄，學術界雜誌社，1987年。

學」〔註40〕信條的學者寫不出來的。

　　橫跨政界與學界的陳芳明，長期遊走在政治與學術之間，在七十年代還有過海外流亡的歲月，那時他用了不少於 30 個筆名，其中較固定而較廣泛的名字是「施敏輝」。據他自己的解釋，這個名字包含了三位長輩：「施」，係來自左派領導者史明的本名施朝暉；「敏」，則取自「右獨」領導者彭明敏；「輝」，是指他的父親陳隆輝。〔註41〕由這個筆名可見陳芳明已被分離主義的意識形態綁架，認為本土文學才是最好的，而現代主義是西化文學，代表沒落頹廢的意識形態，必須堅決揚棄。現在他不再認為「臺灣的記憶只有二‧二八」，也不再「熄掉右翼的燈」余光中，不蔑視他過去批判過的超現實主義代表洛夫、商禽，而把他們當作建構自己新文學史工程的一磚一瓦。對現代小說的轉型以及另類現代小說、後現代詩，也持分析或鑒賞的態度，這是一種進步。

　　和許多喜歡隱藏自己政治身份的學者不同，陳芳明愛在公開場合亮出自己的底牌，如他在 1997 年出席由王拓舉辦的「鄉土文學二十週年回顧研討會」時，曾自報家門：「長桌的右端，是被定位為統派的呂正惠教授；桌子左邊的另一端，則是被認為代表國民黨路線的李瑞騰教授。我無須表白，就已是一個公認的獨派。」〔註42〕現在他不再咄咄逼人，變得謙和了，或者說換上一副新面孔了：在出版《臺灣新文學史》時自稱是「自由主義左派」〔註43〕。不換面具確實不行。智者本應與時俱進，如用過去堅持的獨派觀點寫臺灣新文學史，必然會將書中的三分之二的內容剔除出去：「開除」白先勇、王文興、七等生以及現在成了著者「密友」的余光中。這些所謂從未擁抱過臺灣土地的「賣臺作家」，都是建構臺灣新文學史亮麗工程的棟樑或重要的門窗，缺了他們《臺灣新文學史》這座學術大廈就有可能建成茅屋，因而陳芳明這次適時地高揚自由主義旗幟，對以「政治正確」之名干預創作的現象基本上持抵制態度，盡可能追求言論自由、創作自由、評論自由。基於這種新的立場，陳芳明對以往受過歧視的女性文學、同志文學、原住民文學和描寫農漁、工人的文學，均以讚揚的態度向讀者介紹和推薦。在第十七章〈臺灣女性詩人

〔註40〕見蔡金安主編：《臺灣文學正名》，臺南，金安文教機構，2006 年。

〔註41〕陳芳明：《孤夜讀書》，臺北，麥田出版公司，2005 年，第 290 頁。

〔註42〕陳芳明：〈敵友〉，臺北，《中國時報》「人間副刊」，1997 年 10 月 29 日。

〔註43〕黃文鉅：〈從文學看見臺灣的豐富——陳芳明Ｘ紀大偉對談《臺灣新文學史》〉，臺北，《聯合文學》，2011 年 11 月。

與散文家的現代轉折〉以及二十三章〈臺灣女性文學的意義〉中，還兌現了他自己過去說的要爲女性文學重新評價的承諾。作爲男性評論家，作爲所謂「雄性文學史」的建構者，〔註44〕他對陰性文學表現了極大的興趣和熱情，著墨甚多，這體現了他的雖有偏愛但不一定是偏見的立場。

自由主義立場強調包容各種不同派別的作家，對作家作品的評價盡可能不走偏鋒。力求這樣做的陳芳明，在〈反共文學的形成及其發展〉中，對這些意識形態掛帥的小說作出具體分析，指出姜貴的《旋風》不同於其它反共文學的特殊之處，在於把具有理想色彩的共產黨當作主人公寫進小說中，這種評價比不加分析就判爲藝術花朵蒼白者來得高明。對不論持統派或持獨派立場的評論家均不看好乃至拋棄的紀弦們的現代詩與歐陽子的小說，陳芳明也有較溫和的看法。

陳芳明是當今文壇極爲活躍同時有慧眼的評論家。體現在《臺灣新文學史》中，他對現代主義「入侵」臺灣原因的分析，不局限於美援和臺灣社會西化的外緣因素上，還深入到文學本身去詮釋。此外，該書突出林海音對五十年代文壇的貢獻，將聶華苓主辦的《自由中國》文藝欄用專節表彰，這是他超越同類著作的地方。在談到五十年代男女作家創作路線的不同時，他認爲「從獲獎與較爲著名的反共小說來看，男性的文學思考偏向廣闊的山河背景與綿延的時間延續，而小說人物大多具備了英雄人物的性格……同時代的女性作家，縱然也在呼應官方文藝的要求，卻並不在意重大歷史事件與主要英雄人物的經營。她們鮮明的空間感取代了男性作家的時間意識……這種空間的巧妙轉換，構成了 1950 年代臺灣女性小說的主要特色。」〔註45〕像這種分析，均顯示出作者的評論功力。

作爲學歷史出身的陳芳明，他寫文學史時自然十分注意史料的豐富性，像第十至十二章，均提供了同類文學史少有的作家作品史實。〈一九七〇年代朱西寧、胡蘭成與三三集刊〉、〈齊邦媛與王德威的文學工程〉以及季季將鄉土與現代結合的意義，也是大陸學者寫的臺灣文學史著作幾乎不涉及的。作者沒有把一部新文學史理解爲作家創作史，還注意文學思潮、文學運動、文學論爭尤其是《文藝臺灣》《臺灣文學》《文學雜誌》《現代文學》《筆匯》《文

〔註44〕陳芳明：〈臺灣新文學史的建構與分期〉，臺北，《聯合文學》，1999 年 8 月號。該文稱大陸學者寫的是「陰性文學史」，他要寫一部「雄性文學史」對抗所謂「中國霸權」論述。出書時這些話被刪去。
〔註45〕陳芳明：《臺灣新文學史》，臺北，聯經出版公司，2011 年，第 310 頁。

季》《笠》等刊物在文學發展中所起的作用，這也顯出了作者的過人之處。可
惜遺漏了對打造臺灣新文學史工程有著重要貢獻的《文訊》雜誌，這與「陳
嘉農」（陳氏曾用筆名）過去拒讀國民黨官方刊物的經歷有一定關係。

　　《臺灣新文學史》還在上世紀末《聯合文學》連載部分章節時，就引起
了巨大的爭議。陳映真認為，陳芳明在《臺灣新文學史的建構與分期》中亮
出「後殖民史觀」，是史明在《臺灣人四百年史》等書中建構的「臺獨史觀」
的文學翻版，同時是李登輝講的「國民黨是外來政權」的文學版。〔註46〕在
這次出書時，陳芳明仍堅持這種「雄性」的文學史觀。其實，用「再殖民」
解釋光復後的臺灣文學雖然漏洞百出但還差強人意，而用「後殖民」來概括
解除戒嚴以後的文學，就捉肘見襟了。這「後殖民」的「後」和前面的「再
殖民」的「再」有什麼聯繫，作者再會強辯也說不清楚。寫文學史，其實不
必過分時髦化和政治化，正如黃錦樹所言：「被殖民是歷史事實，再殖民論
欠缺正當性（以漢人立場如此立論，有吃原住民豆腐之嫌）。後殖民論是當
道的理論話語，佔據的是已『人滿為患』的邊緣位置（借王德威教授的用
語）」。〔註47〕陳芳明在接受記者採訪時聲稱：「不希望用後來的某些意識形
態或文學主張去詮釋整個歷史。它在你們出生之前就已經存在了，不能把過
去的歷史收編成當前一個政黨的意識形態。我主要的出發點在於，我不想替
藍或綠說話，而純粹為文學與藝術發言。」〔註48〕作為曾擔任過民進黨文宣
部主任這種重要職務的陳芳明，進入學術界時要完全脫胎換骨——由政治色
彩鮮明的「戰士」蛻化為無顏色的「院士」，談何容易！陳芳明在接受《自
由時報》採訪時，就曾坦率地說：「我才是真正的綠色！」〔註49〕如書中將
中國與日本並稱為「殖民者」和多次出現抗拒「中國霸權」論述的段落，明
眼人一看就知在替綠營發聲。在第九章中還對光復後擔任《臺灣新生報・文
藝》周刊主編何欣所主張的「我們斷定臺灣不久的將來會有一個嶄新的文化
活動，那就是清掃日本思想遺毒，吸收祖國的新文化」持嘲笑和抨擊的態度，

〔註46〕 陳映真：〈以意識形態代替科學知識的災難——批評陳芳明先生的《臺灣新文
　　　　 學史的建構與分期》〉，臺北，《聯合文學》，2000 年 7 月號。
〔註47〕 黃錦樹：〈誰的臺灣文學史？〉，臺北，《中國時報》「開卷副刊」，2011 年 10
　　　　 月 29 日。
〔註48〕 黃文鉅：〈從文學看見臺灣的豐富——陳芳明Ｘ紀大偉對談《臺灣新文學
　　　　 史》〉，臺北，《聯合文學》，2011 年 11 月。
〔註49〕 張耀仁：〈我才是真正的綠色——陳芳明談《臺灣新文學史》〉，臺北，《自由
　　　　 時報》，2011 年 12 月 28 日。

這也是在替民進黨說話，是陳芳明獨派胎記未褪盡即並沒有完全轉化爲「自由派」的典型表現。和這一點相聯繫，陳芳明把陳映眞的小說稱做「流亡文學」，和彭瑞金稱余光中爲「中國流亡文學」一樣，也是出於意識形態偏見。陳映眞儘管也寫臺灣的大陸人，寫他們在異鄉的種種遭遇，但與所謂「中國流亡作家」白先勇寫的作品截然不同，兩者不可以相提並論。更奇怪的是論述反共文學時，陳芳明說「反共文學暴露的眞相，尚不及八〇年代傷痕文學所描摹的事實之萬一。反共文學可能是虛構的，但竟然成爲傷痕文學的『眞實』。」〔註50〕這就是說，大陸的傷痕文學比當年的反共文學還要反共。這眞是語出驚人，可惜與事實相差十萬八千里。當然，這個觀點是從他的「老師」齊邦媛那裡引伸出來的，發明權不屬於他，但如此全盤照搬「教導我如何從事文學批評」〔註51〕前輩的言論，未必能體現自己的獨立思考立場。

眾所周知，大陸的傷痕文學，全部發表在官方主辦的報刊上。如果作品有反共傾向，能允許發表嗎？現在這些傷痕文學的作者，無論是在海外的盧新華或還是在大陸的張賢亮、叢維熙，都照樣來去自由和發表或出版作品。當然，傷痕文學也的確有「反」的內容，但反的是中共的極左路線和否定歷次政治運動對知識分子的迫害，而不是要推翻現政權。陳芳明口口聲聲說要用「以藝術性來檢驗文學」〔註52〕，這使人想起司馬長風在《中國新文學史》的附錄中吹噓自己的書是「打破一切政治枷鎖，乾乾淨淨以文學爲基點寫的文學史」〔註53〕，可司馬長風當年未做到，現在陳芳明也未必能做到。陳氏在第十一章中對大陸傷痕文學與臺灣反共文學所作的這種非學術比較，不僅掉進了藍營意識形態的陷阱裏，而且還給大陸學者說的「兩岸文學一脈相承」提供了最佳佐證。陳芳明就這樣左右逢源，藍綠通吃。

臺灣文學應包括嚴肅文學與通俗文學。陳芳明寫文學史，拒絕讓瓊瑤、三毛、席慕蓉、古龍進入他的文學史殿堂，這有違他主張的兼容並納的自由派立場。還有文學史寫法問題。《臺灣新文學史》不少論述給人的感覺是作家

〔註50〕陳芳明：《臺灣新文學史》，臺北，聯經出版公司，2011年，第304頁。

〔註51〕陳芳明：《臺灣新文學史》，臺北，聯經出版公司，2011年，該書扉頁。

〔註52〕黃文鉅：〈從文學看見臺灣的豐富──陳芳明Ｘ紀大偉對談《臺灣新文學史》〉，臺北，《聯合文學》，2011年11月。

〔註53〕司馬長風：〈答覆夏志清的批評〉，臺北，《現代文學》復刊第2期，1977年10月。另見司馬長風《中國新文學史》上卷，香港，昭明出版社，1980年4月第3版。

作品評論彙編。最明顯的是，該書在標題上出現的作家有張我軍等多人，可像余光中、白先勇、陳映眞、王文興、李喬、洛夫、楊牧等人在標題上打著燈籠均找不見。再如用長達 5 頁的篇幅把張愛玲對臺灣的影響寫進書中（比論陳映眞還多出 2 頁），雖然很有新鮮感，但使人覺得這是非文學史家用的春秋筆法。陳氏在書中首次聲明張愛玲不是臺灣作家，這和他 2010 年在香港浸會大學舉辦的張愛玲國際研討會上，用充滿感性的語言大讚「我們的張愛玲。張愛玲是屬於中國以外的地區」〔註 54〕即屬於臺灣自相矛盾，因而所謂「張愛玲不是臺灣作家」的表態，純屬「此地無銀三百兩」。

《臺灣新文學史》出版後，出版家隱地說陳芳明的書日據部分所戴的是「綠色」眼鏡，寫光復以後的文學史卻換了「藍色」眼鏡〔註 55〕。一位綠營人士說「陳芳明是標準打著綠旗反綠旗，打著臺灣反臺灣」〔註 56〕。另一位資深作家致古遠清〈關於《臺灣新文學史》意見舉隅〉的信中，則指出該書眾多缺失：

　　一、史料之取捨／取材輕重失準，論述立場偏頗：

　　1. 日據時代：對臺灣先賢作家反帝反封建之論述失之簡略，對皇民文學奴化活動之論述模糊掠過（如：未能揭示葉石濤、陳火泉等等當時媚日實況）。

　　2. 光復初期：對《和平日報》副刊群、《臺灣新生報》「橋」副刊等，在光復初期引介祖國五四新文學以來重要作品之努力情況，未給予應有的記述和評價。對當時國府「劫收」臺灣之諸般不當文化措施，留下一片空白。

　　3. 四、五十年代：對白色恐怖清洗寫實主義之過程，並未作出較爲詳細的記載和深刻的批判；對「現代詩」脫離社會現實之虛無本質，曲予迴護；對美國文學全面侵襲臺灣文壇，缺乏適當的評議。

　　4. 七、八十年代：對「唐文標事件」批判現代詩，不敢正面評價；對余光中〈狼來了〉打壓民族文學，不敢細述經過。對新興詩刊、詩社群暴起暴落之文化及政經因素，分析粗略。

〔註54〕林幸謙主編：《張愛玲傳奇・性別・系譜》，臺北，聯經出版公司，2012 年，第 35 頁。

〔註55〕隱地：〈一幢獨立的臺灣房屋〉，臺北，《聯合報》，2011 年 12 月 10 日。

〔註56〕張德本：〈陳映眞與陳芳明的底細〉，臺南，《臺灣文學藝術獨立聯盟・電子報》，2012 年 1 月 3 日。

　　二、人物之評論／流派意識明顯，攀附名流過度。把當代文學史書，獻給當代文學家，創造了文人攀附行為的高峰。

　　三、風格之輕浮／隨興漫談描繪，藉題露才揚己，等等。

　　這本書號稱「歷時 12 載，終告成書」，其實中間作者寫了許多文章和書。書的封底上還有「最好的漢語文學，產生在臺灣」，在書中根本未進行論證。作為一本嚴肅的文學史著作，完全用不著借世俗的方法去推銷。許多章節尤其是最後寫到新世紀臺灣新文學只有「文學盛世」的空洞讚美而無實質性內容。這種倉促成書的做法，就難免帶來許多史料差錯，如 283 頁云：「以洛夫、瘂弦、張默為中心的《創世紀詩刊》，夏濟安主編的《文學雜誌》都在 1956 年次第浮現」。這將《創世紀》詩刊的創刊時間推後了 2 年。327 頁說「現代派」結盟時間為 1953 年 2 月，其實這是《現代詩》創刊時間，當時還未打旗稱派。也就是說，《現代詩》開始時並不是詩社，而是紀弦個人獨資創辦的「私刊」。此外 266 頁說孫陵寫歌曲〈保衛大臺灣〉時任《民族晚報》主編，這裡有四個錯誤：不是歌曲而是歌詞；不是任職於《民族晚報》，而是供職於《民族報》；不是任《民族晚報》主編，而是任《民族報》副刊主編；不是任副刊主編時寫的歌詞，而是在這之前〔註57〕，等等〔註58〕。

　　《中國時報》2011 年「開卷好書獎」評選中，《臺灣新文學史》落選而趙剛的《求索》入選，正說明此書經不起時間旳檢驗。

六、三種「臺語文學史」

　　臺灣的方言文學最早可追溯到 19 世紀下半葉，那時用白話字書寫，至今有一百多年的歷史。這些書寫，多半用羅馬字、漢字或漢字羅馬字混合用，其作品據保守的估計也有數萬篇。可這種方言文學的發展，長期受到臺灣政治勢力的打壓。到了 1980 年代，隨著威權統治的式微和本土化口號響徹雲霄，有關用母語創作的呼聲越來越高漲。當歷史行進到 1990 年代，「臺語文學」的稱謂正式取代了「方言文學」的提法。方言文學在漢語文學的夾擊下，無論是在主題的開拓、技巧的革新還是書寫策略方面，比過去前進不少。為檢閱這一成績，黃勁連策劃出版了《臺語文學大系》精裝本 14 冊，另有林

〔註57〕周錦：〈孫陵的戰鬥精神〉，臺北，《文訊》，1983 年 8 月，總第 2 期。

〔註58〕關於陳芳明書的史料差錯，詳見古遠清〈給陳芳明先生的「大禮包」──《臺灣新文學史》十大史料差錯〉，臺北，《世界論壇報》，2012 年 7 月 12 日。

央敏策劃出版的《臺語文學一甲子》三冊、鄭良偉等主編的《大學臺語課本》二冊。

　　「臺語文學」的發展過程遠非一帆風順。從 1989 年到 1991 年，發生過兩次「臺語文學」論戰。1989 年，廖咸浩發表〈「臺語文學」的商榷〉，認為「臺語文學」理論建立在兩大謬誤上，一是它繼承且深化了白話文學「言文合一」的盲點，其實並無真正「言文合一」的作品。二是「臺語文學」接收了由臺灣意識衍生出來的正統心態或霸權心態。這不只會窄化臺灣文學的發展空間，甚至可能扼殺臺灣文學的創造力。此外也沒有所謂的純臺語，他認為「臺語文學」的語言文體最後將近於「鄉土文學」的文體。這樣一來，「臺語文學」的未來不容樂觀。這引發林央敏、洪惟仁的反彈。林央敏發表〈不可扭曲臺語文學運動〉，認為廖咸浩不瞭解語言與文化具有不可分割的關係，並強調更新臺灣本土文化，必需發展「臺語」的書寫。洪惟仁發表〈一篇臺語文學評論的盲點與囿限——評廖文《臺語文學的商榷》〉，表明「臺語」運動者所謂的臺語包括閩南語、客語、山地語，而非獨尊閩南語，並澄清「臺語文學運動」者其實也主張吸收與融合其它語言的詞彙。洪惟仁並指出「臺語文學」前途困難並非是廖咸浩所認為的謬誤，而是來自政治環境的局限。〔註 59〕

　　1991 年，林央敏的觀點有進一步的發展。在〈回歸臺灣文學的面腔〉中，他認為「臺語文學」才是臺灣文學。而「臺語」是指福佬語，只有「臺語文學」最能做臺灣文學的代表。林央敏認為「以多代全的人文邏輯」來說，福佬話是臺灣最多人使用的語言，做為臺灣語言的代表這是很自然的事。最後強調「只有用臺灣人的本土性母語、尤其是最有代表性的母語——臺語，所創作的作品才是面腔清晰吻合、內外最一致，而且最能反映臺灣社會、人生的正統臺灣文學」。這篇文章引來客家籍作家李喬、彭瑞金、鍾肇政等人的應戰。李喬在〈寬廣的語言大道〉中指出：臺灣人應包含四大族群，而「臺語」當然也包含四大語系，「不宜排斥其它，或擅作正統、螟蛉的歧視主張」，不應該只有某一種語系可做唯一的代表，而為「臺灣獨立建國」著想，在語言問題上應該尋求阻力最低，最容易凝聚共識的方法。彭瑞金也發表〈請勿點燃語言炸彈〉指出福佬以外的族群願不願意接受福佬話問題，即使語言主張用政治手段解決了，其它各佔臺灣百分十五左右的客語人口和操普通話的

〔註 59〕方耀乾：《臺語文學史暨書目彙編》，高雄，臺灣文薈 2012 年，第 88～91 頁。

人口，以及三十萬原住民會怎麼想？族群之間的意識膨脹，將才會是「閩語即臺語」主張真正的致命傷。在〈語、文、文學〉中，彭瑞金又重申母語文字化可能減緩臺灣文學發展的觀點。鍾肇政發表的兩篇文章亦持類似的看法。〔註60〕

　　事實上，「臺語文學」界並不是所有人認為「臺語文學等於臺灣文學」或「臺灣文學只有臺語文學」。說「臺語文學」代表臺灣文學，進而炮口「對內」即對準客語族群以及原住民語族群，是非常不明智的舉動。

　　論爭過後，有關臺灣文學史的著述兩岸均出現不少，但真正涉及方言文學且內容豐富者幾乎沒有。臺灣各個高校的臺灣文學系，都企圖不單把方言文學看成是一種活動的歷史，同時也將它視為一種可以定格化的歷史現象。在這種情況下，臺灣文學史若缺了方言文學，就難免跛腳。面對日益多元的文學史觀，臺灣文學史編撰如何走向多樣互補，如何擺脫意識形態羈絆，按照古人所說的「史德、史識、史才、史觀」寫出臺灣方言文學發展史，就顯得尤為重要與緊迫。正是在這種情勢下，人們讀到了三部以臺灣方言文學為建構的臺灣文學史專著：

〔註60〕方耀乾：《臺語文學史暨書目彙編》，高雄，臺灣文薈2012年，第222頁。

　　　　張春凰、江永進、沈冬青：《臺語文學概論》，臺北，前衛出版社，2001年。

　　　　方耀乾：《臺語文學史暨書目彙編》，高雄，臺灣文薈，2012年。

　　　　林央敏：《臺語小說史及作品總評》，臺北，印刻文學出版公司，2012年。

　　這三部著作有下面共同特點：

　　將方言文學看成是臺灣的特有文化現象。這是一個有歷史深度的指標，表示著與異乎於漢語文學的一脈相承複雜而清楚的傳統，同時在空間上初步打破了只講文學不講語言的限制，將臺灣文學研究擴大到很少人問津的領域。

　　研究方法多樣。從方言文學發展的節奏和成績方面研究文學史，不局限於語言範圍，即從人類學、民俗學、文藝學、語言學角度研究方言文學的存在理由，描繪其演變軌跡。

　　以編年史的方式繪製方言文學地理圖誌。如方耀乾的《臺語文學史暨書目彙編》，從口傳文學時期、荷西時期、鄭氏王朝、清領時期、日據時期一直講到中華民國時期。

　　方言文學史的寫作實踐提供了一種歷史思維。這三本書將方言文學安排在一個歷史敘述的結構之中，實際上這些論者心目中的「臺語文學」已成了另一種建構新的國族認同的隱喻，這是對「屠殺母語的殖民政策的抗議」。〔註61〕

　　史料豐富。這些作者幾乎閱讀了所有方言文學的文本，方言文學刊物和重要作家差不多都被他們一網打盡。

　　但這三本書也存在下列問題：

　　過於拔高方言文學，認為只有母語文學才是臺灣文學。這完全不符合當前的臺灣作家寫作現狀，排他性甚強。

　　把福佬話看成「臺語文學」的代表，這同樣是一種霸權心態，不利於團結臺灣各族群作家。

　　書寫不統一。像張春凰、江永進、沈冬青的《臺語文學概論》，全用不標

〔註61〕張春凰、江永進、沈冬青：〈臺語文學概論・序〉，臺北，前衛出版社，2001年，第8頁。

準的所謂臺語寫成，外省人根本看不懂。即使是半讀半猜也猜得非常費勁，還是林央敏有自知自明，認爲這些作品「臺語不少，文學不多。」〔註62〕

水平參差不齊。這三本書共同的任務是闡明臺灣文學的自主性、獨立性，但從學術層面而言，寫得最有學術深度和特色的是林央敏的《臺語小說史及作品總評》，最全面系統的則是方耀乾的《臺語文學史暨書目彙編》。

名詞術語有政治色彩。這些文學史記載的是「過去的聲音」，但它又是當下被發現被整理而公佈出來的，因而難免感染上現今流行的政治文化，無不是日本皇民的「日本史觀」的反映。方耀乾的著作最後還把「包括母語文學的臺灣文學，其性格與國格將會更爲彰顯」，〔註63〕這裡講的「國格」顯然不是指打壓方言文學的中華民國，而是指「臺灣國」。其實這個「臺灣國」還未建立也不可能建立，作者未免太超前了。最後要說明的是，這三本書的作者都是以「反抗者」身份出現的，他們無不以「大中華沙文主義」、「國語路線」的反抗者自居，並以搜集被統治者有意遺漏的史料爲己任，可這種從單一方向將自己刻畫爲「反抗者」的英雄形象值得質疑。因爲他們不僅是「反抗者」，而且還是臺獨思潮的既得利益者，是以往高壓政治的反抗者同時又是今天「以母語建國」的共謀者。這種二元身份，使這三本書內容複雜，既不能完全否定，也無法使人全盤肯定。

七、蹊徑獨闢的《臺灣文學史長編》

臺灣文學史寫作，是難度相當高的任務。僅從什麼是臺灣文學這一基本概念看，試看各路人馬的解釋：有的說臺灣文學就是臺灣人寫臺灣事的文學，有的說臺灣文學就是母語文學，另一種說法爲凡是在臺灣這塊土地上出現的文學現象和作品，是爲臺灣文學，陳映眞則說臺灣文學就是「在臺灣的中國文學。」反駁他的人說：「臺灣文學既不是中國文學，也不是日本文學，而是獨立的文學。」

臺灣文學館出版的由33本組成的《臺灣文學史長編》〔註64〕，沒有完全採用他人的說法。這套叢書的策劃者李瑞騰在總序中認爲：「我們把臺灣文學

〔註62〕 林央敏：《臺語小說史及作品總評》，臺北，印刻文學出版公司，2012年，第18頁。
〔註63〕 方耀乾：《臺語文學史暨書目彙編》，高雄，臺灣文薈2012年，第222頁。
〔註64〕 臺南，臺灣文學館出版，2012～2013年。

視爲在臺灣這個地理空間所產生的文學，不論其族群、國籍及使用語言。」
這個定義在某些人看來也許不合時宜或不夠新潮，但不能不承認這是一個容
納性很強的定義，它不以護照、籍貫和使用的語言爲分界線，把本省和外省
乃至旅居國外的臺灣文學家均包括進去，這顯示了撰寫者的寬闊胸懷。從科
學性來講，臺灣文學定義的包容性，符合當下臺灣作家寫作的現狀，有利於
超越意識形態，有利於臺灣文學教學的開展，有利於這門學科進一步走向成
熟。作爲一門學科的臺灣文學本已進入大學講壇，無論是大陸還是臺灣，這
類的教材奇缺，《臺灣文學史長編》的問世，正滿足了兩岸研究者和讀者的渴
求。

　　在臺灣，已出版了兩本以文學史命名的著作，即葉石濤的《臺灣文學史
綱》、陳芳明的《臺灣新文學史》。無論是葉著還是陳著，均有開風氣之先的
作用，但臺灣文學史的編寫，充滿了不同思想路線和文學觀念的碰撞，故這
兩本書出版後有掌聲也有罵聲。寫一本能爲各界接受的文學史，幾乎不可
能。爲了減少碰撞，《臺灣文學史長編》不走葉石濤、陳芳明「通史」的老
路，而改爲專題史的方式，不失爲一種新的選擇。正由於是專題史，無前例
可供借鑒，故這套文學史，主要不是採取「泯眾家之言」的寫法。當然，再
怎麼出新也要吸收學界的研究成果，但編著者在吸收時盡可能發揮一己之
見，而不像某些團隊編寫的文學史尊群體而斥個性、重功利而輕審美、揚理
念而抑性情。在這種思路下，《臺灣文學史長編》基本上是由兩大板塊組成：
一是重要的思潮、社群、論爭、流派，如《斷裂與生成——臺灣 50 年代的
反共/戰鬥文藝》《跨越時代的青春之歌——五六〇年代臺灣現代詩運動》《燃
燒的年代——七〇年代臺灣文學論爭史略》《最年輕的麒麟——馬華文學在臺
灣（1963～2012）》，二是在特定歷史條件下形成的作家群體、時代文體和特
種文類等，如《一線斯文——臺灣日治時期古典文學》《女聲合唱——戰後
臺灣女性作家群的崛起》《從邊緣發聲——臺灣五六〇年代崛起的省籍作家
群》《正面與背影——臺灣同志文學史》《電子網絡科技與文學創意——臺灣
數位文學史（1992～2012）》。從實際情況看，作爲基礎課的臺灣文學，正是
按照這種清楚的文類或作家群去引導學生進入臺灣文學史殿堂的。

　　要寫出超越前人、自成一格的文學史，就必須拋棄文學思潮、文學運動、
文學論爭再加作家作品老一套的寫法，對「文學」與「史」的概念進行重新
整合，克服「實證」與「審美」之間的矛盾。按時序排列當然無法擺脫，所

不同的是《臺灣文學史長編》雖是從原住民口傳文學開始，接著是明鄭時期「漢文學的萌芽」，以後歷經清領、日據以及光復後不同時期的文學現象，最後是原住民漢語文學及母語文學，但編撰者們盡量做到不預設立場，充分尊重原住民的口頭傳說及後來發展出來的漢語文學。這裡既有宏觀性的論述，也有微觀的考察。由於是分頭編寫，每位執筆者對分期的看法不可能完全一致，所以這套書並沒有嚴格按具體年代整合。打開《臺灣文學史長編》，可看到每本書有點類似中國古代山水畫說的「散點透視。」編著者們所追求的目標是達成某種專題或某個作家群的真實。所以在這套書中，在重複前人論述過的問題時均盡可能做到有新意。對別人說過的少說，對別人忽略的多談。在框架上還注意出新，如蔡明諺論述七○年代臺灣文學論爭史「現代詩論」部分時，用「臺大教授」、「華岡才子」、「海外學者」、「數學博士」的標題來闡釋顏元叔、高信疆、關傑明、唐文標等人的文學主張，就令人耳目一新。此外，這套書注意外省作家與本省作家的互動，如《從邊緣發聲——臺灣五六○年代崛起的省籍作家群》第三章〈林海音時代的《聯合報》副刊〉。還注意西潮與本土的消長，如同書第三章的有關部分。另注重圈內文學家與圈外文學家的互動，如《正面與背影——臺灣同志文學簡史》，就把圈外作家寫的作品《禁色的愛》(李昂)《擊壤歌》(朱天心)《紅樓舊事》(宋澤萊)列入同志文學的範疇。

　　《臺灣文學史長編》的長處可用「廣博」和「精深」四個字來概括。所謂「廣博」，係指《臺灣文學史長編》面的寬廣與宏博，即臺灣文學史上的許多重要問題幾乎被「長編」所涵蓋。如《電子網絡科技與文學創意——臺灣數位文學史(1992～2012)》，將數位文學分為三個時期：1998 年前為數位文學的萌芽期，1998～2005 年為數位文學蓬勃發展期，2005～2012 年為數位文學的蟄伏期，其內容之豐富和詳備，使其當之無愧成為當今論述臺灣數位文學最系統的著作之一。《斷裂與生成——臺灣 50 年代的反共/戰鬥文藝》，從文學體制與時代文學談起，第二章〈反共文學的前歷史〉「上溯其源」，第三、四章〈誰在行動〉〈誰在說話〉「中考其實」，第七章〈老兵不死，只是漸漸走向繆斯女神〉「下述其變」，做到既「廣」又「深」，不少地方超越了前人的研究成果。《黑暗之光——美麗島事件至解嚴前的臺灣文學》的「精深」則體現為點的精細與深入，尤其是對監獄文學的論述，既系統又深入，這表明唐人寫唐史的學術界對臺灣文學的研究，已達到精耕細作的地步。

《臺灣文學史長編》也有值得檢討之處：

一是「小歷史」與「大歷史」之間不均衡。

所謂「小歷史」，是指局部史，如「長編」中的《「曙光」初現——臺灣新文學的萌芽時期（1920～1930）》《想像帝國——戰爭期的臺灣新文學的諸相（1937～1947）》。所謂「大歷史」，是指「宏大敘事」關乎全局性的歷史，如臺灣文學書刊查禁史、「自由中國文壇」的建立及崩盤、「南部文學」的形成及走向……這些在「長編」的選題中均缺席。當然，「大歷史」是由「小歷史」構成的，兩者並沒有絕對的界限，且「長編」中已涉及到這些「大歷史」，但未能獨立出來，給人「常態的文學史」論述有餘而「非常態的文學史」闡釋不足之感。

二是理論探討與史料考證不均衡。

《從邊緣發聲——臺灣五六〇年代崛起的省籍作家群》，對反共文學的評價和重要報刊的時代意義有深刻的論述，但在史料考辨上存在著不少瑕疵：25 頁說「『中國文藝協會』的誕生，是由左翼作家巴人的一篇文章而起，巴人本名王任叔，五〇年代中期中共文藝政治的重要作家，1949 年 10 月 18 日他在臺灣《新生報》副刊發表〈袖手旁觀論〉。」劉心皇也曾一口咬定「作者正是共黨的 30 年代左翼作家王任叔」〔註65〕，其實，「巴人」的筆名很普通，不只王任叔用過〔註66〕。據筆者向大陸有關方面瞭解，王任叔當時根本不可能向臺灣投稿，因大陸嚴禁作家和「敵方」接觸，這正如臺灣也規定作家不許向「匪區」投稿一樣。當時兩岸老死不相往來，這位「巴人」很可能是島內另一位作家的化名。73 頁說林海音因刊登「一首名為〈船〉的詩」而惹禍下臺，其實這首詩不叫〈船〉而叫〈故事〉。77 頁說「1954 年 10 月，瘂弦、洛夫、張默三人創刊《創世紀》。」這三人的排名次序完全顛倒了，科學的說法應是「張默、洛夫兩人創辦《創世紀》，瘂弦於次年加入。」

三是島內研究與島外研究的成果吸收不均衡。

《女聲合唱——戰後臺灣女性作家群的崛起》的參考書目雖然有一些島外即大陸學者的研究成果，但鄭州大學樊洛平的《當代臺灣女性小說史論》〔註67〕及陝西師範大學程國君的《從鄉愁言說到性別抗爭——臺灣當代女性

〔註65〕劉心皇：〈自由中國 50 年代的散文〉，臺北，《文訊》，1984 年 3 月號。
〔註66〕臺灣就有一位小說家筆名為「下里巴人」。
〔註67〕鄭州，河南人民出版社，2005 年。

散文創作論》〔註68〕未列入。這是研究臺灣女性作家群的重要著作，臺灣方面還沒有人寫過。也許後一本較難找到，但前一本已有臺灣商務印書館的繁體字版。其它《臺灣文學史長編》著作如《黑暗之光——美麗島事件至解嚴前的臺灣文學》，也較少引用日本學者的研究成果，這說明這些著者的視野還不夠開闊。

四是在作者隊伍方面青年學者與資深學者比例不均衡。

無論是島內學者還是島外學者有關臺灣文學史的編撰，有一個共同毛病是未能超越政治，超越政黨或明或暗的掌控。李瑞騰對這種不可逆轉的內在危機已有清醒認識，因而盡量啓用年輕學者作爲這套叢書的主筆，以讓他們多年從事的研究對象及其成果，在一個盡可能超越藍綠的整體性框架內給予表達，尤其是讓陳政彥們以一種集體「崛起」的態勢引起學界廣泛的關注，並藉此樹立臺灣文學史寫作的新典範。

這個新典範有三個特色：

1、強調臺灣文學史是文學的臺灣史，而不是思想史、文化史，更不是「兩國論」、「一國論」的文學版。

2、提供了研究臺灣文學的新視野，尤其是下限寫到成書前的2012年，有鮮明的現實性與當下感。

3、臺灣文學專題史最豐盛的產地不在大陸而在臺灣，這爲兩岸文學詮釋權的爭奪寫下新的一頁。

但這套叢書資深評論家執筆者極少，這影響了叢書的質量。如果由應鳳凰執筆寫五六十年代的臺灣文學部分，就不會出現瘂弦係《創世紀》最早創辦人這類的史料錯誤。

與此相關的是，當代臺灣文學史由局內人還是局外人來寫好？其實，這各有長處。局外人因未曾參與當年文學運動，不是其中一角色，寫起來就會出現「隔」。局內人寫由於有感同身受的體會，不會出現不知情的情況，寫起來較有現場感，如《正面與背影——臺灣同志文學簡史》由圈中人紀大偉執筆，許多地方如數家珍，就克服了「隔」的現象。但局內人寫容易「走私」即借史揚己，如《最年輕的麒麟——馬華文學在臺灣（1963～2012）》雖然還不是黃錦樹所說的「怪書」或只突出作者，〔註69〕但撰寫者陳大爲把自己及

〔註68〕北京，中國社會科學出版社，2006年。
〔註69〕黃錦樹：〈這隻斑馬——評陳大爲《最年輕的麒麟——馬華文學在臺灣（1963

其伴侶鍾怡雯用這麼多篇幅論述並評價這麼高，的確容易授人以柄。

　　有人認為，《臺灣文學史長編》「原本就是個通俗讀物計劃」〔註70〕。其實，《臺灣文學史長編》不是啤酒式的大眾飲品，而是類似金門高粱的佳釀。它既有文獻史料價值，同時又是臺灣文學史編寫蹊徑獨闢的有益試水。這套書從緣起到出版，只有三年時間，乍看起來未免匆匆了些，其實發起者、撰寫者和出版者有過長期積累的過程。他們在許俊雅具體主持下，先後議論過多次，擬定了近40個主題，後來由研究團隊討論，再將計劃送外審查，可見他們謹慎從事，抓住時機和志在必成的雄心壯志。

　　臺灣文學史研究的要改變傳統思路，當然不能簡單地歸結為選題新或切入點獨特，而應深入探討同類文學史著述中闡述得不深不透的問題。它可以

〔註70〕　～2012〉》》，臺南，《臺灣文學館通訊》，2013年3月，第80頁。
〔註70〕黃錦樹：〈這隻斑馬──評陳大為《最年輕的麒麟──馬華文學在臺灣（1963～2012〉》》，臺南，《臺灣文學館通訊》，2013年3月，第82頁。

像黃仁宇的《萬曆十五年》那樣通過一個人物或一個事件、一個時段的透視，來把握一個時代文學的整體精神，但如何區別於傳統的文學史著述，其研究重點畢竟應放在臺灣文學不同於大陸文學的主體性及其建構過程上，包括建構過程中所產生的特有的文學經驗，這種經驗是各族群作家共同努力的結果。

八、藍色文學史的誤區

華文文學史的書寫一向是文壇關注的盛事。關於這種文學史，大陸出版過汕頭大學陳賢茂主編的四卷本《海外華文文學史》〔註 71〕，但該書內容只限於海外，並不包括中國大陸和臺港澳，而成功大學馬森從 2008 年 6 月開始在《新地》連載、後結集成三卷本《世界華文新文學史》〔註 72〕，空間上包含了海內外，時間軸橫跨清末至今百餘年。它是由臺灣學者寫成的首部探討海峽兩岸、港澳、東南亞及歐美等地華文作家與作品的文學史專書，記錄百年以來世界華文文學發展的源流與傳承。這種填補空白之作，其雄心當然可嘉。作者力圖排除「大中原心態」及「分離主義」等政治意識型態思維，充分肯定「戰後的臺灣文學在中國現當代文學發展上所起的先鋒作用」，這也是馬著異於本土學者葉石濤〔註 73〕、陳芳明〔註 74〕寫的同類臺灣文學史的地方。此外，馬森認為世界華文文學應包括本地文學，而不像大陸學者普遍認為世界華文文學不包括本地的大陸文學，這也是一種新的文學觀念，值得大力肯定。

這部內容龐大的著作理應有像陳賢茂當年那樣的團隊分頭執筆，現在卻由馬森獨立完成，這就不能集思廣益，難免出錯。如馬森把以寫長篇小說《野馬傳》著稱的司馬桑敦列為「報導散文家」，這有如陳芳明把大陸報告文學家劉賓雁定位為小說家，和香港某學者把香港新文學史家司馬長風定位為武俠小說家一樣，是一種失誤。馬森在 1260 頁認為，是夏志清〈勸學篇——專覆顏元叔教授〉將顏元叔批駁得「啞口無言」，迫其退出文壇，這也不對。顏元叔當時並非「啞口無言」，他還有戰鬥力，寫了〈親愛的夏教授〉作答。

〔註 71〕廈門，鷺江出版社 1999 年版。
〔註 72〕臺北，印刻文學生活雜誌出版有限公司，2015 年 2 月。
〔註 73〕葉石濤：《臺灣文學史綱》，高雄，文學界雜誌社 1987 年版。
〔註 74〕陳芳明：《臺灣新文學史》，臺北，聯經出版公司 2011 年版。

　　馬森直言，《世界華文新文學史》「是現在對當代華文文學有研究的老師或學生都應該閱讀的新書，這是一本非常具有指標性的著作。」〔註 75〕從文學史書寫策略看，各地區文學分佈應成爲這種「指標性的著作」架構的焦點。也就是說，寫「指標性的」文學史必須通盤布局，考慮各地區的平衡，可從構架上可以不客氣地說，這部厚得像電話簿的文學史，也許應叫「20 世紀中國兩岸文學史」，港澳文學在此書中有如馬森自己諷刺大陸學者把臺港文學當邊角料那樣「弔在車尾」，便是最好的證明。1609 頁的巨著，香港文學一節居然不足 33 頁。澳門文學比香港文學更可憐，該節只有 4 頁。新加坡、馬來西亞、泰國、印尼、菲律賓、越南、緬甸等國的文學比香港文學的篇幅少了許多，這顯然不正常。

　　臺灣有不少所謂大陸文學研究家，其中一些人出自「匪情研究」系統。現在「匪情研究」已改爲「中共問題研究」或「大陸問題研究」，這是一個進步。但這些人的研究思維方式，並沒有完全實現從政治到文學的轉換。並非出自「匪情研究」系統的馬森，也無法超越這一局限。比如他喜歡引用「匪情研究」專家王章陵的《中共的文藝整風》〔註 76〕和蔡丹治（書中不止一次錯爲蔡丹治）的《共匪文藝問題論集》〔註 77〕的觀點或材料，這就會帶來一些問題，至少在某些方面會受其影響。如在第 28 章中說胡風寫了三十多萬言的自辯書〈對文藝問題的意見〉，其實只有 27 萬言。可以取整數說「三十萬言」，但決不可說「三十多萬言。」胡風的被捕時間也不是第 803 頁說的「1955 年 7 月 5 日第一次人大開幕的時候，胡風與潘漢年同時被捕」，而是該年 5 月 16 日，至於潘漢年早在該年 4 月 3 日在北京飯店就被公安部長羅瑞卿宣佈實行逮捕審查了。

　　如果說，曾擔任過民進黨文宣部主任這種重要職務的陳芳明是「戴綠色眼鏡」寫作臺灣新文學史，那馬森則是「戴藍色眼鏡」寫作華文文學史。他對大陸的政治體制抱著十分仇視的態度，多次作嚴厲的聲討和批判。如此劍拔弩張，便失卻了文學史起碼應有的學術品格。馬森還說白色恐怖比起「紅色恐怖」來是「小巫見大巫」，這種比喻至少低估了白色恐怖的嚴重性。大陸 1949 年後開展的整肅文人的運動，已吸取 40 年代槍殺王實味的教訓，不再從肉體上消滅他們，像胡風這種全國共討之、全黨共誅之的「罪大惡極」的「要

〔註 75〕見《新網》搜尋引擎。發表人:黃小玲。發表日期:2015 年 2 月 10 日。
〔註 76〕臺北，國際研究中心 1967 年版。
〔註 77〕臺北，大陸觀察雜誌社 1976 年版。

犯」，就只關不殺。而臺灣實行的白色恐怖不同，彭孟緝坐鎮的「臺灣保安司令部」對知識分子，僅僅以「可疑」的理由，實行「能錯殺一千，不放過一人」〔註78〕的刑戮。

當今臺灣有藍、綠、紅（只作陪襯）三色。在文學史編寫上，已有淡江大學呂正惠和大陸學者合作的《臺灣新文學思潮史綱》〔註79〕，「綠色」的已有葉石濤的日文版《臺灣文學史綱》〔註80〕，而馬森的《世界華文新文學史》堪稱「藍色」文學史的代表，其「藍色」隨處可見，具體來說表現在敘述大陸的創作環境時，總不會忘記宣傳臺灣如何創作自由而共產黨如何粗暴不懂文學不講人性一直像劊子手那樣在扼殺創作自由，如第863頁說：

> ……足見非共產黨員不可能寫作，而想寫作的人也非要事先入
> 黨不可，這正是共產黨控製作家的屬害處。

這就有點想當然了。眾所周知，在大陸有許多非共產黨員作家在寫作，有的人甚至當了省作家協會主席。原中國作家協會主席巴金及其前任茅盾也不是中共人士。第694頁又說：「在累次整人運動中」，巴金、沈從文「都停筆不寫了」，事實是巴金還在創作，那怕文革傷痛還未痊癒仍寫了直面十年動亂所帶來的災難，直面自己人格曾經出現扭曲的《隨想錄》，沈從文同樣寫有鮮為人知的少量散文。郭沫若也非「絕不再從事任何創作」，相反郭沫若仍於文革期間出版了學術著作《李白與杜甫》〔註81〕。

馬森號稱「不受政治意圖、意識形態左右」〔註82〕，可他的文學史連標題都不忘記加色加料，如該書第29章標題為〈社會主義的詩與散文〉，這種提法很值得質疑。不錯，大陸文學可概而言之「社會主義文學」，但不能將這種說法無限引伸。大陸早在1992年鄧小平南巡時，就按其指示停止了「姓社」、「姓資」的爭論，文學分類法也就不再使用「社會主義現實主義」一類的政治掛帥的述語，何況該書第824頁把「大右派」劉賓雁的〈在橋樑工地上〉〈本報內部消息〉與大左派魏巍的〈誰是最可愛的人〉並列稱作「不致

〔註78〕 江南：《蔣經國傳》，臺北，前衛出版社，2001年，第247頁。

〔註79〕 北京，崑崙出版社2002年版。

〔註80〕 中島利郎、井澤律之譯，東京，研文2000年11月出版。書名改為《臺灣文學史》，原高雄版有關臺灣文學是中國文學一個組成部分的諸多論述，被刪得一乾二淨。

〔註81〕 北京，人民文學出版社1971年版。

〔註82〕 邱常婷：〈世界華文文學的百年思索——訪馬森談其新著《世界華文新文學史》〉，臺北，《文訊》雜誌，第350期。

惹禍」的「社會主義散文」，用當時的話來說，這未免混淆了「香花」與「毒草」的界限，因以「南姚（文元）北李（希凡）」爲代表的左派們是把這兩篇作品當作「大毒草」剷除的。

作爲馬森老友的隱地說《世界華文新文學史》「資料老舊，仿若一張過時的說明書。」又說：「第三冊——發現馬森只是在抄資料……變成一本引文之書。」甚至說馬森「寫成不具出版價值之書」〔註83〕，這雖然是印象式批評，但決非網絡上的亂飆狂語，它是發人深省的辛辣之論。此外，從該書後面的人名索引發現，出現頻率最高的居然是著者馬森本人，總計 100 次，和其相等的是「偉人」毛澤東。以寫史爲名爲自己樹碑立傳，是不符合文學史規範的。這種「以史謀私」的行爲，成了臺灣文壇一大笑柄。〔註84〕

〔註83〕隱地：〈文學史的憾事〉，臺北，《聯合報》2015 年 3 月 21 日。
〔註84〕隱地：〈深夜的人・文學史的憾事續篇〉，臺北，爾雅出版社，2015 年版，第
　　　　34 頁。

第十一章　文學巨星的隕落

　　如果不是有意炒作和烘抬，新世紀的臺灣文學仍然是一個沒有大師的時代，可同時又是一個大師漫天飛舞的時代。這漫天飛舞的大師，當然是自封或圈內人所做的紙糊假冠。

　　或曰：在新世紀去世的一些大牌作家，難道不是大師嗎？不是說生前難被公認為大師，死了以後就會追認為大師嗎？不一定。以 13 年來去世的一些資深作家為例，他們都還不夠大師的標準。不錯，有人說葉石濤是「大師」，但這位「大師」只局限於綠營文壇，並不為別的文壇的作家所承認。

　　須知，大師固然重要，但適合大師成長的土壤更為重要。如今的臺灣，無論是政經環境還是人文氛圍，均不利於大師的生長，但本章按去世時間先後所敘述的一些作家，畢竟受到人們的尊敬、愛戴，他們在文學上不是影響巨大就是有很高的成就。很值得懷念這些「巨星」式的人物，尤其是總結他們的創作道路和文學經驗。

一、胡秋原：兩岸破冰第一人

　　胡秋原（1910～2004），湖北黃陂人，肄業於武昌大學中文系，後入日本早稻田大學政經學部。1949 年去香港，任《香港時報》總主筆。1950 年 5 月到臺灣，1963 年 8 月創辦《中華雜誌》。1977 年，在鄉土文學論戰期間保護當時受圍剿的陳映真等人。1988 年 4 月，他發起成立「中國統一聯盟」並任名譽主席。他一生著述主要有多卷本《胡秋原文章類編》及《胡秋原選集》《文學藝術論集（上、下）》。

　　胡秋原登上文壇是 1931 年，那時他才 21 歲，便參加了一場現代文學史上聞名的文藝自由論辯。他因發表〈勿侵略文藝〉等文，引發了魯迅等人對他的批判，胡秋原因而也成了「第三種人」

　　胡秋原的「自由人」身份，使他一直與國民黨離心離德。1977 年至 1978 年，臺灣發生了鄉土文學論戰。這場論戰由彭歌揭開序幕，他發表的〈不談人性，何有文學〉文章，矛頭直指鄉土文學的代表作家王拓、陳映眞、尉天驄。余光中寫的〈狼來了〉則以「公開告密」的方式煽動說：

> 回國半個月，見到許多文友，大家最驚心的一個話題是：「工農兵的文藝，臺灣已經有人在公然提倡了！」

　　這裡講的「工農兵文藝」，影射臺灣的鄉土文學。這篇只有二千多字的文章中卻抄引了近三百字的毛澤東語錄，以論證臺灣的「工農兵文藝」即鄉土文學與毛澤東〈在延安文藝座談會上的講話〉隔海唱和，暗示鄉土文學是共產黨在臺灣搞起來的。緊接著，余光中埋怨臺灣的文藝政策過於寬容。

　　余光中一口咬定主張文學關懷、同情的焦點定在農、工、漁等下層人民身上的鄉土文學，就是臺灣「工農兵文藝」，並將其視爲「狼」：

> 不見狼來了而叫「狼來了」，是自擾。見狼來了而不叫「狼來了」，是膽怯。問題不在帽子，在頭。如果帽子合頭，就不叫「戴帽子」，叫「抓頭」。在大嚷「戴帽子」之前，那些「工農兵文藝工作者」，還是先檢查檢查自己的頭吧。

　　這裡講的「狼」和「抓頭」的動作，已經超越了比喻這一文學修辭手法範圍。尤其是「抓」字，是全篇之警策，寫得寒氣逼人。難怪〈狼來了〉發表後，「一時風聲鶴唳，對鄉土文學恐怖的鎮壓達到了高潮」。臺灣文壇由此展開了一場激烈的意識形態前哨戰。

　　正當臺灣文壇殺伐之聲四起時，卻闖來了兩位老將——立法委員胡秋原和新儒家代表徐復觀，大喊「刀下留人」。胡秋原認爲〈狼來了〉裡面有嚴肅的政治內容，弄不好是要坐牢的。他不認爲鄉土文學是「狼」，反而認爲是一隻可愛的「小山鹿」。他以銳利的眼光指出余光中的文章有可能讓人「削頭適帽」的危險性。徐復觀則以哲學家的慧眼，看到了〈狼來了〉這篇文章的嚴重性，充分體現了這位新儒家對年輕一代的關懷和保護精神。

　　從大陸到臺灣，從 30 年代到 90 年代，胡秋原大半時光都捲入論戰的漩渦中心。到了晚年，他在 90 年代的統獨鬥爭中，不再遊移於左右翼之間，堅

定地站在統派的一邊：既反李登輝的「獨臺」，又反民進黨的「臺獨」，成了堅強的民族主義戰士。他於 1988 年 9 月由美赴中國大陸探親訪問，在重睹故國山河的同時，與中共領導人李先念、鄧穎超會面，提出國共兩黨召開「政治協商會議」。正當胡秋原由西安往敦煌前夕，國民黨中常委在臺北召開會議，認爲胡氏大陸之行違反了國民黨黨紀，決定將其開除黨籍。

幾乎一生都在論戰中度過的胡秋原，爲了國家民族千秋萬代的利益，爲了中華民族的統一大業，這位不怕開除黨籍的民族主義戰士不停地揮動自己手中的筆，共寫了二千萬字的文章，出書一百多種。爲了著書立說，他幾乎沒有一般人享受的嗜好和娛樂。他晚年一直關注著祖國統一大業，充滿了憂患意識。作爲著名政論家、史學家、文學家和「兩岸破冰第一人」的胡秋原，他病逝後大陸爲他開了追思會和出版了紀念文集。

二、柏楊：美麗的中國人

柏楊（1920～2008），原名郭立邦，後改名郭衣洞，河南開封人。1946 年畢業於四川的東北大學。1949 年去臺後任中國青年寫作協會總幹事、成功大學副教授、《自立晚報》副總編輯。出版有《醜陋的中國人》《帶箭怒飛》《醬缸震蕩》《中國人，活得好沒有尊嚴》《柏楊品三國》等散文集 51 種，《魔鬼的網》等小說集 21 種，《柏楊版資治通鑒》72 冊，《柏楊全集》28 冊。

柏楊是和李敖是同樣著名的臺灣雜文家，又是和張學良、李敖一起並稱的臺灣「三大難友」。

柏楊進「監牢大學」，是 1968 年任《自立晚報》副總編期間。那時，他夫人任職的《中華日報》，刊載了從美國進口的連環畫〈大力水手〉，其故事內容由柏楊翻譯：父子倆從內陸逃到小海島上，在哪裏建立一個獨立王國，並開始爭權奪利競選總統。結果父親當了總統，兒子成了皇太子。這組漫畫於 1968 年元月 2 日刊出後，很快被人告密爲影射蔣家父子。司法行政部調查局亦認定〈大力水手〉漫畫是「挑撥政府與人民之間的感情，打擊最高領導中心。在精密計劃下，安排在元月 2 日刊出，更說明用心毒辣。尤其出自柏楊之手，嚴重性不可化解。」柏楊由此被捕，判柏楊有期徒刑 12 年，剝奪公民權 8 年。

這眞是所謂「國家不幸詩家幸」。柏楊如不因「大力水手」漫畫坐牢，他

就不可能加深這對「漫漫如同長夜，一片漆黑」的中國歷史的理解，觸發他後來（80～90 年代）用現代化筆法去改寫司馬光的著作，寫成新著《柏楊版資治通鑒》，成為傑出的歷史學家。

柏楊最有名的作品是《醜陋的中國人》。他在此書中分析了中國人的醜陋，「髒、亂、吵」「窩裏鬥，一盤散沙」「講大話、空話、謊話、毒話」，由此把中國文化稱作「醬缸文化」。

中國的國情是「報喜不報憂」。人們一般只喜歡聽恭維的話，不願聽到批評自己尤其是用詞尖刻的話。聞獎則喜，聞過則怒。果然，他的《醜陋的中國人》遭到一些人的討伐。其實，這些批判者誤解了柏楊，他並沒有鼓吹民族虛無主義，並不是全面否定中國傳統文化，主張全盤西化，更不可能感謝帝國主義的侵略，這就是為什麼《醜陋的中國人》不僅在海外，在臺灣，而且在祖國大陸也有多種版本印刷。

和魯迅在《阿 Q 正傳》塑造出阿 Q 的不朽典型一樣，柏楊所刻畫的「醜陋的中國人」也是一種典型。在臺灣，陳水扁便是「醜陋的中國人」的典型。他不承認自己是中國人，這就夠「醜陋」了。在競選「總統」時，陳水扁又以特製的「扁帽」為競選造勢，為自己的「醜陋」遮醜，泛綠人士以爭戴「扁帽」為榮。在臺北市長選舉時，民進黨候選人李應元團隊又推出了「應元帽」，顏色有咖啡色、深綠色，不一而足。

民進黨人很喜歡戴帽子，每次競選活動都有新帽子出招，可有些人不信不怕這一套，偏偏背著「賣臺」的罪名與大陸頻繁交流，柏楊便是這樣一位有骨氣的中國人。他坐過國民黨的牢，曾一度對民進黨執政抱有熱烈的期待，可後來看到民進黨不顧老百姓的死活只想保住位子，故他與民進黨一直保持著距離，不因過去反國民黨而認同「臺獨」。他以一個獨立知識分子的身份來推動臺灣的民主，在晚年將大批珍貴文獻資料捐贈給中國現代文學館。

「臺灣之子」在島內是認受頻率最高的一個詞，它代表著拒排中國。柏楊雖說在臺灣生活了很長時間，可他仍念念不忘故鄉河南，這種人當然不是「臺灣之子」。

柏楊曾說：「我的一生不夠圓滿」，然而對海峽兩岸的中國人來說，他的經歷已是一個傳奇，他一點也不「醜陋」，是名符其實的美麗的中國人！

三、葉石濤：分離主義者崇拜的宗師

葉石濤（1925～2008），臺南人。1931 年接受日文教育。1943 年畢業於州立臺南二中，後任日文《文藝臺灣》助理編輯。1966 年畢業於臺南師專，以後一直任小學教師。先後任《聯合文學》《臺灣文藝》編輯委員，陳水扁執政時任「文總會」副會長。他的評論集有《葉石濤評論集》〔註1〕《葉石濤作家論集》〔註2〕《臺灣鄉土作家論集》〔註3〕《作家的條件》〔註4〕《文學回憶錄》〔註5〕《小說筆記》〔註6〕《沒有土地，哪有文學》〔註7〕《臺灣文學史綱》〔註8〕《臺灣文學的悲情》〔註9〕《走向臺灣文學》〔註10〕《臺灣文學的困境》〔註11〕，另有《葉石濤全集》20 冊〔註12〕。

在大學中文系貴古賤今，而外文系卻外求經典的戒嚴時期，葉石濤是一個被忽略的名字。他身在學院高牆之外，書寫著與主流不合拍的鄉土文學及其論述。他著作等身，在其身上折射著臺灣文壇中國結與臺灣結對立的一個重要方面。正如許多人所講的，他是「臺灣本土文學論」的奠基者，亦是分離主義者崇拜的宗師。他前後矛盾的文學論述及隨著政治氣候的變化對自己著作的增刪，反映了某些本土文學論者的機會主義特徵。

把創作小說看成天職的葉石濤，把寫作文藝評論只看成茶餘飯後的消遣，但他在後者所取得的成就遠遠大於前者。他的評論範圍廣泛，除評論臺灣作家外，還評論、譯介外國作家，兼治文學史和文學理論。其中影響最大，最能代表他水平的是「鄉土文學傳統」和「省籍作家成就」的評論。他先後寫過上百篇文章，幾乎將那些從歷史墳場中爬出來的作家處理得栩栩如生，對光復以來的重要本土作家一一作出評論。眾所周知，省籍作家如果太過關

〔註 1〕臺北，蘭開書局，1968 年。
〔註 2〕高雄，三信出版社，1973 年。
〔註 3〕臺北，遠景出版社，1979 年。
〔註 4〕臺北，遠景出版社，1981 年。
〔註 5〕臺北，遠景出版社，1983 年。
〔註 6〕臺北，前衛出版社，1983 年。
〔註 7〕臺北，遠景出版社，1985 年。
〔註 8〕高雄，文學界雜誌社，1987 年。
〔註 9〕高雄，派色文化出版社，1990 年。
〔註 10〕臺北，自立晚報社，1990 年。
〔註 11〕高雄，派色文化出版社，1992 年。
〔註 12〕臺南，臺灣文學館，2008 年。

心鄉土，便有可能被說成有社會主義思想；如果只關心鄉土，這又可能被說成是分離主義思想在作怪。葉石濤認為，問題的關鍵在於臺灣認同比中國認同更為重要，應允許臺灣人詮釋自己的國族認同主張。基於這一點，他還寫有不少專題評論和斷代評論、大量的文學回憶錄和雜文隨筆。

圖：葉石濤

葉石濤的文學評論，除「批判性」外，還強調寫實主義的理想性。

更具影響力的是他使用的「臺灣意識」這一概念。他在 1970 年代後期鄉土文學論戰時提出的這一概念，一直成為 1980 年代眾多鄉土作家詮釋臺灣文學的理論支柱。儘管他使用的「臺灣意識」概念由於內涵不清，以至被人誣陷為口談臺灣文學，實際上是攻擊鄉土作家。〔註 13〕但更多的激進鄉土作家喜歡從葉石濤提出的「臺灣意識」概念中加上自己的色彩，做「補苴罅漏，張皇幽眇」的工作。而葉石濤本人對「臺灣意識」與「中國意識」的關係總不肯明確表態，這是因為當時還有諸多禁忌未完全解除。

葉石濤的文學評論，給臺灣文壇吹來兩股新風：一是重新評價日據時期的「臺灣新文學」，二是他從日文書刊中所獲取的左翼理論。在「自由中國文壇」，這兩項都是禁區，以致只能在「新批評」框架裏打轉。葉石濤的評論還扮演了替臺灣文學評論界另闢蹊徑的重要角色。他第一次用「鄉土」二字給臺灣文學定性，所寫的鄉土作家論與居住在臺北的評論家的理論觀念與行文

〔註 13〕 參見真昕：〈御用攻擊也算文評〉，臺北，《臺灣文藝》，第 105 期，1987 年 5 月。

方式完全不同。

　　葉石濤文學評論的最大成就集中體現在他用三年完成的，成爲 1986 年
轟動臺灣文壇 10 件大事之一的《臺灣文學史綱》中。這是站在本土立場上
寫的臺灣文學史，是一部符合「臺灣意識」觀念的文學史，作者初步完成了
爲本土派建構臺灣文學史觀的使命。這又是首次出現的比較完整、學術價值
較大的臺灣文學史類著作。在此之前，大都是史料、論文和斷代史。作者從
17 世紀中葉明鄭收復臺灣帶進中原文化寫至 20 世紀 80 年代，縱貫三百餘
年。這種寫法，打破了過去修史只寫到前代而不涉及當代的慣例，從而填補
了中國文學史研究的一大段空白。

　　關於該書撰寫經過：1983 年春天，由《文學界》的葉石濤、陳千武、趙
天儀、彭瑞金、鄭炯明等同仁籌劃臺灣文學史的寫作，決定在收集資料的同
時先由葉石濤撰寫大綱，由林瑞明編寫詳細的《臺灣文學年表》，再將兩者
合併成書。其中葉石濤撰寫的部分，曾在《臺灣文藝》及《文學界》兩刊連
載披露，葉氏並看到廈門、廣東學者寫的臺灣文學史，使他感到「如果我們
臺灣的作家再不努力的話，我們臺灣的文學也許要由大陸的中國人來定位
了。」

　　「史綱」和葉石濤的文學評論一脈相承之處，在於強調文學與社會的聯
繫，文學對大眾所起的作用。「尊重史實，維護傳統」，「認同土地，服務人民」
〔註14〕，這是「史綱」的重要特色。但作者重「鄉土」輕「現代」，重「本省」
輕「外省」，說明其寫實主義批評尺度和本土立場比較褊狹，缺乏學術的嚴謹
性。

　　高喊擁護三民主義的葉石濤，其懷抱的夢想竟是「日據時代作家追求的
幸福社會」，故政治氣候一旦由陰轉晴，他就不再「打太極拳」而亮出了「臺
灣文學國家化」的旗號。陳映眞在批判分離主義的文學傾向時，曾稱葉石濤
爲「『文學臺獨』論的宗師」。對照葉石濤的言論，陳映眞的說法一點也不過
分。在收進 1994 年出版的《展望臺灣文學》的一篇文章中，葉石濤借評鍾
肇政的小說時宣稱：臺灣人「認同自己是漢人不等於認同是中國人」，「光復
時的臺灣人原本有熱烈的意願重新回到『祖國』懷抱的，可惜從中國來的統
治者輕視臺灣人，摧毀了臺灣人美好的固有的倫理，使臺灣人再淪爲『同胞』
的奴隸，這動搖了臺灣人原本有的認同感，使得臺灣人離心離德以致爲生存

〔註14〕白少帆等主編：《現代臺灣文學史》，瀋陽，遼寧大學出版社，1987 年。

而不得不起義抗暴，『二・二八』於焉發生」，於是，「認同感」徹底破滅。
〔註15〕這種觀點，和李登輝認為自己是日本人，以及民進黨的臺獨黨綱是
完全一致的。葉石濤從文學論述走向政治說教，把自己的立場緊緊向民進黨
乃至建國黨靠攏，完全取代了文學批評的文化意義，和他自己反對過的 50
年代出現的反共文學體現出驚人的同質性。

正因為葉石濤所開創的「臺灣意識論」和「本土文學論」（還有 1965 年
與鍾肇政通信中提出的「大河小說」概念），為臺獨派建構自己的臺灣文學史
提供了重要的理論支撐，故臺灣有一群本土評論家緊緊圍繞在葉石濤的周
圍，如陳芳明、彭瑞金、林瑞明等人，與北派的陳映真、呂正惠、尉天驄等
人形成鮮明對照。

葉石濤去世後，臺灣文壇出現了一些吹捧之聲，如說他是「文學良心的
代表」，是名副其實的「文學大師」，批判他的文章屬「政治口水」和「藍綠
惡鬥」。曾健民不同意這種看法，他在〈告別一個皇民化的作家及其時代──
蓋棺定論葉石濤〉中云：「葉石濤正是過去 20 年臺灣的統治勢力在文學文化
歷史等意識形態上的代表性人物。他的去世與李、扁政權的結束以及兩岸大
三通的啟動是有同等意義，都昭示著舊時代將要結束，新時代將要來臨。」
〔註16〕

四、豪氣干雲的顏元叔

顏元叔（1933～2012），湖南茶陵人。1956 年畢業於臺灣大學外文系。
1958 年赴美攻讀英美文學，1960 年夏獲碩士學位，1962 年獲威斯康辛州大
學英美文學博士學位。曾任教美國北密西根大學。1963 年返臺後任臺灣大學
外文系主任、教授。他除出版有散文集外，另有論文集《文學的玄思》《文
學批評散論》《文學經驗》《談民族文學》《顏元叔自選集》《文學的史與評》
《何謂文學》《社會寫實文學及其它》。

顏元叔是一個有強烈愛國主義精神的學者。他學貫中西，思理神妙，幽
默風趣，文采燦然，作品顯示出火辣辣的詩人性格和直通通的書生心腸，令
人讀後回味無窮，係臺灣十大散文家之一。

〔註15〕葉石濤：〈接續「祖國」臍帶後所目睹的怪現狀〉，載《展望臺灣文學》，臺北，
　　　　九歌出版社，1994 年。
〔註16〕臺北，《海峽評論》，第 217 期，2009 年 1 月。

　　作爲臺灣最早拿到英美文學博士返臺任教的學者，顏元叔是上世紀六七十年代取代夏濟安臺灣評壇地位最具影響力的新盟主。出身外文系的他，研究對象不局限於西方小說、戲劇，也包括中國的舊詩、新詩和現代小說。他既是第二代「新批評」的發言人，也是「民族文學」、「社會寫實文學」的積極倡導者。當代文壇的眾多論爭，差不多都有他的份，在許多時候他還擔任主角。他通過發表論文、出版專著、教壇傳授和現代詩、古典詩及小說批評領域的實踐，把「新批評」方法的優劣處發揮到極致。這種極致，首先是「導致」了文壇上多年來存在過的外文系與中文系學者矛盾的加劇：外文系捨棄了本身應負的學術研究職責和評介世界文學的學術功能，取代了中文系在古典文學研究領域的發言權；部分中文系的學者爲了摘掉「封閉保守」的帽子，急於搬用西方文學理論的觀念和方法去研究中外文學。自六十年代後，軍中作家的主導地位已被外文系出身的作家取代。是顏元叔的文學評論進一步從理論上強化了外文系出身的作家在文壇上的重要地位。第二個「導致」是從事文學批評必須有「文學概論」式的學術訓練，要有一套名詞術語，要有不同於讀後感的「遊戲規則」。

　　這不是誇大顏元叔的能量，而是因爲豪氣干雲的顏氏，一生認準目標便勇往直前，使其在當代文學理論家中居第一流兼領潮流的地位。沒有他開創一代新風的批評的推動，戰後臺灣文學理論的步伐就要減慢許多。當年他以其銳氣十足的狂飆筆鋒及雄姿英態，創辦了後來成了當代文壇重鎮的《中外文學》。他還與時任文學院院長的朱立民，大刀闊斧改革外文系的教學系統與英語課程，將外文系的課程變得系統化又多姿多彩，讓學生對中西文學有全面的認識，以至被稱爲「朱顏改」。他倡議成立比較文學博士班，譯介《西洋文學批評史》，將新批評觀點運用於古典詩歌領域，引起風潮與爭議。他研究日據時代文學，也介入當前文學創作，在文壇上引發極大的震動，在評論界掀起一陣陣狂潮。他曾叱吒風雲，引導一整個世代臺灣文壇的風騷，成了現代主義文學時期最重要的評論家。

　　作爲有遠見、有膽識、有擔當的開創者，顏元叔的批評文章的出現還象徵了另一種意義：臺灣的現代文學經過將近 20 年的發展，終於在臺灣本土立定腳跟。顏元叔雖然對現代文學採取比以往較嚴厲的批評態度，但他以臺灣第一高等學府外文系系主任的身份，用學院的嚴肅方式來分析這些作品，並且給予相當程度的肯定，特別是對白先勇的小說，另有對王文興小說的長篇

評論〈苦讀細品談《家變》〉，徹底改變了許多人否定這部小說的偏見。顏元叔認識到了現代文學的成就，肯在這方面花費他的學術工夫，證明他是一個能夠掌握時代潮流的學者，因此也可以說是 1949 年以後，「開創了學院研究臺灣當代文學現象的第一人。」〔註17〕

當時的詩壇風氣互相標榜和自我吹噓的多，很少有人能像顏元叔那樣挺身而出，直陳現代詩的弊端，以致洛夫將這位「非常具有殺傷力」的批評家和關傑明、唐文標並列，稱其為「三位現代詩的殺手」。〔註18〕也有人在飯桌上稱其為「屠夫」，這是因為他不僅為人有霸氣，而且文章寫得極為兇悍。正因為他毫不留情地批評現代詩，又提倡過「社會寫實文學」，與鄉土文學精神有相通之處，所以在鄉土文學幾乎要取代現代主義文學時，顏元叔的處境就變得相當微妙和尷尬。尤其是在 1977 年 12 月他發表了〈析杜甫的詠明妃〉的文章出現了兩處硬傷，遭到徐復觀等人的抨擊，迫得顏元叔從此離開文壇的漩渦中心。

在 1993 年紀念《中外文學》創刊 20 週年時，該刊創辦人顏元叔大聲讚美毛澤東在天安門城樓上所宣告的「中國人民從此站起來了！」由此呼籲「我們這一撮安適於西方帝國主義文化的黃色餘孽，也不宜太遲地摘掉餘孽的帽子，還來得及跳回到參加『振興中華』的行列中去吧！」這種激情表白帶有強烈的自我批判精神，但他在讚揚大陸改革開放的同時把大陸知識分子在政治運動中遭到的迫害從另一種意義上加以稱頌，這種對苦難漠視的殘忍以及罵自己和同事是「西方帝國主義文化的黃色餘孽」，顯得過分。林燿德稱「顏元叔頓時已化身臺灣『左爺』首席」〔註19〕，不無諷刺意味。

五、鍾鼎文對臺灣詩壇的貢獻

鍾鼎文（1914～2012），筆名番草，安徽省舒城縣人。1933 年畢業於京都帝國大學哲學系後轉社會學科，次年在上海《現代》《春光》發表詩作。1937 年任上海《天下日報》總編輯，詩人艾青隨其任副刊主編。1949 年鍾

〔註17〕 呂正惠：〈臺灣文學研究在臺灣〉，臺北，《文訊》，1992 年 5 月號。
〔註18〕 艾農：〈詩的跨世紀對話：從現代到古典，從本土到世界——洛夫 V.S 李瑞騰〉，臺北，《創世紀》，1999 年 3 月，第 118 期，第 44 頁。
〔註19〕 林燿德：〈小說迷宮中的政治回路〉，載鄭明娳主編：《當代臺灣政治文學論》，臺北，時報出版公司，1994 年，第 184 頁。

鼎文隨軍去臺，歷任國大代表、《自立晚報》與《聯合報》《中國時報》主筆和世界詩人大會榮譽會長、《新詩》周刊主編、中華民國新詩學會會長等職。出版詩集有：《三年》《行吟者》《山河詩抄》《白色的花束》《國旗頌》《雨季》《鍾鼎文短詩選》。

　　鍾鼎文在 30 年代發表的詩和戴望舒一樣，多抒發憂鬱和暗淡的情緒。盧溝橋的炮火，敲碎了現代派詩人所營造的象牙之塔，鍾鼎文的詩風由此改變，他不再彈唱靈魂的顫音而轉向關注社會和政治。

　　鍾鼎文與紀弦、覃子豪並稱為「臺灣詩壇三老」。這「三老」年輕時均在大陸認識，如鍾鼎文與覃子豪是在北平一家書局二樓因為同班學習「世界語」而認識的，紀弦則是鍾鼎文流亡上海時因寫詩而結緣，他們的友誼一直延續到海島。縱然在文學觀上有差異與爭執，像紀弦與覃子豪常常打筆墨官司，但打完仗後交情依然故我，而鍾鼎文也常常當他們的調解人。如果說這「三老」紀弦是把現代派的火種由大陸帶到臺灣，覃子豪是以詩的教育者和播種者著稱，那鍾鼎文的貢獻表現在充分利用自己的行政資源和影響力爭取到《自立晚報》的版面創辦《新詩》周刊，為促成現代詩在臺灣的蓬勃發展作出貢獻。

　　鍾鼎文不僅編詩還教詩，1953 年 12 月 1 日成立的「中華文藝函授學校」新詩班教員名冊除有覃子豪、紀弦、鍾雷等人外，另有鍾鼎文。1961 年 10月，中國詩人聯誼會與中國文藝協會，在臺北市水源路文協大樓舉辦為期半年的「新詩研究班」，作為班主任的鍾鼎文所講授的是《中國詩的源流》。這個研究班培養了文曉村、古丁、王在軍、藍雲等一批著名詩人。

　　鍾鼎文的第二貢獻是 1954 年 3 月與覃子豪、余光中、夏菁、夏禹平、蓉子等人發起成立「藍星詩社」，陸續加入該詩社的有羅門、張健、向明、吳宏一等人，其中學院派人士不少，近乎精英們沙龍式的雅集。他們的結合，係對「現代詩社」的一個「反動」。紀弦要從事「橫的移植」，他們不贊成。紀弦要打倒抒情，他們的作品卻以抒情為主。該詩社社性低，「黨性」不強，從未標榜什麼主義和流派，奉行的是溫柔敦厚的抒情路線，對不可一世的紀弦具有制衡作用。後來鍾鼎文與喜歡標榜自己的覃子豪意見不和而退出，另於1967 年聯合詩界籌組「中華民國新詩學會」，並當選為會長。此「學會」儘管沒有創世紀、藍星詩社影響大，但畢竟團結了一小批非主流詩社或未加入詩社的作者。

　　鍾鼎文的第三貢獻是於 1973 年與菲律賓資深詩人尤松發起組建並召開第一屆世界詩人大會，並被推舉爲會長，後又共同創辦「世界藝術與文化學院」，作爲世界詩人大會活動開展基地，由鍾鼎文出任院長。世界詩人大會已在各國召開 26 屆，每年臺灣代表都不缺席，鍾鼎文爲臺灣新詩與國際詩壇接軌鋪平了道路。

　　長期身居要職的鍾鼎文到臺灣後，其經歷和官方背景，使他較少寫出關懷社會之作，產量也不夠豐盛。應該肯定的是：他的詩境從此變得浩翰壯闊，音節鏗鏘有力。他不再用「現代」而改用寫實的筆觸刻畫事象，讓抒情與敘事結合，語言不再艱澀。1976 年寫於美國的〈留言〉，便是他這方面的代表作：

> 讓我將不朽的愛，留給世界：
> 將我難忘的恨，帶進墳塋。
>
> 一片浮雲飄過大海，是我的生命。
> 一陣微風吹過花叢，是我的感情。
>
> 我祈禱的手將變作樹，伸向穹蒼。
> 我含淚的眼將變作星，俯瞰大地。
>
> 親愛的母親，親愛的故鄉，我太困倦了，
> 讓我回到你們的懷抱裏久久地安息吧。

鍾鼎文論詩強調新詩的歸宗與歸眞，晚年寄希望予兩岸統一。

六、紀弦：「現代派」的旗手

　　紀弦（1913～2013），出生於河北清苑縣，本名路逾，原籍陝西。1929 年，他開始寫作，1933 年用路易士筆名。1934 年在《現代》雜誌發表詩作，自費出版《易士詩集》。1936 年在東京和覃子豪相識，另和徐遲各出 50 元，戴望舒出 100 元合辦《新詩》月刊。1939 年他接連出版了《愛雲的奇人》等三部詩集。1945 年開始使用紀弦的筆名。截至 1948 年 11 月底由上海到臺灣以前，紀弦在大陸共出版過九本詩集，辦過七種詩刊。他這時期的作品，後來收入在 1963 年出版的《摘星少年》《飲者詩抄》中。

紀弦到臺灣後，長期任教於成功中學，其得意弟子有金耀基、羅行、楊允達、黃荷生、薛柏谷。從 36 歲至 64 歲，紀弦在祖國寶島渡過了將近 28 年。他最引人重視的是創辦《現代詩》，組織現代派。作爲現代派的旗手，他高呼新詩要走「橫的移植」的道路〔註 20〕。由於這一主張矯枉過正，引起詩壇強烈不滿，從而扮演著被覃子豪等人口誅筆伐的對象，使他常有一種孤獨感。他卻以阿 Q 精神自慰：這是「光榮的獨立，我自甘寂寞」〔註 21〕。

紀弦反對抒情，提倡「主知」，可他本質上是浪漫唯美的詩人，故他的創作實踐無法貫徹這一點。作爲詩人，紀弦愛衝動，發表演說和行文常常偏執。爲了創新，他大聲疾呼反叛傳統，否定前人的成就。

紀弦的詩之所以有生命力，在於抒情主人公的形象突出。紀弦詩的另一特點是意象顯得繁複駁雜，語言奇巧而乖張。它強調詩人對外界現實的主觀驅使力，強調藝術創造者主體對客體的重新組合作用，輕視詩的情節性和明朗化的理性表白，追求意象直覺感，多採用象徵、暗示、隱喻、變形的手法，打破直抒胸臆的傳統表現方式，讀了後使人似懂非懂，半懂不懂，留有咀嚼的餘地，如《妳的名字》。

1976 年底，紀弦移民國外，繼續像一匹狼在美國西海岸的曠野、荒原上獨行而長嘯。他這時的詩風，不再有早期滑稽玩世的遁逃，也鮮有豁達超世的征服，而「以『溫柔敦厚』的詩教爲依歸，表現了詩與自然渾然一體的境界」〔註 22〕。他暮年還出版了三卷本《紀弦回憶錄》〔註 23〕，在提供不少文壇史料的同時，極力修改和掩飾自己在抗戰時期那一段不光彩歷史，並對披露他史實的人不存寬容、敦厚的態度，極盡辱罵和詛咒之能事，這不是一位嚴肅作家對歷史負責的態度。

紀弦是一位喜愛領導新潮流的傳奇式人物。他曾以「時代的鼓手」自居，以「開一個新紀元的中國詩的大臣」、「文學史上永不沉沒的一顆全新的太陽」爲自己刻石記功。他把創辦《現代詩》、成立「現代派」看作自己「整個人生過程中最最光輝，最最華美，最可珍惜，最可回味的一段歷史。」〔註 24〕但紀弦不是一個嚴謹的詩論家。他提口號、編信條遠勝於他論證複雜的理論問

〔註20〕臺北，《現代詩》第 13 期，1956 年 2 月 1 日。
〔註21〕見李瑞騰：〈釋紀弦的《狼之獨步》與《過程》〉，臺北，《中華文藝》第 74 期。
〔註22〕羅青：〈俳諧論紀弦〉，臺北，《書評書目》1975 年第 28、29 期。
〔註23〕臺北，聯合文學出版社 2001 年 12 月版。
〔註24〕紀弦：《千金之旅》，臺北，文史哲出版社，1996 年，第 228 頁。

題，但他的某些觀點，如認爲新詩的本質是情緒，應具有建築的繪畫性和以心靈去感覺的音樂性，以及採用沒有形式的自由詩形式等，卻自成一家之言。

紀弦以「六大信條」爲代表的理論儘管引起眾多詩人和文學史家的批評，但他提出「新詩的現代化」這一口號並沒有錯，且爲當時死水一潭的詩壇帶來新的活力，爲豐富新詩藝術表現手段，開發了新的知性領域，對超越泛政治主義的「戰鬥詩」或「精練戰鬥文藝」有其獨創的貢獻。紀弦功在倡導，惜乎他當「英雄」心切，以至「英雄」未當成，倒給臺灣現代詩發展帶來了一系列棘手的問題。

紀弦不是「英雄」，但有人說他是「文化漢奸」，關於這個問題，一直有爭論。對文學史家來說，要嚴格區分「文化漢奸」與不分敵我是非、親近日僞、參加過漢奸文學活動與寫過漢奸作品的作家的界限。鑒於紀弦寫的漢奸文學作品在他詩作中不構成主流，作品數量也極少，他亦非漢奸政權要角或汪僞文壇的頭面人物，因而不應再去「補劃」他爲文化漢奸。從這個角度看，紀弦在新出的回憶錄中說「我絕非漢奸！絕非漢奸！」倒是對的。但還要補一句他「大節有虧」，以說明他有過不光彩的昨天。

關於紀弦寫的漢奸文學作品，已有新的發現：劉正忠已將紀弦的〈炸吧！炸吧！〉找到原始出處，證明該詩內容和「敵機轟炸重慶」無關；1942 年紀弦作的〈巨人之死〉，也不是悼念漢奸，而是悼念遭蘇聯特工暗殺的托派。〔註 25〕但他的確寫過歌頌漢奸的作品，據吳奔星的公子吳心海稱，紀弦在1944 年出席第三屆大東亞文學者大會得知汪精衛剛死去時，除參與用中文和日文爲汪逆致悼詞外，還自告奮勇即席賦詩〈巨星隕了〉，並要求登臺朗誦他這首爲中華民族罪人歌功頌德的作品〔註 26〕。

紀弦在美國去世時享年 101 歲——用他的話來說，他「到很遠很遠的國度去了。」

七、夏志清的「洞見」與偏見

夏志清（1921～2013），江蘇吳縣人。上海滬江大學畢業，1947 年赴美，長期擔任美國哥倫比亞大學東方語言文化系教授。原先是研究英國古典文

〔註 25〕劉正忠：〈藝術自由與民族大義：「紀弦爲文化漢奸」新探〉，臺北，《政大中文學報》，2009 年 6 月。

〔註 26〕見《臺灣詩學》16 號，第 286 頁。

學，後因參加編寫《中國手冊》，將興趣轉移到中國文學，出版有英文著作《中國現代小說史》等論著多種。

夏志清於 1950 年代末期寫成《中國現代小說史》，奠定了他的文學史權威地位，其開拓意義強烈地刺激了大陸現代文學研究工作者。

在海內外華文文學界，對中國現代文學研究作出最大成績的自然是大陸地區。可大陸地區的學者，長期以來存在著「以社會主義文學的標準衡量現代文學」的庸俗社會學傾向，過分強調現代文學的新民主主義性質，以是否具有「反帝反封建」的傾向作為衡量和評價現代文學作家作品的重要乃至唯一標準，以至路子愈走愈窄。一些與無產階級革命步伐不甚一致的自由主義作家，儘管在創作藝術上獲得了巨大成就，發生了重大影響，但由於不屬宏大敘事文學範疇，便被粗暴地否定，因而當人們讀到夏志清對遭大陸學者長期冷落的以日常生活敘事著稱的作家沈從文、錢鍾書、張愛玲作品作充分肯定時，感到耳目一新。夏志清出於一股對抗「五四」和左翼作家以革命為功利目的的文學史敘事的熱情，對非主流作家評價時常離不開一個「最」字。值得肯定的是，對一些政治傾向他不贊成的作家，儘管也有難聽的貶詞，但他不一筆抹煞這些作家的藝術成就。夏志清把中國現代小說史的下限延伸到1957年，而且附錄了〈1958年來中國大陸的文學〉，這對擴大海外讀者的視野，增進對大陸文學的瞭解，也有幫助。「小說史」不僅寫大陸作家，而且還寫了去臺作家，在體例上也是一種創新。

在海外出版的一些研究中國現代文學的著作，使用的大都是老一套的評點式研究方法。具有「洞見」的夏志清沒滿足於這套方法，而注重對作家藝術個性的剖析和新的研究方法的運用。給人印象特別深的是比較方法，如〈文學革命〉等章，從縱的方面探討了中國現代小說如何在中國獨有的歷史傳統和民族心理影響下，形成了與英美國家不同的藝術特色；從橫的方面，探討了思想傾向或藝術傾向不同的作家如何受了美英或法、俄、日等國家的文學傳統的薰陶。夏志清談這些問題時，雖然有的論證不充分，有的則純是為了炫耀自己的博學，但應該承認，他這種比較思路新、視野廣，能啓人心智。

和比較方法相聯繫，夏志清還十分重視西方文學對中國現代小說的影響。如他認為「現代中國小說源於十九世紀和二十世紀初期（外國）的寫實主義與自然主義的傳統。其主要的導師有屠格涅夫、狄更斯、托爾斯泰、莫泊桑、左拉、羅曼・羅蘭、契訶夫、高爾基以及在十月革命前後發表過一些

作品的二、三流作家。」至於福樓拜、陀思妥也夫斯基等著名作家對中國現代小說作家影響不大，原因在於中國小說家「所求之於西方小說家的，主要還是知識上的同情與支持。」這些論述注意到了大陸研究者普遍忽視的一面，提出了一些引人思索的見解。

《中國現代小說史》另一長處是不同於「點鬼簿、戶口簿」一類的現代文學史，滿足於作家作品資料的羅列，而力求尋找出中國現代小說——也是中國現代文學的最大特色。對這特色，夏志清作出如下概括：

> 自十九世紀中葉以來，長期的喪權辱國，當政者的積弱無能，遂帶來歷史上中華民族的新覺醒。作家和一些先知先覺的人物，他們所無時或忘的不僅是內憂外患、政府無能。不管中國的國際地位如何低落，在他們看來，那些紛至沓來的國恥也暴露了國內道德淪亡，罔顧人性尊嚴，不理人民死活的情景。……現代的中國作家，……非常感懷中國的問題，無情地刻畫國內的黑暗和腐敗。

在附錄的論文中，夏志清明確地把「五四」敘事傳統的核心歸結為「感時憂國」，並指出這是「中國文學進入現代階段」的特點。他認為「感時憂國」精神是因為知識分子有感於「中華民族被精神上的疾病苦苦折磨，因而不能發奮圖強，也不能改變它自身所具有的種種不人道的社會現實」而產生的愛國熱情，這種「洞見」使人們注重文學內容而輕視其形式，並對現實主義的重要性更加關注，以便應用文學手段去批判社會的黑暗面和瞭解人生的艱難。這樣，中國現代文學研究就擔負著中國現代史的重任。

作為美國現代中國文學研究的奠基人，夏志清也有明顯的偏見：受西方意識形態的影響，對張愛玲的評價過高，對魯迅的文學史地位認識不足。該書還遺漏了蕭紅、端木蕻良、路翎、艾蕪等重要作家。

最後要指出的是，夏志清是一位文壇上鮮見的任誕狂狷、風流倜儻、直爽率真、敢做敢當的評論家。他在編注第三本關於「祖師奶奶」的書信集即《張愛玲給我的信件》〔註 27〕時，已把編注看作是獻給自己的祈禱書，是為了安放鬱悶著的出口，是一次作自我精神調整與解脫再好不過的機會。在經歷過 2009 年那場大病後，他記憶和思維已大不如前，連編注都要王洞代勞，因而他要趕緊「交待後事」，橫下一條心不再把心中的秘密帶到墳墓裏去，這樣也可省卻文學史家在未來鉤沈和考證的麻煩，便在編號 44 的信件按語裏，

〔註27〕臺北，聯合文學出版社，2013 年 3 月版。

大膽說出自己與 Lucy 和 Helen 的戀情。他去世後，其遺孀王洞在香港發表了
〈志清的情史——記在臺一周〉〔註28〕，這是後話。

〔註28〕發表於香港《明報月刊》2015 年 7 月號。另有王洞的網文〈夏志清遺孀：遭
　　　　人毀（誹）謗後，我必須說出這些夏志清情史〉。

後記：臺灣文學是我的精神高地

　　古代官員爲附庸風雅，提倡「未妨餘事做詩人」。他們把自己寫詩看作是「歲之餘、日之餘、時之餘」結出的果實。歐陽修的「三上」即「馬上、枕上、廁上」，則比上面說的「三餘」更具體、更生動。本來，每個人都有自己的「三餘」，「致仕」多年的我，10 年來的著述只能說是「二餘」：「退之餘、休之餘」的產物。

　　鄙人雖然姓古，但我從不崇尚發思古之幽情，將自己的精力全埋首在古文學堆裏。我先後出版的《臺灣當代文學理論批評史》《香港當代文學批評史》《臺灣當代新詩史》《香港當代新詩史》《海峽兩岸文學關係史》，明顯帶有當代人寫當代史的特點。我受老師劉綬松的影響，寫「史」似乎上了癮，現在仍和歷史的情緣未斷，又來了一部《臺灣新世紀文學史》，眞好像是走上「不歸路」了。可我寫的「史」並不屬古文學的亡靈，其中上史的作家不少還健在，這就是爲什麼我喜歡用「當代」命名的緣故。

　　鑒於我寫的境外文學史之多，有人建議我改換門路，因爲這些不成爲「史」的著作，很容易被他們用後現代的非中心論進行解構。對拙著提出任何批評意見，我都表示歡迎，但不應由此否定當代文學史寫作的必要性。我這六種境外文學史，均是基於自己的史學意識和文學觀念，對境外文學存在的一種歸納和評價，與現代性尤其是與現代的教學和學術緊密聯繫在一起，它們都富有強烈的當下性與現實感，這既是由選題決定的，也與我的研究興趣和評論取向分不開。2012 年報國家社科基金課題之初，我就曾考慮過「臺灣新世紀文學」能單獨成爲一個階段來寫嗎？這樣論說，能得到對岸的認可嗎？我想：不管別人如何評說，走自己的路要緊。但畢竟臺灣文學研究在大

陸屬邊緣性專業，故諸多文學評論刊物，可以對研究大陸新世紀文學一路開綠燈：不是設專欄，就是開研討會，還出專書乃至套書，可對論述臺灣新世紀文學的文章，他們大都以所謂「敏感」爲由拒之門外。當然，也有少數文評刊物願意刊登，如《南方文壇》《名作欣賞》《中國現代文學論叢》。既然園地不多，我只好移師到文學圈外的刊物《學術研究》《暨南學報》《天津師大學報》《貴州社會科學》《粵海風》，另交由中國社會科學院主辦的《臺灣研究》《臺灣周刊》上發表和連載。在臺灣，儘管他們認爲我有所謂「預設立場」，但仍欣賞我的歷史情結，有《文訊》《新地文學》《海峽評論》《祖國文摘》《世界論壇報》發了我這個課題的有關論文，讓我受到鼓舞，其友情使我難以忘懷。

　　《臺灣新世紀文學史》作爲一項有價值的課題，除了開掘出一個具有特殊意義的新研究領域外，除了它對臺灣新世紀文學作首次系統論述外，還在於它以「文學制度的裂變」、「夾著閃電的文學事件」、「詮釋權爭奪的攻防戰」、「五色斑斕的文學現象」的學術勇氣和發現能力，以及所傳出的眞誠、善意、銳利的聲音，從而獲取該書的獨特理論品格。此外，對於新世紀臺灣的政治小說、以王鼎鈞爲代表的回憶錄，還有「在臺的馬華文學」以及「數位文學」、「原住民文學」的論述，我均以求是、求眞之精神辨析，盡可能給讀者展現一個不同於大陸的文學新天地。其中對「臺語文學」的批評，吹拂著直擊沉屙的新風。「兩岸文學，各自表述」以及「三分天下的臺灣文壇」，友人認爲「視角獨特，讀起來酣暢淋漓，由此成爲本書的亮點。」拙著對這些牽涉到 21 世紀臺灣文學前沿問題的疏理、呈現、演繹、解讀，友人還讚揚說「不僅新穎和新鮮，也能讓讀者讀後覺得有新收穫。」我這樣引述他人的評價，有點似「古婆賣瓜，自賣自誇」，但如此評價完全是在釋放自己。對我這把年紀的人來說，如果連自信心都沒有，那就枉對自己不斷的思考、開掘和突破，那退休就眞變爲「淪陷」了。

　　我寫的眾多境外文學研究著作，除高等教育出版社出版的《當代臺港文學概論》屬教材型外，其餘均是屬所謂專家型。專家型的文學史由於過於冷門，在教育界和以大陸爲中心的當代文學研究界不佔主流地位，鮮有人問津，以致變爲無人理睬的孤兒，因而那位友人好話說盡後跟我潑了瓢冷水，認爲我的臺港文學研究即使搞得再多再好，也與「淪陷」無異。可我不甘心自己的學術生涯就此「被淪陷」，我竟不顧身體的承受能力，近年來多次穿

梭於寶島南北兩地，並採購了大批書刊，以致過 74 歲生日時，內人為我做了三個書架慶賀。一般說來，在珞珈山求學才是我讀書的黃金時期，可我現在仍然有強烈的求知慾，讀書和寫作對我來說是一種最好的休閒方式，是一件很愉快的事，用臺灣作家、武大校友胡秋原的話來說「寫作是一人麻將」。日讀萬言日寫千字，並不覺得厭倦和疲憊。有時一邊做飯，一邊寫作，竟把飯燒糊了，身心完全融進新世紀臺灣文壇，人在此岸心在彼岸，能不快哉！如此說來，我真該感謝臺灣文學，是它使我多了一塊精神高地，同時也應感謝對岸朋友送來的和自己採購的眾多繁體字書刊。沒有它們，我的日子就不可能過得這麼充實，就不可能感到精神上是這樣富有。

　　敘述歷史、評說歷史難免受到時空的制約，理解歷史、書寫歷史，更與語境有著極大的關係。這也許就是臺灣學界對大陸的臺灣文學研究，為什麼總是認同得少批判得多的一個原因。他們對大陸學者尤其是所謂「南北二古」（另一「古」為武大同窗即中國社會科學院文學研究所研究員古繼堂）的不滿，集中在 1990 年代。典型的有《臺灣詩學季刊》兩次製作的「大陸的臺灣詩學檢驗專輯」。現在經過 20 年的努力與開拓，大陸的臺灣文學研究已進入沉潛期。今後，臺灣文學研究是朝「發明」還是「發現」方向發展，是否要將新世紀臺灣文學研究進行到底，對這種研究是要現實性還是與當下保持距離的學術性，這些問題有待兩岸學者共同探討。作為以搜集、記錄、整理、保存、研究臺灣文學為職志的我，從不滿足快節奏、「趕場式」的寫作，但仍將以筆耕不輟的實際行動對上述問題做出回答。至於如何回答，請讀者諸君留意我的下一部著作。

附錄一：臺灣新世紀文學大事紀要
（2000～2013）

　　本大事記的內容，包括重大政治事件、文化熱點、文學思潮、文學運動、文學論爭、重要會議、刊物創刊終刊、重要作品發表出版、重要作家活動及去世等項。

2000 年

　　1 月 5 日，資深作家王昶雄和謝冰瑩分別去世。

　　1 月，《文學臺灣》第 1 期「卷頭語」希望新世紀成爲「臺灣文學獨立紀元」。

　　1 月 8～9 日，「解嚴以來臺灣文學國際學術研討會」在臺灣師大舉行。

　　2 月 10 日，《傳記文學》創辦人劉紹唐去世。

　　2 月 15 日，「李敖諾貝爾文學獎提名暨《北京法源寺》新書發表會」在臺北舉行。

　　3 月 4 日，《柏楊全集》出版。

　　3 月 19 日，爲選舉最高領導人發生「槍擊案」。

　　3 月 24 日，李登輝辭去國民黨主席，由連戰擔任代主席。

　　4 月，爾雅出版社陸續推出商禽等人的世紀詩選。

　　4 月 12 日，《李喬短篇小說全集》10 冊出版。

5月12日，五十年代紅極一時的楊念慈小說《廢園舊事》再版。

5月14日，行政院新聞局舉辦「向資深作家致敬」作品回顧展。

5月，陳水扁和呂秀蓮出任臺灣地區最高領導人。

7月8日，臺獨組織臺灣南社成立，社長為作家曾貴海。

7月，陳映真發表批駁陳芳明文章〈以意識形態代替科學知識的災難〉，陳芳明於10月發表〈當臺灣文學戴上馬克思面具〉反駁陳映真。《中外文學》發表劉紀蕙編《中國符號與臺灣圖象專號》。

8月，張大春出版小說《城邦暴力團》。吳守禮發表《國臺對照活用辭典》。高行健獲諾貝爾文學獎。

9月，陳映真在北京發表〈論「文學臺獨」〉。成功大學成立「臺灣文學研究所」。

10月6日，小說家孟瑤去世。

10月15日，《文學臺灣》發表趙天儀的演講稿〈臺灣文學研究的方向〉。

10月，高行健小說《靈山》狂印10萬冊。

11月，駱以軍出版長篇小說《月球姓氏》。

12月18日，「臺獨教父」葉石濤為日文版《臺灣文學史綱》作序時指出：「我真正的祖國是臺灣，但是我內心的故鄉是日本。」

是年，水瓶鯨魚主編《失戀雜誌》，帶動網路輕文學的平面出版新模式。林海音、賴和、鍾肇政、葉榮鐘、孫觀漢等老作家全集陸續出版。

2001年

1月15日，《臺灣e文藝》創刊。

1月17日，教育部鼓勵公立大學增設臺灣文學系或臺灣研究所。

1月21日，陳映真發表〈天高地厚〉，批評高行健的諾貝爾獎受獎詞。

1月，臺灣加入WTO，兩岸的圖書零售開放，大陸書開始以低價進入臺灣市場。

2月8日，京劇《紅燈記》不作任何修改在臺北上演。

2月22日，日本出版漫畫《臺灣論》，漢譯本在臺灣問世後引起反日的「深藍」人士強烈抗議。

2月，高行健擔任臺北市駐市作家。《海翁臺語文學》創刊。

3月31日，世新大學成立「世界華文文學資料典藏中心」。

3月，琦君小說《橘子紅了》改編爲電視劇上演。李喬出版《文化‧臺灣文學‧新國家》，認爲「文化臺獨論」才是建設未來「臺灣國」的根本。

4月25日，李敖舉行《上山‧下山‧愛》新書發表會。

6月，《楊逵全集》《洪醒夫全集》出版。

7月1日，由張良澤主編的《臺灣文學評論》創刊。風靡全球的兒童讀物《哈利波特》第三集在臺灣出版，奇幻故事熱掀起。

8月22日，「文建會」把眷村住民稱爲「新住民」，成爲和「原住民」並列的弱勢族群，引發張大春和朱天心的強烈不滿。

8月，藍博洲發表報導文學〈消失在歷史迷霧中的作家身影〉。邱貴芬主編的《日據以來臺灣女作家小說選集》出版。

9月，張春凰等著《臺語文學概論》出版。

10月3日，《自立晚報》停刊。

2002 年

1月16日，本土作家柯旗化去世。

1月，呂正惠、趙遐秋主編《臺灣新文學思潮史綱》在北京出版。

3月9日，《現在詩》創刊。

3月20日，《未央歌》作者鹿橋在波士頓去世。

3月31日，《張文環全集》出版。

3月，臺北市長馬英九主持「錢穆故居」開啓典禮。根據李喬大河小說《寒夜三部曲》改編的電視劇〈寒夜〉，在公共電視臺播出。4月20日，李歐梵當選中央研究院院士。

6月，「臺灣文學資料館」在眞理大學麻豆校區開館。呂正惠《殖民地的傷痕——臺灣文學問題》出版。

7月18日，九歌出版社出版「新世紀散文家」書系。

7月，陳映眞在《聯合文學》發表中篇小說〈忠孝公園〉。

8月，陳水扁提出「一邊一國論」。陳映眞編《反對言僞而辯——陳芳明臺灣文學論、後現代論、後殖民論的批判》出版。

9月9日，由焦桐策劃的《臺灣現代文學教程》系列書籍出版。

9月22日，美學家王夢鷗去世。

9 月 25 日，陳水扁出席成功大學臺灣文學系成立茶會。

10 月 11 日，大陸赴臺作家無名氏去世。

10 月 22 日，《王昶雄全集》出版。

11 月 22～24 日，成功大學舉辦「臺灣文學史書寫國際學術研討會」。

是年，為配合九年一貫課程的實施，教科書全面開放不再由「國立編譯館」壟斷，改為民間各自編輯，是為「一綱多本」的開始。

2003 年

3 月，「吳濁流文學藝術館」於苗栗落成。

4 月 15 日，《文學臺灣》發表〈展望光復以來臺灣文運〉，另發表彭瑞金〈文學只有獨立，沒有統一問題〉、黃英哲〈1950 年代臺灣的「國語」運動（上）〉，下篇在該刊 7 月 15 日發表。

4 月 18 日，孫大川主編《臺灣原住民漢語文學選集》共 7 冊出版。

4 月，成功大學臺灣文學研究所設立博士班。

5 月 4 日，「中國文藝協會」主辦的《文學人》季刊創刊。

5 月 20 日，文壇新秀黃國峻自縊身亡。

5 月，《文訊》不再由黨政出資。

夏，行政院公佈「文書由左向右」，以便跟國際接軌。

6 月 9 日，《壹詩歌》詩刊創刊。

7 月 10～12 日，龍應台在《中國時報》連載〈五十年來家國——我看臺灣的「文化精神分裂症」〉。

7 月，張大春出版小說《聆聽父親》。

8 月，《INK 印刻文學生活誌》創刊。《七等生全集》共 10 冊出版。

9 月 1 日，《野葡萄文學誌》創刊。

10 月 9 日，小說家王藍去世。

10 月 10 日，九歌出版社出版《中華現代文學大系：臺灣 1989～2003》共 12 冊。

10 月 15 日，許達然發表〈建議《文學臺灣》考慮橫排〉。

10 月 17 日，「臺灣文學館」開館。文建會主委陳郁秀致詞時稱「臺灣人終於拿到臺灣文學解釋權」。

10 月 27 日，原《幼獅月刊》主編司徒衛去世。

10 月，應鳳凰等合著的《臺灣文學百年顯影》出版。

11 月 13 日，陳映眞批判藤井省三在東京出版的《百年來的臺灣文學》。

11 月 28 日，由中國文化大學中文系等單位主辦的「回顧兩岸五十年文學學術研討會」在臺北舉行。

12 月 6～7 日，由佛光人文社會學院等單位主辦的「兩岸現代詩學國際學術研討會」在宜蘭舉行。

12 月 27 日，由陳映眞發起的「人間學社」成立。

12 月，中國溫家寶總理訪問美國時，引用余光中的詩云：「這一灣淺淺的海峽，確實是我們最大的國殤、最深的鄉愁。」

是年，「國藝會」推出「長篇小說專案補助案」。許俊雅編《無語的春天：二‧二八小說選》出版。

2004 年

1 月 11 日，柏楊、朱天文、楊照等作家結合社運界人士籌組「族群平等行動聯盟」，對正在進行中的臺灣最高領導人選舉表明族群立場和主張。

2 月，由臺灣文學館委託施懿琳編纂的《全臺詩》共 5 冊出版。聶華苓出版自傳《三生三世》。

3 月 10 日，九歌出版社開始出版「年度童話選」。

4 月 5 日，青年作家袁哲生自殺。

4 月 15 日，《臺灣文學評論》發表黎湘萍〈解讀臺灣──以兩岸知識者關於臺灣文學史的敘事爲例〉。

4 月 29 日，白先勇改編崑曲《牡丹亭》在臺北上演。

4 月，《臺灣文藝》停刊。

5 月 20 日，陳水扁再次當選爲臺灣地區最高領導人，後任命鍾肇政爲「總統府資政」，李喬、葉石濤、楊青矗爲「國策顧問」，吳錦發爲「文建會」副主委。

5 月 21 日，北京趙稀方在大陸發表〈視線之外的余光中〉，重提余光中的「歷史問題」。

5 月 24 日，評論家胡秋原去世。

6 月 23 日，詩人王祿松去世。

7 月 15 日，《文學臺灣》發表彭瑞金〈戰後初期「臺灣文學路向之爭」的眞相探討〉。

7 月 23 日，《文星》雜誌創辦人蕭孟能在上海去世。

圖：蕭孟能

7月，北京人藝在臺北上演老舍名作〈茶館〉。《印刻文學生活誌》製作張愛玲專號。

8月，藤井省三在臺北出版《臺灣文學這一百年》。

9月21日，余光中就其鄉土文學論戰中的歷史問題，在廣州《羊城晚報》發表〈向歷史自首？〉。

10月15日，《文學臺灣》發表鄭炯明〈你所不知道的陳映眞〉。《臺灣文學評論》發表沙漠〈「臺灣文學」與「鎖國文學」〉，並發表陳俊宏〈一場雞同鴨講的浪漫演出——解讀黎湘萍的《解讀臺灣》〉，同時發表黎湘萍〈愛與美——回應陳俊宏先生〉。

10月16日，行政院文建會主辦「多元族群與文化發展會議」，強調官方將推動各族群語言都成爲「國家語言」。

10月17日，陳水扁主持臺灣文學館成立一週年慶祝活動，並同時舉辦「北鍾南葉主題書展」。

10月，柏楊、琦君、齊邦媛、鍾肇政、葉石濤獲得「總統府國家二等卿雲勳章」。《人間思想與創作叢刊》製作〈余光中風波在大陸〉〈陳映眞駁藤井省三〉專題。臺灣大學、中興大學、中正大學「臺灣文學研究所」成立。

11月27日，「臺灣新文學發展重大事件研討會」在臺灣文學館舉行。

12月21日，統派教師向教育部陳情提高文言文比例，認爲如果象徵中華文化的文言文消退了，那「中華民國就將國不成爲國了」，而獨派教師則認爲提高文言文比例是「殖民教育」，是「中國豬」所爲。

2005年

1月1日，本土詩人李魁賢出任「國家文學藝術基金會」董事長。

1月14日，以余光中領銜的「搶救國文教育聯盟」成立。

1月15日，《文學臺灣》發表彭瑞金〈臺灣的確需要文化大革命〉。

2月24日，聯經出版公司與上海季風書園合作專賣簡體字版圖書的「上海書店」在臺北開幕。

3月14日，〈反分裂國家法〉在北京通過。

3月24日，臺灣師大人文教育中心主持編纂的《臺灣文化事典》出版，後因內容涉及「臺灣地位未定論」引發爭議。

4月6日，評論家黃武忠去世。

4月15日，《文學臺灣》發表林瑞明〈臺灣文學研究的回顧與展望〉。

5月2日，孟樊主編《當代詩學》創刊。

6月2日，葉洪生等著《臺灣武俠小說發展史》出版。

7月2日，「臺灣海翁臺語文教育協會」主辦的「第一屆海翁臺灣文學營」在臺南舉行。

7月16日，馬英九出任國民黨主席。

7月31日，古遠清《分裂的臺灣文學》在臺北出版，後被陳信元批評為「極盡分化之能事」。

8月，《藍博洲文集》在北京出版。

9月16日，資深編輯家馬各去世。

9月17日，由陳芳明負責的政治大學臺灣文學研究所成立。

11月1日，詩人杜十三炮打獨派政客謝長廷，後引發藍綠作家不同的詮釋。

11月3日，小說家潘人木去世。

11月26日，《鹽分地帶文學》創刊。

12月15日，《文學臺灣》開始連載曾貴海〈臺灣戰後反殖民與後殖民詩學〉。

12月27日，評論家魏子雲去世。

是年，「龍應台文化基金會」成立。

2006年

1月2日，評論家沈謙去世。

1月26日，龍應台在《中國時報》發表〈請用文明來說服我〉的「公開信」。

1月，由教育部青少年臺灣文庫策劃的文學讀本12冊出版。

2月19、20日，陳映真在《中國時報》發表〈文明與野蠻的辯證——龍應台女士《請用文明來說服我》的商榷〉。在此前後加拿大樊舟也發表〈請不要用文明說服我——評龍應台近作〉。

2月23日，《聯合報》特闢〈差異與交鋒〉專欄，連續刊登8篇討論龍應台和陳映真的文章。

2月24日，臺北電視新聞播放余光中和教育部長杜正勝辯論的新聞。

3月17日，和「搶救國文教育聯盟」對立的「搶救白話文聯盟」等單位主辦的「還阮臺灣文學的主體性——臺灣文學再正名」座談會舉行。

3月，蔡金安主編的《為臺灣文學正名》出版。楊逵文學紀念館在臺南落成。《青少年臺灣文庫——文學讀本》12冊由國立編譯館出版。

5月9日，翻譯家葉笛去世。

5月14日，詩人上官予去世。

5月，成功大學中文系成立「現代文學研究所」。

6月1日，《中央日報》停辦。

6月6日，《臺灣日報》停辦。

6月7日，散文家琦君去世。

6月，向陽主編《20世紀臺灣文學金典》出版。

7月6日，漢學家夏志清當選中央研究院院士。

7月，《高雄文學小百科》出版。黃錦樹等編《重寫臺灣文學史》出版。邱家洪的作品《臺灣大風雲》計五冊出版。

8月30日，「臺灣大河小說家作品學術研討會」在臺灣文學館舉行。

8月，邱貴芬編《臺灣政治小說選》出版。張雙英《二十世紀臺灣新詩史》出版。

9月6日，第21屆《聯合文學》小說新人獎決審認為：新臺灣寫實主義已經誕生。

9月9日，「紅衫軍」倒扁走上街頭，詩人詹澈任副總指揮，龍應台從香港赴臺聲援，陳芳明發表〈除了挺扁，民進黨能做什麼〉。

9月30日，詩人胡品清去世。

10月6日，陳映真二度中風入院，暫別文壇。

10月15日，《文學臺灣》發表曾貴海〈思辯與邏輯——談陳芳明《臺文

所與中文所》一文中的觀點〉。

10 月 20 日，黃英哲主持編譯的《日治時期臺灣文藝評論集（雜誌篇）》舉行新書發表會。

11 月 30 日，《民生報》停刊。

12 月，《龍瑛宗全集》共 8 冊出版。

是年，「國家統一綱領」宣告終止。臺灣皇冠出版社開始狀告大陸六家出版社侵犯張愛玲的著作權。蘇偉貞《張派作家世代論》出版。臺灣文化界討論「悅納異己」論述。

2007 年

1 月，香港《亞洲周刊》選出 2006 年中文十大小說，蘇偉貞〈時光隊伍〉、張大春〈戰夏陽〉入選。臺灣文學館出版 3 冊《全臺賦》。

2 月 6 日，柏楊捐贈其文物計 17456 件，入藏北京「中國現代文學館」。

春，李敖開始嚴厲批判大陸文壇，並說季羨林不是國學大師，不過是語文能力較強。

3 月，劉亮雅等人合著的《臺灣小說史論》出版。

6 月，北京上海等 12 家出版社聯合發表聲明，不承認「皇冠」繼承張愛玲著作權的合法性。

7 月 25 日，資深作家劉枋去世。

8 月，《文學「臺獨」批判》兩巨冊在北京出版。由黃哲永等人主編的《全臺文》75 冊出版。臺灣文學館籌備處改制，正式以官方四級機構營運。

9 月，鍾怡雯、陳大為主編的《馬華散文史讀本 1957～2007（卷一）》出版。

11 月 9 日，根據李喬同名史詩改編的〈臺灣，我的母親〉開始在全臺地區巡迴演出。

11 月 10 日，「柏楊國際學術研討會」在臺南大學舉行。《吳新榮日記全集》舉行新書發表會。

12 月 25 日，詩人文曉村去世。

12 月，「國家文藝基金會」公佈「長篇小說創作發表專案」補助名單，由鍾文音等四位作家獲得。文史哲出版社出版王堯主編《文革文學大系》12 冊。

是年，朱天文出版長篇小說《巫言》。高考文史試題中國古典文學和中國歷史所佔分數大幅升高，另還有中學課本沒有的夏志清《中國現代小說史》

和王德威的論文〈一種逝去的文學？〉作爲考試內容，引發獨派的強烈反彈。《人間思想與創作叢刊》推出「學習楊逵精神」專輯。

2008 年

　　1 月 15 日，《青溪論壇》創刊。

　　1 月，古遠清《臺灣當代新詩史》在臺北出版，後引起爭論。

　　2 月 23 日，評論家尹雪曼去世。

　　2 月 28 日，臺灣文學館舉辦「二‧二八文學展」。

　　4 月 5 日，《誠品好讀》停刊。

　　4 月 7 日，「推理文學研究會」成立。

　　4 月 10 日，九歌出版社出版 7 本《臺灣文學 30 年菁英選》。

　　4 月 10～13 日，「中國苦難文學」暨「戒嚴與後戒嚴時代臺灣文學」國際研討會在臺北舉行。

　　4 月 29 日，資深作家柏楊去世。

　　4 月，《皇冠》雜誌發表新發現的張愛玲遊臺灣手稿。《葉石濤全集》20 冊問世。

　　5 月，「中國文藝協會」會刊《文學人》革新號出版。

　　5 月，馬英九當選爲臺灣地區最高領導人。

　　5 月 24、25 日，由陳芳明主持的「余光中先生八十大壽學術研討會」在政治大學舉行。

　　5 月，《余光中評說五十年》(古遠清編) 在北京出版。

　　6 月，彭瑞金著《高雄市文學史》出版。《2007 臺灣兒童文學年鑒》出版。

　　7 月，《文訊》主編的《2007 臺灣作家作品目錄》3 冊出版。

　　8 月 15 日，陳水扁因涉嫌洗錢退出民進黨。

　　9 月 10 日，資深作家巫永福去世。

　　9 月，陳芳明出版散文集《昨夜雪深幾許》。

　　10 月 22 日，劇作家姜龍昭去世。

　　11 月 23 日，以出版臺獨書籍著稱的前衛出版社因經營困難清倉賣書。

　　12 月 11 日，資深作家葉石濤去世。

2009 年

　　1 月 27 日，前《中央日報》副刊主編孫如陵去世。

2月，張愛玲遺作《小團圓》由皇冠出版社出版。

3月10日，王鼎鈞完成《文學江湖》等四部回憶錄。

3月25日，女作家曹又方去世。

3月，謝里法歷史小說《紫色大稻埕》問世。

4月15日，《文學臺灣》發表陳建忠〈詮釋權爭奪下的文學傳統：臺灣「大河小說」的命名、詮釋與葉石濤的文學評論〉。

4月18日，臺灣八所大學14位學生共同組成「風球詩社」，並創辦同名詩刊。

4月26日，創辦於1992年4月的《聯合報》「讀書人」副刊停辦。

5月1日，《文訊》雜誌製作〈懷想五四，紀念五四〉專輯。

5月5日，前《中國時報》「人間」副刊主編高信疆去世。

5月，《黃春明集》8冊由聯合文學出版社出版。

7月21日，由吳三連臺灣史料基金會主辦的「鹽分地帶文藝營」舉辦30年後因學員少停辦。

7月，臺灣原住民作家筆會成立。

8月7日，臺灣文學館舉辦「林海音文學特展」。

8月27日，資深作家艾雯去世。

8月28日，陳芳明接受採訪時表示，不再把臺獨作為自己追求的人生理想，並呼籲在兩岸和解的歷史轉折點，島內的兩派也應和解。

9月1日，為配合國民黨撤退臺灣60週年，龍應台推出《大江大海——一九四九》。在此之前林博文也出版了《1949石破天驚的一年》。

9月15日，楊青矗出版長達80萬言的小說《美麗島進行曲》，由「衝破戒嚴」、「高雄事件」、「政治審判」組成。

9月，《文訊》雜誌社等單位策劃「向大師致敬」活動，出版〈人間風景——陳映真〉專輯。吳錦勳採訪撰述《臺灣，請聽我說——壓抑的、裂變的、再生的六十年》出版。

10月20～29日，由羅智成策劃的第十屆臺北詩歌節舉行。

11月1日，隱地《遺忘與備忘》出版。20萬字回憶錄《巨流河》作者齊邦媛獲第五屆總統文化獎。高準與大陸學者就余光中評價問題，在臺北出版的《傳記文學》再次交鋒。

11月21日，「臺文筆會」成立，理事長李勤岸。

12 月 6 日，高雄文學館爲葉石濤去世一週年豎立銅像，並發表《葉石濤全集》續篇。

2010 年

1 月 14 日，劉兆玄接掌「國家文化總會」會長。

1 月 29 日，小說家蕭颯去世。

2 月 1 日，李瑞騰出任臺灣文學館館長。

2 月 6 日，《文學客家》創刊。

4 月 15 日，《文學臺灣》發表〈日文版《臺灣文學史綱》的出版——兼論戰後日本學界的臺灣文學論述〉。

4 月 17 日，封德屏出任「中國婦女寫作協會」會長。

4 月，朱天文系列作品共 4 冊由上海譯文出版社出版。

5 月 21～22 日，「第四屆經典人物——李昂跨領域國際學術研討會」在中正大學舉行。

5 月 22 日，詩人秦嶽去世。

6 月 4～5 日，「演繹現代主義：王文興國際研討會」在中央大學舉行。

6 月 26 日，詩人商禽去世。

7 月 1 日，華文詩人許世旭在韓國去世。

7 月 16 日，駱以軍《西夏旅館》獲香港「紅樓夢獎」。

8 月，推理雜誌《九曲堂》創辦。陳映眞出任中國作家協會名譽副主席。

9 月 9 日，張愛玲自傳小說《雷峰塔》和《易經》由皇冠文化出版公司出版。孫大川出版新書《搭蘆灣手記》。

9 月 15 日，詩人杜十三在南京去世。

9 月 24～26 日，楊牧國際學術研討會在政治大學舉行。

10 月 5 日至 11 月 28 日，「眷村文化節・想我眷村作家——主題館藏展」在桃園縣舉行。

10 月 16～17 日，由江蘇鹽城師範學院等單位主辦的「蔡文甫作品研討會」在該校舉行。

11 月 7 日，「臺灣客家筆會」成立。

10 月 17 日，由陳芳明、廖咸浩等參與的「國民文化與國民文學的座談會」在臺灣文學館舉行。

12 月 2 日，梁實秋文學獎頒獎典禮在臺北舉行。

12月2～7日，世界詩人大會在臺北舉行。

12月10日，六冊《馬森文集》出版。

是年，國民黨爲慶祝中華民國建國 100 年，擬拍攝國父記錄片，顧問平路認爲孫中山不是什麼聖人，後受到胡佛及周陽山的批駁。

2011 年

1月4日，皇冠文化集團等單位舉辦「三毛逝世 20 週年紀念特展」在臺北開幕。

2月15日，「九歌 200 萬長篇小說徵文」揭曉，張經宏的〈摩鐵路之城〉獲首獎。

4月，「他們在島嶼寫作──文學大師系列電影」上演。

5月21～24日，百年小說研討會分別在臺北、臺南召開。

5月24日，黃春明在臺南演講〈臺語文書寫與教育的商榷〉，遭到蔣爲文在現場舉大字報抗議，兩人發生衝突。

7月1日，詩人羅智成任中央社社長，張曼娟接任香港光華新聞文化中心主任。封德屛未經陳映眞授權，將其文章收入《現當代作家資料研究彙編 02──吳濁流》，特在《文訊》封二向其發表道歉啓事。

7月6日，散文家陳冠學去世。

7月15日，翻譯家葉泥去世。

8月18日，詩人羅盤去世。

8月22日，小說家鍾鐵民去世。

9月24～25日，第四屆兩岸四地當代詩學論壇在臺北教育大學舉行。

10月1日，民俗學家朱介凡去世。

10月，「臺灣文學的內在世界」在臺南開幕。

11月2日，陳芳明《臺灣新文學史》新書發表會在臺北舉行。

11月29日，「兩岸文學高峰會議──大陸文學作家參訪暨文學交流會議」在臺北舉行。

12月25日，學者朱炎去世。

12月，墨人全集計 60 冊問世。

2012 年

1月2日，小說家陳燁去世。

　　1月13日，龍應台出任「文建會」主委。

　　1月15日，小說家余之良去世。

　　2月24日，小說家周嘯虹去世。

　　2月25日，散文家陳之藩在香港去世。

　　3月19日，由臺南市文化局出資的《臺江臺語文學季刊》創辦。

　　3月31日，《現當代作家資料研究彙編（第二階段）》新書發表會在臺北舉行。

　　3月，「蔣勳熱」在大陸持續不斷，中信出版社推出8輯蔣氏作品。

　　4月30日，詩人陳千武去世。

　　5月21日，龍應台出任文化部部長。

　　6月1日，《短篇小說》創辦，傅月庵任主編。

　　6月22日，榴紅詩會在府城舉行。

　　8月12日，詩人鍾鼎文去世。

　　8月30日，由人間出版出版社出版的《人間思想》叢刊問世。

　　11月9日，由臺北市文化局籌建「華文文學信息平臺」開放上線測試。

　　11月16～18日，第二屆「21世紀世界華文文學高峰會」在臺中市舉行。

　　11月17日，小說家古之紅去世。

　　11月，第49屆臺灣金馬獎頒給大陸和香港獎項數目首次超過臺灣，引來民進黨立委攻訐：「金馬獎成了瘋馬獎，必須停辦」。

　　12月26日，學者顏元叔去世。

　　12月，《臺灣文學史長篇》33冊全部完工。林央敏《臺語文學史及作品總評》出版。北京電臺音樂臺最受兩岸聽眾喜歡的「中國歌曲排行榜」，計劃在臺北舉辦頒獎盛典，後遭民進黨以暴力抗爭導致取消。

2013年

　　1月6日，「銀鈴會」同仁錦連去世。

　　2月2日，兩岸兒童文學作家交流會在臺北舉行。

　　2月，臺北市文化局擬斥資3.3億，打造以「華文文學創作」為主題的臺北文學館。

　　3月4日，浦忠成《原住民文學史綱》英譯本出版。

　　3月，「重訪後街：以陳映真為線索的1960年代」系列活動開始舉行。

　　4月4日，小說家張放去世。

4月，湖南衛視舉辦「我是歌手」節目，竟引來時任民進黨主席蘇貞昌攬局，大罵大陸的對臺工作做到「入島、入戶、入腦」。

6月19日，小說家郭良蕙去世。

7月22日，詩人紀弦在美國去世。

7月31日，臺灣文學館舉辦「釘根與散葉：臺灣文學系所特展」。

9月1～3日，「臺灣文學大會師」活動於北、中、南三地舉行。

9月3日，傳記作家王璞去世。

9月15日，大陸作家莫言訪臺。

9月24日，戲劇學者黃美序去世。

10月11日，小說家蕭白去世。

10月12日，臺灣文學館10年館慶典禮與系列活動在臺南舉行。

11月，《人生拼圖——李魁賢回憶錄》出版。郭楓在香港《明報月刊》發表〈詩活動家紀弦的臺灣獨步〉，後引發羅青的回應。

12月29日，學者夏志清在美國去世。

附錄二：本書主要參考文獻

葉石濤：《臺灣鄉土作家論集》，臺北，遠景出版公司，1979 年。

葉石濤：《臺灣文學史綱》，高雄，文學界雜誌社，1987 年。

張良澤：《四十五自述——我的文學歷程》，臺北，前衛出版社，1988 年。

王德威：《閱讀當代小說》，臺北，遠流出版公司，1991 年。

葉石濤：《臺灣文學的困境》，高雄，派色出版社，1992 年。

李敏勇：《戰後臺灣文學反思》，臺北，自立晚報社文化出版部，1994 年。

林瑞明：《臺灣文學的歷史考察》，臺北，允晨文化公司，1996 年。

陳映眞：《陳映眞文集·文論卷》，北京，中國友誼出版公司，1998 年。

李喬：《文化心燈》，臺北，望春風文化事業公司，2000 年。

鍾肇政：《臺灣文學十講》，臺北，前衛出版社，2000 年。

張春凰、江永進、沈冬青：《臺語文學概論》，臺北，前衛出版社，2001 年。

楊宗翰主編：《臺灣文學史的省思》，永和，富春文化公司，2002 年。

彭瑞金總編：《2002 年臺灣文學年鑒》，文建會，2003 年。

彭瑞金總編：《2003 年臺灣文學年鑒》，文建會，2003 年。

黃錦樹：《謊言或眞理的技藝——當代中文小說論集》，臺北，麥田出版社，2003 年。

陳明成：《陳映眞現象——關於陳映眞的家族書寫及其國族認同》，臺北，前衛出版社，2003 年。

解昆樺：《臺灣現代詩典律的建構與推移》，臺北，鷹漢文化公司，2004 年。

王德威：《後遺民寫作》，臺北，麥田出版社，2007 年。

臺灣文學發展基金會編：《文學與社會學術研討會：2004 青年文學會議論文集》，臺南，臺灣文學館，2004 年。

蔡金安主編：《臺灣文學正名》，臺南，開朗雜誌有限公司，2006 年。

彭瑞金：《臺灣文學史論集》，高雄，春暉出版社，2006 年。

陳國偉：《想像臺灣——當代小說中的族群描寫》，臺北，五南圖書出版公司，2007 年。

臺灣文學館編：《猶疑的坐標——十場臺灣當代文學的心靈饗宴 2》，臺南，臺灣文學館，2007 年。

鍾怡雯、陳大為主編：《馬華散文史讀本 1957～2007》，第一卷，臺北，萬卷樓圖書公司，2007 年。

王德威：《當代小說二十家》，北京，三聯書店，2007 年。

呂正惠等：《彷徨的戰鬥》，臺南，臺灣文學館，2007 年。

彭瑞金：《高雄市文學史‧現代篇》，高雄市立圖書館，2008 年。

鍾肇政：《戰後臺灣文學發展史十二講》，臺北，唐山出版社，2008 年。

郝譽翔：《大虛構時代》，臺北，聯合文學出版社，2008 年。

郝譽翔：《當代臺灣文學光譜》，臺北，聯合文學出版社，2008 年。

龍應台：《面對大海的時候》，臺北，時報出版公司，2008 年。

楊青矗：《美麗島進行曲》，臺北，敦理出版社，2009 年。

彭瑞金總編：《2008 臺灣文學年鑒》，臺南，臺灣文學館，2009 年。

李喬：《我的心靈簡史——文化臺獨筆記》，臺北，望春風文化事業公司，2010 年。

楊照：《霧與畫——戰後臺灣文學史散論》，臺北，麥田出版公司，2010 年。

陳芳明：《臺灣新文學史》，臺北，聯經出版公司，2011 年。

臺文筆會編輯：《蔣為文抗議黃春明的真相：臺灣作家 ai/oi 用臺灣語文創作》，臺南，亞細亞國際傳播社，2011 年。

宋澤萊：《臺灣文學三百年》，臺北，印刻出版公司，2011 年。

方耀乾：《臺語文學史暨書目彙編》，高雄，臺灣文薈，2012 年。

林央敏：《臺語小說史及作品總評》，臺北，印刻出版公司，2012 年。

李魁賢：《人生拼圖——李魁賢回憶錄》，新北市文化局，2013 年。

《文訊》雜誌 2000～2014 年。

《聯合文學》雜誌 2000～2014 年。

《印刻‧文學生活誌》雜誌 2003～2014 年。

《文學臺灣》雜誌 2000～2014 年。

附錄三：古遠清學術年表

1941 年

　　8 月 19 日出生於廣東梅縣大坪鄉西山村赤嶺。

1964 年

　　7 月，畢業於武漢大學中文系。大學期間在全國各報刊發表文藝評論文章多篇。擔任《珞珈山文藝》副主編。

　　8 月，任湖北大學助教。

1965～1975 年

　　從此年起開展「四清」、「文革」運動，中間還下放京山縣當農民、在沙洋農場當農工，停止學術研究活動 10 年。

1976 年

　　從此年起在全國數十種文藝報刊、學報發表魯迅小說研究、詩歌評論方面的論文。

1980 年

　　任湖北財經學院講師。

1985 年

　　11 月，《短篇小說藝術欣賞──〈吶喊〉〈彷徨〉探微》由湖北教育出版社出版。

1986 年

　　3 月，《詩的寫作與欣賞──詩藝百題》上、下冊由中南財經大學出版。

9 月，《中國當代詩論 50 家》由重慶出版社出版。

1987 年

1 月，被聘爲中南財經大學基礎課部中文教研室副教授。

1988 年

5 月，《文藝新學科手冊》由華中理工大學出版社出版。

6 月，由香港、臺灣、大陸有關方面聘爲世界華文詩人協會創會理事。

1989 年

4 月，《臺港朦朧詩賞析》由花城出版社出版，發行近 20 萬冊。

7 月，當選爲武漢作家協會理事；應世界華文詩人協會之邀赴香港作學術訪問。

8 月，在武漢大學全國寫作課助教進修班主講臺灣新詩。

1990 年

3 月，參加中國作家協會。

3 月，在《詩刊》發表〈新穎的史識與獨到的史筆──評古繼堂的《臺灣新詩發展史》〉。

5 月 19 日，擔任湖北大學研究生論文答辯委員會主席。

6 月 25～26 日，在《臺灣新聞報》發表〈拒絕政治的詩史〉。

1991 年

3 月，《臺港現代詩賞析》由河南人民出版社出版。

6 月 7 日，在香港大學作中國大陸新詩發展的演講。

9 月，《詩歌分類學》作爲臺灣地區大學教材由復文圖書出版社出版。

10 月 7 日，在美國《僑報》發表〈一種危險的傾向〉。

10 月，應時報出版公司邀請赴臺參加「當代臺灣通俗文學國際學術研討會」，因大陸阻撓未克出席。

11 月，《海峽兩岸朦朧詩品賞》由長江文藝出版社出版。

1992 年

1 月，在臺北《國文天地》發表〈來自臺灣大學的現代詩講義〉。

2 月，《海峽兩岸詩論新潮》由花城出版社出版。

3 月 11 日，擔任中南財經大學臺港澳暨海外華文文學研究所（後改名爲

世界華文文學研究所）所長。

4月6日，在臺北《自由時報》發表〈一種全新的拓荒工作——評旅人的《中國新詩論史》〉。

6月20日，在《文藝報》發表〈抵擋不住的光輝〉，論述《在延安文藝座談會上的講話》對臺灣的影響。

6月22日，晉升為教授。

7月3日，在臺灣《民眾日報》發表〈成績與缺陷並存——評彭瑞金《臺灣新文學運動40年》〉。

11月，在《文藝理論與批評》發表〈尉天驄：臺灣鄉土文學論戰中的驍將〉。

12月，參與《臺灣詩學季刊》的論爭，後被臺北《文訊》雜誌票選為「90年代前期臺灣10大詩事」之一。

12月，在《詩刊》發表〈開創新詩史料整理的新局面——讀張默整理的臺灣新詩史料〉。

12月，在《貴州社會科學》發表〈夏志清的《中國現代小說史》及其小說評論〉。

1993年

1月，在臺北《幼獅文藝》發表〈學者素養與詩人氣質的統一〉。

1月26日，在菲律賓《世界日報》發表〈敢發獨論新聲〉。

3月，在《臺灣詩學季刊》發表〈兩岸文學交流不應存在「敵意」——兼評（臺灣）向明先生的《不朦朧，也朦朧》〉。

5月19日，在臺北《世界論壇報》開始連載《《臺灣當代文學理論批評史》總論》。

5月，赴香港中文大學出席「兩岸暨港澳文學交流研討會」，發表論文〈大陸、臺灣、香港當代文學理論批評連環比較〉。

5月，臺灣時報出版公司出版的《當代臺灣女性文學論》收入〈臺灣當代女評論家論〉。

7～9月，與嚴家炎、謝冕一起任香港嶺南學院現代中文文學研究中心客座研究員。

9月，赴澳門大學作學術訪問。

10月，在《當代文壇》發表〈成績與問題：大陸的臺灣新詩研究〉。

12月，在臺北《中華雜誌》發表〈在論戰中建樹文學理論的胡秋原〉。

12月24～26日，臺北「中國青年作協」邀請赴臺參加「當代臺灣政治文學研討會」，未克出席。

12月，獲湖北省文聯第二屆文藝明星獎。

1994年

3月，在《貴州社會科學》發表〈活潑鮮妍的文學心靈──評（香港）黃繼持的文學評論〉。

5月，參與撰寫的《臺港澳暨海外華文新詩大辭典》出版。

5月，在《中國現代文學研究叢刊》發表〈臺灣的「文壇往事辨僞案」與「文化漢奸得獎案」〉

6月，在《文藝理論與批評》發表〈顏元叔與臺灣「新批評」流派〉。

6月，《心靈的故鄉──與青少年談詩》（與章亞昕合作）由臺灣業強出版社出版。

6月，在《中國文化研究》發表〈作爲文學評論家和研究家的劉以鬯〉。

6月，出席在蘇州舉行的「當代華文散文國際學術研討會」。

8月，《臺灣當代文學理論批評史》由武漢出版社出版，並獲全國城市出版社優秀圖書一等獎。

9～11月，給華中師範大學博士生講授專題課「臺灣當代文學理論批評」。

10月，在《社會科學戰線》發表〈大陸、臺灣、香港當代文論連環比較〉。

是年，在香港《現代中文文學評論》創刊號發表〈評一位香港學院派評論家的實際批評〉。

1995年

2月1日，在《香港文學》發表〈盧瑋鑾：眞正而誠實的香港文學史研究家〉。

4月，《王一桃詩百首賞析》由香港文學報社出版。

6～9月，到香港中文大學作學術訪問。

7月，《恨君不似江樓月──（泰國）夢莉散文鑒賞》由百花文藝出版社出版。在日本《中國研究》發表評曹聚仁魯迅研究的論文。

8月22～9月3日，應世界詩人大會之邀赴臺灣作學術訪問。因大陸不同意，便趁在港講學機會「偷跑」到臺灣，受到「中國文藝協會」熱情接待，在該會主講大陸的臺灣文學研究，並先後拜會了胡秋原、陳映眞、余光中等

作家和詩人。另由「中國詩歌藝術學會」授予兩岸文學交流「貢獻卓著」獎。

1996 年

1 月，在《香港文學》發表〈現代主義文學的興起〉。

6 月，在《臺灣詩學季刊》發表〈蕭蕭先生批評大陸學者的盲點〉。

10 月，《中國當代名詩 100 首（賞析）》由湖北教育出版社出版。

11 月，臺灣散文選編《人生廣場》由中國華僑出版社出版。

11 月 22 日～12 月 1 日，赴泰國曼谷出席「第二屆世界華文微型小說研討會」，發表論文〈文體的自覺〉。

12 月 4、11 日，在《澳門日報》發表〈澳門文學評論一瞥〉。

1997 年

1 月 4～14 日，應港英政府之邀，和謝冕一起作爲兩名中國代表參加首屆「香港文學節」。

1 月，《留得枯荷聽雨聲——詩詞的魅力》由北京三聯書店出版。

1 月，在《書城》發表〈我的臺港文學研究情結〉。

2～3 月，在香港中文大學新亞書院講授《中國當代文學》。

3 月，《臺港澳文壇風景線》上、下冊，由國際文化出版公司出版。

4 月，在《中國文化研究》發表〈「九七」前夕的香港文壇〉。

5 月，《香港當代文學批評史》由湖北教育出版社出版。

6 月，與新加坡作家協會聯合主辦「新加坡作家作品國際研討會」，任研討會學術委員會主席。

6 月，《詩歌修辭學》由臺灣五南圖書公司作爲教材再版。

6 月，擔任華中師範大學文學院博導評委。

8 月 9～10 日，與王蒙、雷達等人赴吉隆坡參加首屆馬華文學國際研討會，發表論文〈馬華文學研究在中國〉，後赴馬來西亞各地演講。

7 月 14～21 日，臺北「葡萄園詩社」邀請赴臺出席「面向二十一世紀華文詩歌創作研討會」，未克出席。

8 月 16～22 日，在香港訪問世界華文詩人協會、香港作家聯會等組織。

8 月 22～9 月 6 日，應臺灣「中國詩歌藝術學會」之邀訪問臺灣，拜訪蘇雪林、柏楊、無名氏等老作家。與「葡萄園」、「創世紀」、「秋水」、「乾坤」、「藍星」等眾多詩刊、詩社負責人交流、座談，並出席「笠」詩刊出版 200 期紀念酒會。

9 月 15 日，與王蒙等一起在《南方文壇》發表〈華文文學五人談〉。

11 月 1 日，在《香港文學》發表〈馬華文學研究在中國〉。

12 月 18～19 日，赴澳門大學參加「澳門文學的歷史、現狀與發展」學術研討會。

1998 年

5 月 25 日，應香港獲益出版事業有限公司邀請，訪問香港 8 天。

5 月，《中國寫作學大辭典》4 卷本（任副主編）由中國檢察出版社出版。

5 月，在《湖北社會科學》發表〈內地的香港文學研究〉。

8 月，在《學術研究》發表〈「把魯迅當作有血有肉的活人來描畫」——評晚年曹聚仁的魯迅研究〉。

9 月 15 日，在《南方文壇》發表〈'96～'97 年的香港文學批評〉。

10 月，在「20 世紀中國文學與理論批評高級研討班」作香港文學的演講。

11 月，《看你名字的繁卉——蓉子詩賞析》由臺北文史哲出版社出版。

1999 年

1 月 15 日，在《南方文壇》發表〈香港文論二題〉。

1 月，受澳門文化界耆宿梁披雲之聘，出任國際炎黃文化研究會副主席。在《貴州社會科學》發表〈香港文學研究在香港〉。

4 月 13～20 日，赴香港中文大學出席「香港文學國際研討會」，發表論文〈20 年來香港文學在內地的傳播〉。

4 月，《中國大陸當代文學理論批評史》上、下冊，由臺北文史哲出版社出版。

8 月，在新加坡《新華文學》發表〈中國 15 年來世界華文文學研究的走向〉。

9 月 18～19 日，赴香港出席「香港傳記文學研討會」。

9 月 24 日，教育部人文社會科學研究「九五」規劃課題《中國當代文學理論批評史》批准立項。

9 月 29 日，在青島大學講學。

11 月 29～30 日，赴吉隆坡出席第三屆世界華文微型小說研討會。

12 月 9 日，在《光明日報》發表〈澳門文學：昨天　今天　明天〉。

2000 年

1 月，在《魯迅研究月刊》發表〈發生在臺灣「戒嚴」時期的「文壇往事辨偽案」——重評蘇雪林與劉心皇、寒爵「交惡事件」〉。

3 月 1 日，在吉隆坡《人文雜誌》發表〈兩岸是怎樣「爭奪」臺灣文學詮釋權的〉。

6 月 6〜14 日，應（臺灣）中國文藝協會和文史哲出版社邀請，赴臺灣訪問，出席「兩岸作家臺北對話文學」會議，參加九歌文教基金會主辦的小說班結業典禮，並訪問臺灣大學、《聯合報》社。

8 月，出席中國新文學學會南寧年會，當選為中國新文學學會副會長，後赴越南河內等三大城市考察。

12 月 26〜29 日，赴香港出席「香港散文詩研討會」。

2001 年

1 月，在吉隆坡《人文雜誌》發表〈東南亞華文文學與臺港澳文學之比較〉。

1 月，在《文學前沿》發表〈暗潮洶湧　明浪飛騰——論戰不斷的 90 年代臺灣現代詩壇〉。

2 月，在《臺灣研究集刊》發表〈臺灣文學理論批評的歷史掃描〉。

3 月，在《天津師範大學學報》發表〈新時期的臺港文學研究〉。

4 月，在《中國文化研究》發表〈香港文學內地傳播簡史〉。

5 月，在《魯迅研究月刊》發表〈劉心皇致古遠清〉〈胡秋原致古遠清〉。

8 月 7〜10 日，應澳大利亞新南威爾斯大學、悉尼大學等單位邀請，出席在新南威爾斯大學舉行的「為了 21 世紀華文文學」國際學術研討會。

11 月 10〜11 日，赴馬來西亞吉隆坡出席方修作品國際學術研討會。

12 月 7 日，《九十年代的臺灣文學》由教育部人文社會科學研究「十五」規劃課題立項。

2002 年

4 月 1 日，出任香港《文藝報》顧問。

4 月，在《武漢文史資料》開始連載「大陸去臺作家沉浮錄」部分篇章。

4 月，在《青海社會科學》發表〈香港散文詩中的都市風景線〉。

5 月 22 日，在《新文學史料》發表〈作為「自由派」作家的林海音〉。

5 月，《古遠清自選集》由吉隆坡馬來西亞燼火出版社出版。

5 月，出席中國世界華文文學學會成立大會，後任對外交流委員會主任。

6 月，在《文藝理論與批評》發表〈解嚴之後：臺灣詩壇的詭變〉。

7 月 11 日，因研究文革文學，被余秋雨以名譽權糾紛告上法庭。

7 月，在《書屋》發表〈紀弦在抗戰時期的歷史問題——兼評《紀弦回憶錄》〉。

7 月 20 日，在《學術研究》發表〈香港文學研究 20 年〉。

8 月 2～5 日，出席在馬尼拉舉行的世界華文文學微型小說國際學術研討會。

2003 年

2 月，在《魯迅研究月刊》發表〈劉心皇和他的新文學史及魯迅研究〉。

2 月 26 日，《南洋商報》在吉隆坡舉行《古遠清自選集》新書推介禮。

2 月，出席在新加坡舉辦的東南亞華文文學國際學術研討會。

7 月，中國社會科學院副院長於光遠在《東方文化》發表〈讀古遠清《打開歷史的黑箱》〉。

8 月 18 日，經庭外調解，余秋雨自動放棄侵權的指控和索賠 16 萬人民幣。

8 月，在《臺聲》發表〈為什麼臺灣高校紛紛成立「臺灣文學系」？〉。

9 月，受於光遠召見，在武漢市委就當前政治與文化問題對談三小時。

10 月 12 日，在中山大學給博士生講授臺灣文學。

11 月 1 日，在中央電視臺主講〈臺灣高校為什麼紛紛成立臺灣文學系〉。

11 月 12 日，在華中科技大學講學。

12 月 5～11 日，出席在臺灣舉行的「兩岸現代詩學學術研討會」。

12 月 12 日，出席在香港舉行的「白先勇與二十世紀華文文學國際學術研討會」。

2004 年

2 月，在《臺灣研究集刊》發表〈在臺灣傳承中華文化的臺靜農〉。

4 月，被湖北經濟學院聘為語言文學特聘教授，任期兩年。

8 月，《海外來風》由東南大學出版社出版。

11 月，《當今臺灣文學風貌》由江西高校出版社出版。

11 月，《美麗的印度尼西亞（詩賞析）》，由香港匯信出版社出版。

12 月，出席在印尼萬隆舉行的世界華文微型小說國際研討會。

12 月，在《中國海洋大學學報》發表〈強化新華文學的主體性和獨立性——新加坡文學評論與研究生存狀態考察〉。

2005 年

1 月 20 日，在《天津師範大學學報》發表〈當下臺灣的三類本土文學創作〉。

1 月，在《貴州社會科學》發表〈臺灣的大河小說和原住民文學〉。

2 月，在香港《作家》發表〈余秋雨文革年譜〉。

2 月，《2004 年全球華人文學作品精選》由長江文藝出版社出版。

2 月，《「咬嚼」余秋雨》由臺北雲龍出版社出版。

3 月，在《詩探索》發表〈臺灣三大詩社互動而又衝突的關係——以笠、藍星及創世紀爲例〉。

4 月，《世紀末臺灣文學地圖》由臺北揚智文化事業出版公司出版。

6 月，在《文藝爭鳴》發表〈刮目相看詹澈詩〉。

7 月，《分裂的臺灣文學》由臺北海峽學術出版社出版。

9 月，《犁青詩拔萃（詩賞析）》由香港匯信出版社出版。

12 月，《中國當代文學理論批評史（1949～1989 大陸部分）》由山東文藝出版社出版，後獲華東地區優秀圖書二等獎。

2006 年

1 月，《2005 年世界華語文學作品精選》由長江文藝出版社出版。

2 月，在《貴州社會科學》發表〈「解嚴」後的臺灣新詩理論批評〉。

5 月 30 日，國家社會科學基金項目《海峽兩岸文學關係史》批准立項。

6 月，在《甘肅社會科學》發表〈多元發展　混聲合唱——20 世紀 80 年代臺灣新詩創作概貌〉。

8 月 5～6 日，出席在吉隆坡舉辦的華人教育研討會。

8 月 7 日，在馬來西亞拉曼大學講學。

8 月，在《外國文學研究》發表〈徐遲與現代派〉。

9 月，爲西南大學研究生講授臺港新詩。

10 月，出席在汶萊舉行的第六屆世界華文微型小說研討會。

11 月 20 日，在三峽學院講學。

2007 年

1 月，在《暨南學報》發表〈八十年代香港新詩述評〉。

1 月，《2006 年世界華語文學作品精選》由長江文藝出版社出版。

4 月，在美國《中外論壇》發表〈兩岸新詩關係解讀〉。

4 月 3 日，出席世界華文文學高峰論壇。

5 月，在《貴州社會科學》發表〈九七回歸後的香港新詩創作〉。

6 月 20 日，在《華文文學》發表〈海峽兩岸「看張」的政治性和戲劇化現象〉。

6 月，在《當代文壇》發表〈天南地北的臺灣文學——新世紀臺灣文學的走向〉。

9 月底，應臺北教育大學邀請參加學院作家研討會。

10 月 3 日，在臺灣中央大學講學。

10 月，在《當代文壇》發表〈「藍天綠地」對峙下的臺灣詩壇〉。

11 月 12 日，在中國地質大學講學。

11 月 20 日，在《天津師範大學學報》發表〈海峽兩岸文學關係史引論〉。

11 月，在美國《紅杉林——美洲華文文藝》發表〈兩岸文學的承續關係及社團的同質性〉。

12 月 12 日，在《中華讀書報》發表〈當下臺北文化風景線〉。

12 月，在《中國海洋大學學報》發表〈香港當代新詩理論批評發展輪廓〉。被澳大利亞「世界華文交流協會」聘為學術顧問。

2008 年

1 月 19 日，中央電視臺「臺灣一周熱點」由臺灣名嘴藍萱評點拙作〈簡體字滲透臺灣〉。

1 月，《臺灣當代新詩史》由臺北文津出版社出版。

3 月 29～30 日，出席北京大學舉辦的葉維廉創作研討會。

4 月 17～18 日，在西南大學、重慶師範大學講學。

4 月 23 日，在武漢鐵路學院講學。

5 月，在《貴州社會科學》發表〈評臺灣葉維廉的詩論〉。

5 月 20 日，在《天津師範大學學報》發表〈一道詭異的風景線——統獨鬥爭影響下的新世紀臺灣文學〉。

7 月 15 日，在《南方文壇》發表〈離散族群的邊緣心境——論林幸謙新

世紀的華文創作〉。

9月，《香港當代新詩史》由香港人民出版社出版。

9月，《余光中：詩書人生》由長江文藝出版社出版。

9月，在《兩岸關係》發表〈兩岸作家攜手迎接中華文化的春天——兩岸文學交流的走向與評估〉。

10月20日，在《華文文學》發表〈《臺灣當代新詩史》的歷史敘述及陌生化問題〉。

10月24日，在廣東外語外貿大學講學。

10月30日，在《海南師範大學學報》發表〈余光中向歷史自首？——兩岸三地關於余光中「歷史問題」的爭論〉。

10月，在《社會科學戰線》發表〈重構「香港文學史」——有關香港文學研究的反思和檢討〉。

11月2日，在廣西師範學院講學。

11月12日，在湖南師範大學講學。

12月，在《西南大學學報》發表〈澳門新詩創作及其評論特徵〉。

2009年

1月15日，在《南方文壇》發表〈爲臺灣當代新詩發展提供「證詞」——對《臺灣當代新詩史》種種批評的回應〉。

1月，《古遠清文藝爭鳴集》由臺北秀威科技公司出版。

2月，在《天津師範大學學報》發表〈臺灣「泛綠」文壇構成初探〉。

3月，在《當代文壇》發表〈臺灣新詩研究在大陸的進程及其特殊經驗〉。

4月，在《西南大學學報》發表〈兩岸詩學的交流與整合〉。

5月22日，在《新文學史料》發表〈大批判運動中的兩岸文壇〉。

6月1日，在臺北《傳記文學》發表〈余光中的「歷史問題」〉。

6月，在《臺灣研究》發表〈三十年來大陸的臺灣新詩研究〉。

8月31日，在《中華讀書報》發表的〈蔣氏父子反「文學臺獨」的立場與措施〉獲「全國臺灣研究會」首屆臺灣研究優秀成果論文獎。

9月，在《名作欣賞》發表〈從「戰鬥文學」到後現代文學——臺灣文學六十年〉。

10月，在《學術研究》發表〈臺灣新詩60年的歷程及其特殊貢獻〉。

10月9日，爲首都師範大學研究生講授臺港文學。

11 月 9 日，在西南大學主辦的第三屆華文詩學名家國際論壇作主題演講。

11 月 19 日，在華中農業大學講學。

11 月 22 日，在《新文學史料》發表〈兩岸軍事對峙時期臺灣文壇怪象掠影〉。

12 月，在《江漢論壇》發表〈香港新詩六十年〉。

12 月，在《貴州社會科學》發表〈六十年來的香港文學及其基本經驗〉。

2010 年

1 月，應澳門基金會邀請訪問澳門大學。在《學術界》發表〈關於《臺灣當代新詩史》撰寫及余光中評價問題——回應臺灣高準的批評〉。

2 月，《幾度飄零——大陸赴臺文人沉浮錄》由廣西師大出版社出版，出版後《中國文化報》《文匯報》等眾多報刊整版轉載，後被三聯書店評爲暢銷書。

3 月 12～13 日，在佛山圖書館和南海圖書館作學術講座。

3 月，在《澳門研究》發表〈五六十年代澳門文學所出現的新形態與局限〉。

5 月 2 日，在湖北經濟學院講學。

4 月，《海峽兩岸文學關係史》由福建人民出版社出版。

5 月 22 日，在《新文學史料》發表〈軍事對峙時期兩岸文學「互動」簡史（1949～1979）〉。

9 月 21 日，在中南民族大學南湖大講堂講學。

10 月 9～15 日，出席在臺北舉行的「華文地區藝文交流座談會」。

11 月 9 日，爲鹽城師範學院策劃的「蔡文甫研究所」成立。在成立大會上作「出版家蔡文甫與臺灣當代文學」的主題演講。

12 月 15 日，在武漢大學國學院作「余秋雨現象批判」報告。

11 月 26 日，在中南財經政法大學文瀾大講堂講學。

12 月 13 日，在九江學院講學。

12 月 28～29 日，在福建師範大學協和學院、福建農林大學講學。

2011 年

2 月 22 日，在《新文學史料》發表〈國民黨爲什麼不認爲《秧歌》是「反共小說」〉。

3 月 19 日，出席北京大學舉辦的《中國新詩總系》研討會，後在《文學報》發表〈對《中國新詩總系》的三點質疑〉。

3 月 23 日，在湖北大學講學。

12 月，《消逝的文學風華》由臺北九歌出版社出版。

10 月，《兩岸四地文壇現場》由香港文學報出版公司出版。

7 月，《古遠清文學世界》由香港文學報出版公司出版。

7 月，《古遠清這個人》由香港文學報出版公司出版。

7 月 10 日，「古遠清與世界華文文學研討會」在中南財經政法大學舉行。

8 月 13 日，在武漢市宣傳部主辦的「名家講壇」主講〈臺灣當下文化與政治〉。

9 月 1 日，在臺北《新地文學》發表〈臺灣所不知道的余秋雨〉。

9 月 23～30 日，到臺北出席兩岸四地詩歌研討會。

11 月，出席「共享文學時空：世界華文文學研討會」。

12 月 2 日，在福建農林大學、泉州師範學院講學。

12 月，《澳門文學編年史》完稿。

2012 年

3 月 1 日，在武漢大學「素質教育講堂」講學。

3 月，《當代臺港文學概論》由高等教育出版社出版。

3 月，《海峽兩岸文學關係史》由臺北海峽學術出版社分上、下冊出版增訂本。

4 月 15 日，在四川大學、四川師範大學給博士生講授臺灣文學。

4 月 20 日，在中南財經政法大學法學院主講「我與余秋雨打官司」。

5 月 20 日，《新世紀臺灣文學史論》由國家社會科學基金批准立項。

6 月 1 日，在《臺灣研究》發表〈機會主義的經典人物：陳芳明〉。

6 月 7 日，出席「世界華文文學高層論壇」國際學術研討會。

6 月 8 日，在陝西師範大學為博士生講授臺灣文學。

6 月 29 日，被山東濟寧學院聘為客座教授。

6 月，《中國詩歌通史・當代卷》（四人合著）由人民文學出版社出版。

7 月，《從陸臺港到世界華文文學》由臺北秀威科技公司出版。

8 月 31 日，《海峽兩岸文學關係史》獲「全國臺灣研究會」第四屆優秀成果獎。

9月17日，再次到四川師範大學給博士生講學。

9月30日，赴俄羅斯考察。

10月19日，赴金門考察。

10月22日，給南京大學現當代文學專業、文藝學專業博士生分別講臺灣文學和〈陸臺港文論連環比較〉。

10月24日，出席第九屆東南亞華文文學國際研討會。

10月25日，在紹興文理學院講學。

10月26日，在「中國當代文學研究會」第十三屆年會上作臺灣文學的主題報告。《海峽兩岸文學關係史》獲「中國當代文學研究會」第十三屆優秀成果獎。

10月29日，在四川阿壩師專講學。

11月24日，高中二年級實用論文本閱讀強化訓練教學版把本人在《名人傳記》發表的〈獨立獨行的錢理群〉作為範文分析。

12月5～6日，分別為復旦大學、上海財經大學的研究生講〈臺灣文學：學科的定位與詮釋權的爭奪〉和〈臺灣當下文化與政治〉。

12月9日，出席西南大學主辦的「第四屆世界華文詩學名家國際論壇」，並首次以「學術相聲」形式與一位女士合作作〈新世紀的臺灣新詩〉主題發言。

12月13日，在湖南師範大學、湖南科技大學講學。

2013年

1月15日，在《南方文壇》發表〈夾著風暴和閃電的臺灣文學論爭與事件〉。

2月17～19日在首爾舉行「東亞地區中國語言文學的跨國交流」會議上發表論文〈「自由中國文壇」的建立及崩盤〉。

2月21日，在韓國外國語大學舉行的「香港、澳門、臺灣與海外華文文學國際學術研討會」上做主題演講，並擔任大會的總評人。

2月25日，在《魯迅研究月刊》發表〈魯迅在當代臺灣載沈載浮的歷程〉。

3月15日，在衡陽師範學院講學。

4月1日，在《名作欣賞》開設「遠測臺港文壇」專欄，總計8篇。

4月，《百味文壇──新世說新語》由青島出版社出版。

5 月 16 日，在上海大學講學。

5 月 17 日，出席「魯迅在臺港澳地區的接受與傳播」研討會，並作主題發言。

5 月 23 日，在汕頭大學講學。

5 月 23 日，在韓山師範學院講學。

5 月 28 日，在臺灣世新大學講學。

5 月 31 日，在高雄第一科技大學外語學院講學。

6 月 1 日，在臺北《新地文學》發表〈陳芳明的《臺灣新文學史》及其十種史料差錯〉。

6 月 10 日，在《中國現代文學研究叢刊》發表〈中國大陸的臺港文學研究走向及其病象〉。

6 月 3 日，在高雄應用科技大學人文社會學院講學。

6 月 5 日，在深圳大學文學院主講〈臺灣當下文化與政治〉。

6 月 20 日，《華文文學》第 3 期製作古遠清專輯。

6 月 28 日～29 日，第十一屆全國語言與符號學研討會在天津外國語大學舉行，和趙毅衡一起做大會主旨報告。

7 月，《臺灣文壇的「實況轉播」》由臺北秀威科技公司出版。

8 月 19 日，在《臺灣周刊》連載〈「文學臺獨」人物列傳〉，計 10 篇。

8 月 25 日，在《魯迅研究月刊》發表〈魯迅在香港載沈載浮的歷程〉。

9 月 4 日，在株州市委「領導幹部大講堂」講學。

9 月，出席雅加達舉行的「世界客家文化論壇」。

10 月 14 日，到馬來西亞新紀元大學講學。

10 月 16 日，出席吉隆坡舉辦的「全球華文作家論壇」，作〈余光中在大陸為什麼這樣「紅」〉演講，後接受馬來西亞國家電視臺「世界華文文學的走向」的採訪。

10 月 29 日，參加全球華文作家「品讀廣東」筆會。

10 月 29 日，在汕尾市城區道德大講堂講學。

11 月 6 日，在湖南懷化學院講學。

11 月 7 日，在湖南商學院講學。

12 月 9 日，在《臺灣周刊》連載〈新世紀以來臺灣文壇發生的文學事件〉。

12 月 30 日，和謝冕一起作為主講嘉賓出席深圳市舉辦的讀書月。

　　是年，全國高考語文模擬試題〈余光中：在詩裏喊魂，在歌中懷鄉〉，把本人研究余光中的論文列入必讀參考文件。

2014 年

　　1 月 1 日，在《臺灣研究》發表〈新世紀兩岸對臺灣文學詮釋權的爭奪〉。

　　1 月，《謝冕評說三十年》由深圳海天出版社出版。

　　4 月 10 日，在湖南理工學院講學。

　　4 月 19 日，在華中師範大學傳媒學院講學。

　　4 月 19 日，在華中師範大學給外語學院博士生講「什麼是博大精深的學問」。

　　5 月 4 日，在河南廣播電視大學講學。

　　5 月 13 日，在蘇州大學講學。

　　5 月 19 日，在溫州大學講學。

　　5 月 21 日，在臺北教育大學講學。

　　5 月 24 日，在臺南「臺灣文學館」主講〈臺灣文學在大陸的傳播與接受〉。

　　6 月 1 日，在蒲田學院講學。

　　6 月 4 日，在《中華讀書報》發表〈令人吃驚的常識性錯誤──讀《文藝爭鳴》的一篇文章〉。

　　6 月 6 至 7 日，出席在香港嶺南大學舉辦的「兩岸四地第六屆當代詩學論壇」。

　　6 月 9 日，在「中國南方電網」講學。

　　6 月 11 日，在嘉應學院講學。

　　8 月 22 日～23 日，出席在吉隆坡舉辦的「世界華文教育論壇」。

　　9 月 26 日，在《文學報》發表〈「中國臺灣文壇」何處尋〉。

　　10 月 25 日～27 日，赴吉隆坡出席第十屆世界華文微型小說國際研討會。

　　10 月 9 日，在重慶信息學院作〈讀好書，分享博大生命〉的學術講座。

　　6 月 27 日，在漢口學院講學。

　　10 月，《世界華文文學研究年鑑‧2013》由汕頭大學出版。

　　11 月 6 日，在《文學報》發表〈臺灣文學：用政治天線接受文學頻道〉。

　　11 月 19 日，出席首屆世界華文作家大會。

　　11 月 22 日，在四川師範大學文理學院講學。

11 月 23 日，在西華大學講學。

2015 年

4 月 6～8 日，在南昌師範學院、江西師範大學、宜春學院講學。

4 月 14～15 日，在西南民族大學、西南交通大學、四川師範大學講學。

4 月 22 日，在華僑大學講學。

5 月 19 日，在威海擔任山東大學研究生論文答辯委員會主席。

5 月 20 日，在山東大學（威海校區）翻譯學院講學。

5 月 20 日，在武漢學院講學。

6 月 15 日，出席在香港舉辦的全球華文「中國夢」填詞大賽頒獎大會。

7 月，四川大學主辦的《華文文學評論》製作古遠清專輯。

8 月 8 日，在中國社會科學院主辦的「語言的共同體：當代世界華文文學高層論壇」演出「學術相聲」〈藍色文學史的誤區〉。

9 月，《耕耘在華文文學田野》由臺北獵海人出版社出版。

9 月 15 日，在《南方文壇》發表〈名不副實的《世界華文新文學史》〉。

9 月 20 日，在濟南大學講學。

9 月 27 日，出席紀念劉銘傳首任臺灣巡撫 130 週年研討會。

9 月 29 日，出席全國喜劇美學研討會。

10 月，參與撰寫的《20 世紀中國新詩理論史》由人民文學出版社出版。

10 月 6 日，在中南民族大學講學。

10 月 8 日，在廈門市圖書館舉辦臺灣文化講座。

10 月 9 日～11 日，出席紀念林語堂誕辰 120 週年國際學術研討會，以「學術相聲」〈林語堂式的幽默〉代替發言。

11 月 1 日，在「媽祖文化高峰論壇——2015 年國際媽祖文化學術研討會」作「媽祖文化研究的國際視野」的主題報告。

11 月 5 日，在河南大學講學。

11 月 7 日，到河南成功學院講學。

11 月 9 日，到河南經貿學院講學。

11 月 13、14 日，出席在曼谷舉辦的世界華人文學論壇。

11 月 18 日，武漢大學文學院舉辦「校友聯袂講座」，由美國華文文藝界協會會長呂紅和本人主講。

11 月 23 日，到湖北商貿學院講學。

11 月 24 日，在湖北大學通識教育學院講學。

11 月 26 日，在華南師範大學講學。

11 月 28 日，出席兩岸四地第 7 屆當代詩學論壇・代際經驗與呈現國際學術研討會。

12 月 1 日，到廣東女子學院作「青春作伴好讀書」演講。

12 月 1 日，在臺北《傳記文學》發表〈王洞的「爆料」所涉及的夏志清研究問題〉。

12 月 4 日，近百萬字的《臺灣當代文學辭典》殺青，交武漢出版社。

12 月 7 日，爲魯東大學研究生講授臺港文學。

12 月 20 日，在鹽城師範學院講學。

2016 年

1 月 15 日，在《香港作家》發表「學術相聲」〈莫言的創新及其爭議〉。

1 月 20 日，出席在武漢大學召開的「臺灣地區選後形勢分析」研討會。

1 月，《世界華文文學研究年鑑・2014》由武漢大學出版社出版。

2 月 28 日，在《羊城晚報》發表《讓「粵派批評」浮出水面》，後引發廣泛討論。

3 月 23 日，在浙江越秀外國語學院講學，並被該校聘爲特聘教授。

3 月 26 日，在江蘇師範大學講學。

4 月 18～22 日，在北京師範大學、北京大學、首都師範大學講學。

4 月 26 日，重返講臺，爲中南財經政法大學中文系學生講授《世界華文文學》課程。

5 月 12 日，在雲南民族大學講學。

5 月 13 日，在雲南大學講學。

6 月 17 日，在天津師範大學講學。

6 月 24 日，被黃河科技大學聘爲客座教授。

7 月 20 日，在《學術研究》發表《外流作家群：從越境港澳到定居珠海》。

9 月 15 日，在《中國文學批評》發表《華語文學研究的歧路——評藤井省三〈華語圈文學史〉》。

9 月，《華文文學研究的前沿問題——古遠清選集》由花城出版社出版。

9 月，《臺灣新世紀文學史》由臺北花木蘭文化出版社出版。